网络文化研究

第二辑

Research on
Network Culture

No.2

王玉英　主编
长春大学网络安全学院　主办

中国社会科学出版社

图书在版编目（CIP）数据

网络文化研究．第二辑／王玉英主编．—北京：中国社会科学出版社，2021.10

ISBN 978-7-5203-9273-0

Ⅰ.①网… Ⅱ.①王… Ⅲ.①网络文化—研究—中国 Ⅳ.①G122

中国版本图书馆CIP数据核字（2021）第214345号

出 版 人 赵剑英
责任编辑 王 衡
特约编辑 王 潇
责任校对 王 森
责任印制 王 超

出 版 中国社会科学出版社
社 址 北京鼓楼西大街甲158号
邮 编 100720
网 址 http://www.csspw.cn
发 行 部 010-84083685
门 市 部 010-84029450
经 销 新华书店及其他书店

印 刷 北京明恒达印务有限公司
装 订 廊坊市广阳区广增装订厂
版 次 2021年10月第1版
印 次 2021年10月第1次印刷

开 本 710×1000 1/16
印 张 21.5
插 页 2
字 数 310千字
定 价 118.00元

编辑委员会

目　　录

文化传播

网络语言

网络文学

网络社会

文化传播

5G时代弹幕文化视域下影视意义的再生产

谢 筠 杨 露*

摘 要： 5G技术与影视产业的融合发展促进了受众沉浸式和交互性的观影体验，并大大提升了弹幕文化的互文性与传播性，催生了影视内容和影视意义的二次生产。传媒行业的改革、播放平台技术的提升、传统影视的转型都为弹幕文化的形成建立了认同机制。弹幕文化以社群化传播的方式出现在大众面前，打破了过去被创作主体掌控话语权的单一局面，赋予受众能凭借自己的审美趣味、价值观念与情感需求与影视作品平等对话的机会，弹幕成为一个开放性的创作空间。本文试图以弹幕文化的社群认同为切入点，去探寻弹幕狂欢下青年人被遮蔽的情感焦虑，以及由此异延出的影视意义。

关键词： 5G时代　弹幕　社群认同　情感焦虑　审美异延

爱奇艺数据研究院院长葛承志曾说："发'弹幕'已成为互联网追剧的一种方式，观众可以借助弹幕来评剧，有人甚至专门为了看弹幕而在网络平台观剧。弹幕不仅是影视评论的一种形式，更是一种生活方式。"5G时代弹幕文化视域下影视意义的再生产不仅展

* 作者简介：谢筠，中国传媒大学人文学院教授，中国现当代文学硕士专业负责人。杨露，中国传媒大学人文学院在读硕士研究生（中国现当代戏剧影视文学方向）。

现了网生代受众的审美趣味与生活方式，还展现了这一亚文化群体对权威主流和深层秩序的反抗。怀疑、批判、自嘲、另类、反主流成为与互联网同生同长的这一代年轻人的独特标签。弹幕文化的流行为缺乏父母陪伴的网生代受众在观看影视作品时提供了一个情绪共享与理念碰撞的创作交流平台，从而推动了这些网生代受众对自我身份认同的建构和对弹幕社群化的形塑。影视情节、人物形象、台词在弹幕中被肢解或重构，影视意义的再生产由此而来。

一 自我与自娱：弹幕文化的社群认同

弹幕文化的流行并不是偶然或者一蹴而就的，它可以说是在后现代文化基因下应运而生的时代产物。贝克特的《等待戈多》、尤奈斯库的《秃头歌女》抛掉戏剧的形式与逻辑，用荒诞和非理性的手法剖析精神异化的现代人。西蒙、谢维尔、布托尔、莫里亚克的新小说从表现形式上突破写作的法则，更加强调主体的存在，诱导读者加入作家虚构的情境中。黑色幽默用戏谑、嘲讽的口吻来表达对现实的不满。以马尔克斯为代表的魔幻现实主义文学用夸张、魔幻的笔触影射了荒诞的现实世界。中国先锋小说作家刻意违背创作法则，打破读者的期待视野，用怀疑和不确定的思考方式去挖掘个体的精神世界。这些多元、开放、含混、叛逆、破碎的文学作品和流派间接影响了弹幕文化的生成。

弹幕本身携带的即时性、匿名性和平等性等特征形成了以“自我”与“自娱”为中心的互动圈，这也是具有强烈自我意识的网生代受众喜爱弹幕的原因之一。弹幕的即时性使受众瞬间迸发最直接的观影情绪；匿名性使观众穿上隐身衣，能够让受众在参与弹幕互动时获得一种心理层面的安全感；平等性打破了以精英为主导的文化话语权，在弹幕文化视域下，大众与精英同台对话。

随着5G时代的到来，互联网中出现的诸多文化现象逐渐取代了巴赫金所谓的中世纪广场狂欢理论，并以弹幕文化为载体对后现代文学进行遥远呼应。互联网一跃成为大众集体按键狂欢的虚拟场域。影视剧集中出现的弹幕空间给受众提供了一个平等、自由、即时、开放、去中心、无深度和非理性的世界。在这里阶级、性别、身份、职业、等级被暂时搁置，人们得以短暂地逃离紧张、压抑的现实世界，并形成了一个不受时空、地域和时间限制，仅仅因为兴趣相投而聚集的网络社群，即现在学界统一定义的“虚拟社群”，并由此形成了滕尼斯所指涉的以情感与人情伦理为基础的共同体。弹幕作为一个不受主流文化主导的表达空间，年轻受众那些曾经被忽视和被遮蔽的表达欲望被唤醒。他们试图从边缘的文化立场对强行“灌输式”的主流话语进行反抗，用自己的审美感受和自我认知对社会话语权力进行软性干涉。如在《镇魂》《陈情令》《鬓边不是海棠红》《盛势》《上瘾》等耽美剧中，每当两个男主角进行情感互动时，粉丝为了逃避官方话语对男男爱情的批判，弹幕往往会出现大量的“这是社会主义兄弟情”“兄弟情义深厚啊”“这剧对青少年没有任何不良影响”的评论来应对官方的凝视。在统一应付官方话语的过程中，这些弹幕创作者站在了同一战线上。在弹幕文化的交流场域中，主体间从互相交流对话中建立起一种内部的认同机制，并在这个过程中确认了彼此的意义和价值，获得了一种认同上的情感满足。

弹幕文化中的社群认同虽然打破了时间与空间上的形式限制，但其成立的核心仍是建立在价值观念、审美格调和个人趣味之上的网络社群。弹幕文化中的社群认同通常体现在观影时受众对某一个情节或某个角色因观点相同或意见相左在而爆发大型的弹幕辩驳，如大家在观看《三十而已》《二十不惑》《都挺好》《小欢喜》《平凡的荣耀》《我是余欢水》《白色月光》等现实类题材时，受众很容易对剧情产生共鸣，从而带入自己的真情实感，剧中的角色成为受众想象中的“自己”，捍卫“自己”的立场成为受众在弹幕发表言论时的主要任务。弹幕除了交流和辩驳的作用，还有剧情解读的作用。这一类弹幕多发生在具有悬疑元素的电影或者电视剧中。如《隐秘的角落》《沉默的真相》《无证之罪》《白夜追凶》《唐人街探案》《阳光之下》等带有悬疑元素的剧作，有的受众会指出剧中某个细节或者伏笔的作用。在《沉默的真相》中，丁春妹被杀的前夕，其周围出现了一只蚊子，弹幕就指出“请注意这只蚊子，后面要考”“这只蚊子预示着丁春妹死亡，因为蚊子会围住死人”。很多具有相同感受的受众便立即表示解读精妙。剧中的蚊子是导演刻意为之还是偶然出现我们不得而知，但弹幕的解读由剧出发，并再生了自己的创作路径，丰富了文本的内容意义。受众这样自发性的猜测、解读和建构实际上与詹金斯提出“文本盗猎者”的概念有异曲同工之妙，即“粉丝借用大众文化中的形象，扭转其原有意义，建构自己的文化和社会身份。通过这一行为，粉丝往往会提出一些在主导媒体中无法言说的想法”。延伸到影视和弹幕之间的关系上则是：受众借用影视文本为载体，以弹幕为交流工具，运用独特幽默的语言符号与创作者争夺对文本内容和意义的阐释话语，建构出具有抵抗性、娱乐性和边缘性的文化体系。比尔·奥斯伯格在《青年媒介》中曾指出：“商业媒介可以给青年人提供能够依赖的‘符号资源’，同时他们可以理解他们的社会体验并建立他们的社会认同。”弹幕文化借助影视产品，以叛逆、戏谑、活泼的表达方式，消解了主流文化的严肃性，并建立了青年受众的自我社群认同，实现了影视意义的二次生产。

弹幕评论是受众瞬间情绪的直接爆发，是个人隐蔽灵魂的他面，是自我的审美表达。尽管弹幕的环境是建立在虚拟网络之中的，但受众抒发的情感却是真挚的。这既是影视情节和角色经历引起的情感共振，也是排遣现实压力的出口。

二 同期与现场：被遮蔽的情感焦虑

在竞速发展的快时代，速度除了作用于经济和物质层面的发展，还决定了人们的日常生活方式。外部世界的压力不断涌向和侵扰着生命个体，情感焦虑成为当下年轻人的一种社会症结。我们在观看某些影视作品时，打开弹幕经常可以看到这样的评论：“有人吗？”“大家在看吗？”“只有我一个人吗？”渴望寻求与自己一同观影追剧的人，使个体产生一种群体之感。弹幕中的语言狂欢遮蔽了受众的情感焦虑，但受众对弹幕属性“疑似同期”和现场感的依赖却又侧面显现出当代年轻人的情感问题。日本学者滨野智史在研究Niconico 网站的弹幕文化时，曾针对弹幕评论的时间差提出了“疑似同期”的相关概念，即“不同时间点的网友观看，会因在视频时间轴上同一时间段的弹幕评论，而获得在同一个空间观看的感觉，从而带来更多的现场感”①。同期和现场感成为弹幕使用主体所共同追求的交流语境。在观看影视内容时，纵然受众是在个人的私密空间单独观看，但弹幕评论的同一性却伪造出一种所有人正在同时观看的错觉。如在播放《长安十二时辰》第一集时，有的弹幕评论写着“为千玺而来”，后面的弹幕立马接上：“说为千玺而来的那个姐妹等等，我也是!”在《司藤》中，女主平均一集更换两套衣服，刚有人发出“景甜好美”，后面接着就有大量参与互动的评论“我一个女的都爱女主的颜”“这衣服换个人都挑不起来吧”“真是人间富贵花”“这套也好好看”“司藤总是能把老太太的衣服穿得适合自己”，这些弹幕评论的时间并不一致，却营造出了一种在同一个空间场域实时交流的氛围。此外，弹幕还成为当代年轻人最喜爱的表白方式。如最近热播的《再次十八岁》《女神降临》《前辈，请不要涂那支口红》《Run On》《喜欢的话请响铃》《都市爱情法则》等韩剧，剧中出现甜蜜的告白场景或者男女主人公因误会而发生矛盾的场景时，弹幕立马出现大量的“某某，我喜欢你”“想跟我的前任某某说一句对不起”等具有明显情感属性的评论。受众以弹幕为载体进行交流时，就像是一群志趣相投的朋友一起观看影片，一起讨论和吐槽剧情，既有一种边看边聊的快感，也消解了个人观影的孤独感。弹幕在某种程度上满足了受众的情感归属与期待视野。

弹幕的同期性和现场感还体现在剧情与受众对话的时效性上。

---

① 梁赛玉：《“二次元”的弹幕文化源于日本人对卡拉 OK 的爱?》，新浪科技，https：//tech. sina. com. cn/roll/2020 -08 -19/doc -iivhuipn9465592. shtml。

弹幕聊天与其他社交平台最大的不同之处在于：弹幕没有确定的交流主体，而其他社交平台则是以确定性的交流对象为前提的。因此，弹幕空间实则是一个开放性的聊天场域。以剧情内容为讨论对象，大家随机发言，各抒己见，看到感兴趣的观点便进行互动。由于彼此的互动是基于当下某一具体的情节，剧情推移后，彼此互动的时效性也随之消失。在这个具有时效性的聊天场域中，受众独自观影的孤独感得到缓解，其本身存在的精神危机和情感焦虑也通过弹幕建构起来的价值认同得到有效释放。个体与群体形成了一种复调关系。

在“同期”与“现场”的拟定空间中，弹幕为个体寻找到了一个具有集体属性的文化身份。以影视产品的热点话题为载体，在集体表达和智慧共享的过程中，受众原本需要独自面对的难题、焦虑、挫折、困惑和压力被折叠，变成了一桩集体事件。在韩剧《媳妇过渡期》中，剧中的媳妇除了要上班，还要为自己的公婆做饭，承包家里所有家务，但凡有一点做不好，还要被公婆抱怨，剧中女主的遭遇引起了观众对婚姻的探讨。“这太真实了，我在公婆家也是这样的”“结婚劝退警告”“刚嫁进门的媳妇一定要无私奉献自己吗”“不瞎掺和彼此的生活，逢年过节多走动”“敬而远之是婆媳”，爱情、婚姻、情感本是个体的经历，但在弹幕空间中，却变成了一个集体话题。个体走向集体的过程，受众获得了一种心灵上的陪伴，一种治愈之感袭来。

弹幕在某种程度上书写了一代年轻人的情感焦虑与精神困境。但仍需要注意的是，弹幕文化脱胎于后现代文化语境，其同期性和现场感迫使弹幕变成一种碎片化文本，并主动放弃和拒绝了上下文之间的逻辑关联，只是着眼于当前画面进行即时评论，内容原义被肢解，个体的历史感被丢弃，人的主体性变得模糊。个体的情感被遮蔽在随意割裂和拼接的不同画面中。正如福柯所说的：“人将被抹去，如同大海边沙地上的一张脸。”当今科学技术使人拥有了更多自主言说的表达平台，却丧失了保留历史的能力，人生存在一个又一个“永恒的当下”。

三　解构与缝合：影视意义的审美异延

受到西方解构主义的影响，分解、打破、重组的观念早已运用到各类艺术创作和文本解读中。雅克·德里达提出的“异延”概念打破了逻各斯中心主义的主体位置，得出“文本的意义永远无法得到确证”的结论，“异延”自此频繁出现在各类文本意义解读的研究中。“异延”针对电影情节的完整与闭合的形式，直指其意义无法被所谓的电影形式和视听语言所框定。“异延”强调了文本意义的开放性、无限性，以及随着时间、空间、历史语境、社会现实等诸多因素的变迁文本意义也会随之产生差异。影视内容作为弹幕的讨论主体，经过解构、缝合后再生成全新的艺术作品。

弹幕对影视意义的审美异延分成了两种表达路径，一种是形式上的解构；另一种是内容上的缝合。在对文本形式的解构过程中，剧透与剧情拼贴成为弹幕创作最大的论争点。有的弹幕创作者在观看完某部电影或电视剧后，会倒回剧情的某个时间节点，提前预告剧情的走向。通常以“前方高能”“高甜预警”“建议把音量调小”“注意这个细节，后面要考”“无关人员请撤离现场”“此画面建议配上《好运来》音乐观看”等间接性评论，预告接下来将要发生的高潮剧情。戏剧的矛盾和情节张力被提前告知，这就好比在观看希区柯克的悬疑片时，有弹幕直接说出谁是凶手，原本具有极强情节反转的悬疑效果瞬间土崩瓦解，观众的期待视野被提前打破。

在传统电视媒介或者电影银幕中，影视内容的主体地位是不可撼动的，观众只能选择是否继续观看，却无法改变其剧情走向与人设特点。弹幕艺术出现后，其开放性的表达场域使受众由被动观看的“他者”变成了参与创作的主体之一。原本完整的影视主体被解构成一个可以进行二次创作的半成品。弹幕将原本的影视内容消解后，缝合碎片化情节，重构新的审美对象成为其意义旨归。

在重构审美对象上，弹幕通常采取剪辑、拆分、拼贴的手法将原本严肃、完整的影视片段变成无厘头、搞笑的片段。“当拼贴者使用相同的符号体系，再次将不同形式中的表意物体定位于那一套话语的不同位置中，或当这个物体被安置在另外一套不同的集合中，一种新的话语形式就形成了，同时传递出不同的信息。”譬如B站中流行的拉郎视频，弹幕视频创作者根据自己的审美、喜好、抠出剧中某一角色，将其与另一个剧的角色放在一起，通过场景的切换，空镜头的连接，重新架构出一个故事。在B站中，以贾玲为女主的弹幕视频多达上百部。创作者多以贾玲在《欢喜密探》中的春花形象作为主要人设，再与热播电视剧的男主角搭配，组成一个新的剧集。贾玲与朱一龙的《家有河东狮》、与任嘉伦的《陆大人春花搞笑日常》、与邓伦的《代替你陪着我的是年轮》、与肖战的《北汤墨染×春花》、与许光汉的《想见玲》、与宋威龙的《四分之三的恋爱》等作品皆通过混剪、拼贴的手段，对原剧情的意义进行了干涉与破坏，再利用缝合的方法生成其独特的审美意义。这种拼贴重构的效果与马塞尔·杜尚在《蒙娜丽莎》原画基础上加上两撇大胡子创作出《带胡须的蒙娜丽莎》，以及保罗·高更在《十字架上的基督》的基础上创作出的《黄色基督》有异曲同工之妙。一面与原本的内容维系着逻辑上的关联，一面与内容主旨又产生了新的割裂。内容与形式的悖论，形成了更加荒诞的象征意义，也促使文本内部话语异延出更大的表达张力，获得一种新的意味。弹幕评论紧跟时代语境和热点新梗，将画面、剧情、人设与声音进行嫁接编写。原视频语境发生分离，从而异延出更多的文本内容和话语符码，为青年受众创建了更广阔的交流空间。

在对文本内容的缝合过程中，弹幕创作者多采用“角色扮演”的方式。个体直接在弹幕中扮演剧中角色，模仿或者跳出角色的语气与性格特征来表达对剧中某一情节或者人物的看法。譬如在《平凡的荣耀》中，女主角兰芊翊不想与话多心机重的李小贤搭档，观众纷纷领取兰芊翊的名字，在弹幕中发出女主的潜台词，“老娘就不和你这碎嘴子搭档”“深深地嫌弃宁愿不要搭档”，把女主角当下的心声表达了出来。在《如懿传》中，如懿在冷宫遇到吉嫔，吉嫔说：“我是先帝的吉嫔，可这辈子，都没吉利过。”弹幕马上认领如懿的名字，模仿吉嫔的大概语调说道："我叫如懿，这辈子都没有如意过。"既符合当下剧情的互动语境，又侧面道出了如懿这一生的坎坷命运。弹幕对原台词的分解从侧面弥补了观众的情感失落，也把躲在剧情后面的"隐藏读者"拉到了话语的中心地段来。

弹幕文化作为一种"自来水式"的集体创作，既丰富了影视内容的本身，也使其异延出更多审美意义。纵然弹幕文化还存在无意义、无深度、碎片化的消极面，但弹幕本身的多元性也为当下的文化大环境提供了另类的审美视角。

四　结语

弹幕文化是5G时代数字技术与亚文化融合演变出的文化现象。弹幕文化视域下影视意义的再生成实则透视出这个时代多元、开放、包容的文化逻辑。对于青年受众而言，一边观影，一边发弹幕，不仅是一种日常生活方式，更是在文化失衡的过渡期获得了一个不可或缺的表达空间与文化支点。弹幕身居影视内容的文本之外，却给青年受众带来了积极的审美意义，反向观照和审视出主流文化对其他文化景观的倾轧和其本身存在的结构漏洞。弹幕文化的出现就像拉康的镜面比喻，照映出自我和"他者"的百态，促进了自我和主流文化结构的反思。弹幕文化虽不可逆转地蓬勃发展，但我们仍要注意其本身所携带的消极部分。在匿名虚拟的弹幕文化体系中，个体是否会丧失独立思考的能力，被意见领袖裹挟前进？个体的道德规范如何约束？在单一的圈层内部是否会出现有限认同的狭隘视野？这些都成为弹幕文化未来发展中需要思考和探索的问题。

参考文献

葛承志：《鉴定好剧，请看第三集"弹幕"》，《上海广播电视研究》2019年第3期。

陆扬：《后现代性的文本阐释：福柯与德里达》，上海三联书店2000年版，第24页。

［法］福柯：《词与物》，莫伟民译，上海三联书店2001年版，第506页。

［美］迪克·赫伯迪格：《亚文化：风格的意义》，胡疆锋、陆道夫译，北京大学出版社2009年版，第104页。

Henry Jenkins, *Textual Poachers: Television Fans and Participatory Culture*, Routledge Press, 1992, p. 23.

The Reproduction of Film Significance from the Perspective of Barrage Culture in the 5G Age

Xie Yun　Yang Lu

Abstract: The integrated development of 5G technology and film industry promotes the audiences' immersive and interactive film watching experience, greatly improves the reciprocity and communication of barrage culture, and gives birth to the secondary production of film content and significance. The reform of the media industry, the improvement of broadcast platform technology and the transformation of traditional film have all established the identification mechanism for the formation of barrage culture. The barrage culture appears in front of the public in the way of community communication, breaking the single situation that only the creators have the right to speak in the past, and giving the audience the opportunity to have equal dialogue with film works with their own aesthetic taste, values and emotional needs. The barrage becomes an open creative space. This article tries to explore the emotional anxiety of young people and the different meaning from the community recognition of the barrage culture.

Keywords: 5G Age; Barrage; Community Recognition; Emotional Anxiety; Aesthetic Extended Difference

动漫的文化传播模式初探
——以日本饮食文化的动漫传播为例*

王玉英　齐　鸿　张志杰**

摘　要：动漫是集绘画、音乐、摄影、数字媒体、电影、文学等多种艺术样式为一体的艺术表现形式，其核心是价值观，魅力是叙事，特色是画面。日本以动漫为传播媒介弘扬饮食文化时，主要依据动漫的特点：叙事与画面。本论文从叙事与画面两个方面阐释日本以动漫为传播媒介弘扬饮食文化的方式主要包括：日本动漫通过叙事的设定将饮食定义为一种符号；日本动漫通过体系化、具体化的叙事表述方式传播饮食文化；日本动漫通过强化表达、多次输出的叙事表述方式传播饮食文化；日本动漫通过采用“限定、限时”的叙事表述方式传播饮食文化等九个方面。

关键词：日本动漫　饮食文化　符号　画面

文化是人类所创造的物质财富与精神财富的总和，饮食文化是民众智慧、艺术、知识的结合体，是民众生活和理想的缩影。饮食作为人类生活中最基本的需求，日本在进行饮食文化弘扬与输出时

* 基金项目：国家社会科学基金项目“平成年代芥川奖获奖女作家及其作品的价值取向问题研究”（编号16BWW026）阶段性成果。

** 作者简介：王玉英，女，博士，长春大学网络安全学院教授、硕士生导师，网络安全学科带头人，研究方向为网络文化、汉语国际教育、日本文学。齐鸿，长春大学网络安全学院硕士研究生。张志杰，长春大学网络安全学院硕士研究生。

有其独特之处。1996 年日本政府公布实施《21 世纪文化立国方略》，明确提出要建设文化输出大国，2007 年又提出文化产业发展战略。其中，日本动漫与饮食文化都是日本文化输出与文化产业发展战略的主打项目。“近年来，日本动漫产业发展态势迅猛，作为日本重要支柱产业之一，已是日本第三大产业，年营业额达 230 万亿日元。”① 动漫不仅有力促进了日本经济的发展，更是当代炙手可热的文化传播媒介之一。通过动漫进行饮食文化对内传承与对外传播，既可以加深民众对本国饮食文化的认同感与自信心，又可以获取高额经济利益，一举多得。

一 通过叙事传播饮食文化

“当观者毫不困难地成为叙事的全知者，那么叙事本身也就没有什么可吸引读者继续看下去的了”，作为一种当代视觉的叙事手段，“与电影、戏剧不同，动漫是高度假定性艺术，它不受舞台空间的限制，可以任意发挥创作者的想象”。因此，动漫内容创意能力的高低直接影响下游环节的发行、消费、衍生品的开发等。

（一）通过叙事的设定将饮食定义为一种符号

动漫的核心是价值观，魅力是叙事，日本动漫通过叙事的设定将饮食定义为一种符号。动漫作品中，饮食是表象，是导火索，是勾起回忆、引出叙事的要素之一。一部优秀的动漫作品通过食物唤醒人们尘封已久的记忆，通过叙事传递人情冷暖，使得食物带有温度，带上记忆的印记。日本动漫作品通过一个个温情的叙事打动人心，使得食物成为叙事中人物与人物之间的一种符号，一份连接，一座桥梁。

鹿枫堂四主人之一——负责料理的世贵，他为客人定制了一份

① 《动漫产业成日本第三大支柱　90 后成主流消费人群》，搜狐网，https：//www. sohu. com/a/318673925_ 721998。

鸡肉天妇罗盖饭，这份盖饭的灵感来源于世贵小时候的经历。世贵小时候想吃炸鸡块可是没吃到，找到的店里，发现店里卖的只有鸡肉天妇罗，而这份鸡肉天妇罗好吃到让世贵感动，所以世贵想要将这份感动传递下去。在故事中多次出现“天妇罗”三个字。从动漫一开始，一个饿得站不住的男人嘴里嘟囔着天妇罗盖饭，到饿晕的瞬间看到鹿枫堂的招牌上写着“天妇罗盖饭”，随后他竟站了起来，走到店里去吃天妇罗盖饭，结果进店后男人看到招牌上写的并不是天妇罗盖饭，号啕大哭。世贵看到这样的场景后，主动为他制作了一份鸡肉天妇罗盖饭，虽然这份盖饭并不是男人印象中的天妇罗盖饭，但足够美味。作者用了 10 多分钟来呈现这个故事，是为了展现天妇罗的美味以及与天妇罗盖饭相关的两个故事。在这个情节中，将饮食与充满人情味的故事结合在一起，达到了饮食与文化共同输出的目的。

（二）通过叙事的表述方式传播饮食文化

1. 通过体系化、具体化叙事传播饮食文化

日本饮食类动漫作品中，饮食文化的展现既具有横向展现的广度，又具有纵向展现的深度。横向展现的广度体现为食物种类的丰富，比如肉类、海鲜类、蔬果类、主食类以及酒水类；纵向展现的深度体现为体系化、具体化的表达。日本动漫在进行饮食主题选择时，将视线聚焦于一种特色饮食，通过把一种特色饮食进行全方位、多角度、细致化的讲解，达到了食物本身的传播、食物周边文化的传播及食物形象思维固化的目的，达到了将某种特色饮食固化成具有代表性的日本符号进行国家形象输出的目的。

电视动画《面包带来和平!》（辻初树，2016）向观者展示了步入高中生活的女孩子谷南、逢泽优、深川冬美、佐仓乃亚与面包之间的故事，向观者系统地介绍一款款美味的面包。电视动画《宅饮》（小林智树，2018）通过描写主角天月美知留和她三位室友下班后的生活，每话向观者展示一款特色酒，12 话中共向观者展示了惠比寿啤酒、高球烧酒、星期三的猫（啤酒）等 12 款酒，并且

该动漫展现的全部酒中，酒的起源并不一定是日本，但所有酒都经过日本智慧民众的加工与调配。最终制作完成的酒都符合日本民众的口味与心境，适应于日本文化。

在展示酒的过程中，作者分别从酒的调配方式、口感味道、品尝方式、适宜饮酒的场合、酒品的起源等方面进行详细讲解，使观者对每一种酒有了系统的认知与了解，使得观者在每次提到有关酒的动漫时都会想起《宅饮》这部动漫，并且由于对酒类文化的详尽介绍，使得观者在无形中将该部动漫作为了解酒文化的一种方式，达到酒文化思维固化的目的。同样，电视动画《爱吃拉面的小泉同学》（竹书房出版，2016）在每一话中向我们详细介绍一款或多款拉面，以及拉面的相关知识与餐饮礼仪。比如，拉面汤的基本要素是汤底与调料，汤底与调料的不同搭配，加配上不同的香油，使得很多日本的拉面难以用一种味道来描述。该部动漫中观者跟随小泉同学的脚步，一步步走进拉面的世界，认识种类丰富的拉面，并且通过系统化、具体化的叙事方式使得拉面成为日本的国家符号之一，使观者对日本拉面有了系统了解，产生深刻印象，改正了人们对日本拉面的误解，传播正确的日本拉面知识与文化。通过观看这部动漫，观者不自觉地形成日本的“拉面思维”，养成“拉面礼仪”，达到日本拉面思维固化的目的。

2. 通过强化表达、多次输出的叙事传播饮食文化

日本动漫作品中对于饮食文化的宣扬，除了体系化、具体化的叙事方式之外，还具备强化表达、多次输出的叙事方式。这体现在两方面：一是在一个故事讲述过程中的多次输出，强化表达；二是在多部动漫中的多次输出，强化表达。日本的动漫作者们积极响应国家号召，通过动漫这一媒介进行饮食文化的输出，使得优秀动漫作品中的每种饮食代表一份情怀，一份回忆，一份美好。

电视动画《鹿枫堂》（神谷由美，2018）第 4 话中讲述的是一个与日本特色饮食天妇罗有关的故事。在日式餐品中，日本人将用面糊炸的菜统称天妇罗。关于日本的天妇罗，许多动漫中都有展现。比如，动漫作品《爱吃拉面的小泉同学》，虽然这部动漫主要

宣传的是日本的拉面，但动漫中出现的“酱油味加天妇罗碎屑盖上萝卜泥和鲣鱼干的拉面”除了能够宣传日本的拉面外，还体现了在日本天妇罗是广受民众喜爱的食物。同样，动漫作品《英国一家吃在日本》（Fanworks 公司制作，2015）、动漫作品《宅饮》、电视剧《深夜食堂》（MBS 公司制作，2009）中也有关于天妇罗的介绍，包括天妇罗的口味以及食材种类等。现在，经过强化表达、多次输出的天妇罗，已经深深印在观者脑海中，成为很多观者到日本旅游时的首选美食之一。

3. 通过题材丰富化、内容具体化传播饮食文化

日本动漫作品在展现饮食文化时，往往通过题材丰富化、内容具体化的表述方式传播饮食文化。比如，动漫作品《爱吃拉面的小泉同学》中就非常详细地讲解了日本的拉面文化；动漫作品《宅饮》中详细讲解了日本的酒文化；动漫作品《面包带来和平!》中详细讲解了面包种类；动漫作品《和歌子酒》（新久千映，2015）中详细介绍了适合下班后品尝的日本美食；动漫作品《英国一家吃在日本》中详细介绍了适合旅游时品尝的美食，等等。此外，动漫作品还具备内容表达丰富、具体的特点。比如，在动漫作品《宅饮》中，作者在每一话中向我们展示一种酒，且每种酒在展示时都具有流程化，先介绍适合品尝酒的时间与地点，再介绍酒的调配方式、酒的口感味道、酒的品尝方式，最后介绍酒的起源，展示角度齐全、内容表达丰富。动漫作品《爱吃拉面的小泉同学》中，观者跟随着小泉同学的脚步品尝各种美味的拉面，体验拉面吃法的多样性，感受品尝不同拉面的感受。

4. 通过采用“限定、限时”的叙事方式传播饮食文化

首先，日本动漫作品中食物会随着季节的变换而变化。比如，动漫作品《鹿枫堂》第 2 话中，在夏天推出的限时草莓戚风蛋糕、草莓卷、草莓大福饼、草莓酥饼、草莓蛋挞、草莓凉粉等草莓味美食；动漫作品《爱吃拉面的小泉同学》中，既介绍了种类丰富的拉面，还解释了拉面种类丰富的原因，这个原因是：制作拉面的原材料是限时供应的，比如，夏天的冰淇淋拉面和柠檬拉面等。日本的

限时食物一般会依据季节的变换，选择不同的食物原材料，制作出不同的食物供人们享用，这既可以体现出日本人对于四季变换的敏锐感受力，也可以体现出日本人对于食物的尊重、对于客人的尊重、对于食材选择的严谨。日本人的观念里只有选择新鲜的食材才能让食物发挥它最大的价值，体现出日本人与自然和谐相处、顺应自然的思想。

其次，日本动漫作品中食物会随着餐馆的经营方针变换而变化。比如，动漫作品《爱吃拉面的小泉同学》第 2 话中，将小泉同学的北极特制与美莎同学的普通北极进行对比。小泉同学的北极特制是店家限时推出的食物，北极特制在北极中加入白煮蛋、黄油、香浓奶酪，并用西班牙腊肠代替猪肉。北极特制的味道独特，在超辣汤头和青椒的遮掩下使得西班牙腊肠原有的微辣感被掩盖，奶酪让辣味柔和，并且加上白煮蛋和黄油后进一步减轻辣味。在经营方式上，限时供应的食物给人急迫感、紧张感，可以极大地促进人们的购买欲望，有效地促进日本食物的经营与饮食文化的传播。

5. 通过对比的叙事方式传播饮食文化

动漫作品《英国一家　吃在日本》中将日本的天妇罗和英国的油炸鱼和土豆进行对比，通过对比突出日本的美食。动漫中采用提问与对答的方式进行故事的讲述。

阿斯卡的爸爸向主厨提问："为什么日本的天妇罗明明是用油炸过的，却一点儿都不油腻，并且酥脆的面糊里面，鱼肉和蔬菜的口感那么嫩，而英国的油煎鱼和炸土豆更油腻，而且里面会炸过劲。"

主厨回答："所有的一切取决于厨师是否了解鱼的知识、蔬菜的知识、季节性知识、油的知识、面糊的知识。在日本，主厨做了 10 年与天妇罗有关的行业后才能够开始裹天妇罗的面糊，并且天妇罗的选材一般都是饱水的，用最佳温度 180℃进行加热。为了使味道达到最佳，要事先把多余的水分去掉。面糊的选材一般只用面粉、水和鸡蛋，水要用冰过的凉水，面糊不需要放在冰箱里，且不要把面糊搅得太匀，要保留很多面疙瘩。搅拌时，如果搅得太过会出面筋，面糊会太黏，导致失去酥脆的口感。对于油的选择，日本不同地区也会选择不同的油，关东地区会使用芝麻油，关西地区用的是别的油。下锅油炸的时间和食材的选用有关，也和面糊的做法和裹法有关。制作天妇罗的每一项技术都需要专业的知识，也就是说经验丰富的天妇罗厨师不会做其他的料理，只专注于天妇罗的制作。并且制作天妇罗的窍门是不要一次性下锅太多，下锅太多油温会下降，炸不脆。”①

从以上的对话中我们发现，同样都是油炸食品，但由于日本人对“度”的把握很严格，对原材料、油温、烹饪数量都进行极致把握，所以日本的食物会更加美味、健康与精致。作者通过食物的对比展现出日本人对饮食的尊重，对于度的把握，对于细节的把握，展现出日本人严谨的做事方式，塑造了日本的国家形象，同时很好地传播了日本的饮食文化。

6. 通过表达细腻，用既具有教育意义又充满人情味的叙事方式传播饮食礼仪

动漫作品《爱吃拉面的小泉同学》第5话讲述的是一家很受欢迎的拉面店开业，爱吃拉面的小泉同学一定会去吃拉面的，可是小泉同学不喜欢排队，且轮到小泉同学值日，悠主动帮助小泉同学排队的故事。

悠的想法是，小泉同学来后，将自己的位置让给小泉同学，这样一个人换一个人，对后面排队的客人来说在站位上没有影响。但是，在悠前面排队的另一个男生的做法完全不同。队伍排了一小时后，出现了三个人——一个男生，两个女生，他们插进队伍中并且和悠说：“这位JK，稍微往后退一点哦，他们要进来。”悠看到三个人插到了自己的前面，于是说：“插队不太好吧！”结果等来的却是一句：“可我替他们排队了啊，这么热，我都排了一小时了，太热了！”悠回答：“每个排队的人都排了一个多小时，都一样热。”同时排队的人附和道：“是啊”。看到自己不占理后，男生

① 《英国一家　吃在日本》，哔哩哔哩，https://www.bilibili.com/bangumi/play/ep35267。

说："算啦，今天就当网开一面，算了吧，平时是不会插队的。"并且直接转身表示拒绝沟通下去，以一种不讲理的方式站在那里，不听其他人继续讲话了。同时，那两个插队的女孩子还挖苦悠，说没人和她一起吃拉面好可怜，悠果断地回应："自己一个人吃拉面和对方插队没有关系。"对方不予理睬。

就在双方僵持不下之际，小泉同学来到了现场。小泉同学说："在店门口喧哗会给其他人添麻烦的，插队也会给别人添麻烦。虽然人数不多的插队行为，很多人这么做没有恶意，但在各种队伍中都会出现这种问题。但是，真正喜欢拉面的人是不会这么做的，店家精心制作的拉面数量有限，这家店里，还有人在关门后不休不眠调制第二天的汤料，这样做出来的拉面，哪怕为了吃上一碗，而去插队从别人手里抢来吃，真正喜欢拉面的人是不会这么做的。并且队伍里要是换人了，会让店员难以分辨的。"① 并用自己的行动——重新排队——做表率，最终感化了插队的人，插队的人在队尾重新排起了队。

从这个故事中我们发现，排队时插队的现象不论在哪个国家都会发生，但是小泉同学通过简短的话语表达出：排队不插队是对拉面的热爱，对食物的尊重，对辛勤付出的店家的尊重，以及对排队吃面的人的尊重。并且小泉同学通过自己的行为给插队的人做了好的榜样，让插队的人予以反思，重新排队。这样的叙事方式细腻且深刻，既具有教育意义又不失风度与温情，既给插队的人留足了颜面又提供了改正错误的方式。通过对吃拉面时要排队不插队这一故事细致入微的表达，让人印象深刻，极具反思性。

并且在画面呈现上，如果仔细观察会发现插队的人物形象并不是典型的亚洲人物形象——高高的个子，黄黄的头发，蓝色的衬衫配上褐色的短裤，虽看不出具体所指，但清晰地知道这不是亚洲人。足可以看出日本在进行自己国家形象建构、饮食文化宣传时极

① 《爱吃拉面的小泉同学》，哔哩哔哩，https：//www. bilibili. com/bangumi/play/ep164986。

具思考，通过动漫的叙事让人们意识到日本人是有礼貌、有风度的，破坏秩序的是其他人而维持秩序的是日本人。日本动漫自20世纪六七十年代开始，逐步走进人们的视野，随着动漫大师的不断涌现，使得动漫成为日本各年龄段民众消遣的娱乐方式，日本选择在动漫中进行有关饮食礼仪叙事的讲述与教育，为学习成长期的孩子起到良好的表率作用，为我国的动漫叙事研究提供了好的参照。

二　通过画面传播饮食文化

动漫画面的独特性与渲染性是日本传播饮食文化的有力手段。早在1938年，存在主义哲学的创始人海德格尔就提出了“世界图像时代”的说法。他说：“本质上看来，世界图像并非意指一幅关于世界的图像，而是指世界被把握为图像……”他指出，世界图像化，正是现代的本质所在。“日本的动漫作品，基本上都是以手绘为主，并且非常注重画面的呈现，日本的动漫作品虽不如美国动画特效那么炫目，但其逼真的场景和鲜明的文化特色都是其他国家动漫产业难以企及的。”日本动漫作品通过画面传播饮食文化主要从以下两方面进行：一是画面中呈现的食物，二是画面中呈现的人物。

（一）通过画面中呈现的食物传播饮食文化

2013年，日本“和食”正式入选世界非物质文化遗产名录，成为“亚洲饮食文化”名录中首批重要成员。日本“和食”包括食材与食器两部分。动漫中通过画面呈现食物的三个方面包括：通过画面呈现食材本身的美；通过画面呈现盛放食材的器皿；通过画面呈现美化后的食材。

1. 通过画面中呈现的食材本身的美传播饮食文化

为了呈现食材本身的美，日本动漫在进行食物的呈现时会尽力还原食物本身的样貌，做到细致精良。比如，动漫作品《爱吃拉面的小泉同学》中香菇的展现是在整个香菇的基础上进行设计，六芒星的设计使得香菇更加精美，带有六芒星设计的一份一份的香菇像一朵朵盛开的花儿一样绽放在观者眼前。大虾的画面在呈现时去掉了虾头，只剩下虾身，虾身弯曲的弧度像月牙儿一样美丽，所有的大虾整齐地排列摆放在器皿中，给人美的感受。在画面的呈现上，这份拉面中有香菇、大虾、香葱、豆腐、鱼肉、胡萝卜、青菜等多种食材作为配菜，展现着食材本身的美，传递着食物的美味。除了在一份食物中展现多种食材，每种食材都精心设计与搭配外，纵观整部动漫，拉面的配菜中最重要的是香葱，在呈现拉面时香葱永远不会缺席。在展现香葱时，既有大块的香葱竖着放在拉面中，也有切成丝的香葱大小不一地散落在拉面中，和其他配菜一起在一份拉面中展现着自己的美。

为了呈现食材本身的美，日本动漫在进行食物的呈现时在色彩搭配上十分讲究。日本动漫在进行食物的呈现时，每份食物的呈现至少搭配四种颜色，或色彩鲜明或层次细腻。比如，动漫作品《鹿枫堂》中含有奶油和草莓的甜点，搭配了黄色、粉色、白色以及红色；冰淇淋凉粉则选用绿色、褐色、黄色、白色、紫色以及粉色系，搭配黄色的樱花小糕点。日本动漫在进行食物的呈现时，除了采用纯色系外，还采用了渐变色的方式将食物展现在观者面前，使得食物在展现时更加精美，甚至超过食物原本的样貌。动漫作品《爱吃拉面的小泉同学》在展现拉面时，对于不同店家、不同口味的拉面进行不同的刻画，鲜红番茄酸辣面的汤色泽红亮，搭配上辣椒花儿以及青菜，呈现出红、白、黄、绿、褐等多种颜色。日本动漫中通过对食物颜色的细致搭配呈现食物的美，甚至呈现超过食物本身的美，让观者对日本的餐品、甜品以及饮品产生深刻印象。

2. 通过画面中呈现的盛放食材的器皿传播饮食文化

日本动漫中为了展现不同食物、体现食物的重要性，在盛放食物的器皿上精心设计与搭配。动漫作品《爱吃拉面的小泉同学》中不同店家的拉面，选择适配不同店家的不同碗，比如：搭配辣味北极拉面的红色碗，配有不同店家的专属店家碗；为了配合食物的颜色，选择不同颜色的碗，有白色、深红色、黑色等；为了方便吃拉面而使用的叉勺一体的餐具；为了方便吃拉面中的肉糜的漏勺等。动漫作品《宅饮》中，在品尝不同的酒时选用不同的酒杯，比如，在饮用星期三的猫时选用郁金香杯而不是直接用易拉罐饮用，因为星期三的猫这款啤酒与其他啤酒不同，在郁金香杯的衬托下色泽会更加淡雅，方便第一次品尝星期三的猫这款啤酒的人欣赏酒的颜色；品尝惠比寿啤酒时选用扎啤杯；品尝红酒时选用红酒杯；品尝鸡尾酒时选用鸡尾酒杯；品尝日本酒时选用烧酒杯，等等。日本动漫中为了呈现食物的精美，从器物层面上进行搭配，从细节处展现食物的美。

3. 通过画面中呈现的美化后的食材传播饮食文化

日本动漫中为了更好地呈现食物的美，会在事实基础上进行美化，这体现在两方面，一是日本的动漫作家们在画面中呈现食物时体现出食物分量足、配料丰富的特点；二是日本的动漫作家们为了更好地呈现食物而利用光线渲染。

日本的饮食特色是一人食，但这并不影响日本动漫中，呈现食物分量足、配料丰富的特点。动漫作品《爱吃拉面的小泉同学》中在展现灌装金枪鱼海苔拉面时，金枪鱼和海苔占据了整份食物的二分之一。日本动漫中展现食物分量足、配料丰富的特点，体现的是日本人对于每一位客人的尊重，对每一份食物的尊重，激起人们对食物的渴望，给人一种日本食物物超所值的感觉。为了更好地呈现食物，日本动漫的作家们会利用光线渲染。动漫作品《鹿枫堂》中对于食物的呈现充分体现出光线的重要意义。几乎每一份食材都在闪闪发光，从萝卜泥配菜中萝卜的反光到盛放食材的器皿的反光，每一种食物与器皿在呈现时都考虑光线的作用，使得观者在观看动漫时能够在最短的时间内意识到食物的种类，欣赏食物的美。

（二）通过画面中呈现的人物传播饮食文化

动漫中通过画面呈现人物的三个方面，包括：通过画面呈现人品尝到美味食物后的享受，通过画面呈现人物的餐桌礼仪，通过画面呈现日本的民俗文化。

1. 通过画面呈现人物品尝到美食后的享受，传播饮食文化

为了呈现人品尝到美味食物后的享受，日本动漫作家们在刻画人物品尝美食后享受的表情、肢体语言以及人物在品尝食物前后心态的对比上做足工作。动漫作品《英国一家　吃在日本》中阿斯卡对于没有番茄酱的天妇罗说：“切，这是什么店啊!”和在吃上天妇罗后一系列的画面的展现：眼神发光、海鸥在空中飞翔、坐着小船在海上冲浪、跳水以及海里的小乌龟和各种鱼虾的游玩，还有阿斯卡的颤抖，以上这些都展现了天妇罗的美味，极大地激起了人们想要品尝天妇罗的欲望。动漫作品《鹿枫堂》第 4 话中，动漫一开始，作者在表现手法上一改以往明亮的画风，变得阴暗、沉闷，画面中出现一个饿得左右倾斜的男人，嘴里还在嘟囔着天妇罗盖饭，“我想吃天妇罗盖饭”，直到吃到世贵的天妇罗盖饭后整个人变得明亮起来，将人物未吃到天妇罗盖饭的忧郁心情通过画面中漆黑的颜色进行展现，将人物吃到天妇罗盖饭后愉悦的心情通过明亮的色彩展现，将二者进行对比，展现天妇罗盖饭的美味以及天妇罗盖饭在日本人心中重要的地位。动漫作品《宅饮》中，每次品味一种新酒时，主角们都会对酒的体验进行解说，并且配上独特的泡泡背景和星星背景。泡泡背景或星星背景展现了食物的美味和食客的享受，极大地促进了观者对于日本饮食的向往，使得观者想伴随着主角们一起品尝美酒，促进了日本饮食行业的发展。

2. 通过画面呈现的餐饮礼仪，传播饮食文化

日本动漫中不乏对餐饮礼仪的展现。首先，在动漫作品《宅饮》中，主角在饮酒时双手倒酒与双手接酒的行为礼仪呈现在人们的眼前，在吃饭时餐桌上的食物被摆放得整整齐齐。其次，《爱吃拉面的小泉同学》中对于日本餐前礼仪的展现，在每话中小泉同学都要品尝拉面，在品尝拉面前都要做双手合十的动作，这一动作在这部动漫中被充分展现，包括小泉同学自己做，小泉同学和朋友一起做，吃拉面的其他人物做，等等。再者，《爱吃拉面的小泉同学》最后一话中呈现的吃拉面时特殊餐具的使用，以及在穿和服吃饭时，需要将和服用小夹子夹起来的特写镜头。最后，《爱吃拉面

的小泉同学》中，不论多少拉面都会被吃干净。日本动漫作品通过画面进行饮食礼仪的展现，加深了人们对于饮食礼仪的理解，更加直观具体，使人印象深刻。

动漫作品《爱吃拉面的小泉同学》中通过画面展现了在日本就餐的便利性。在小泉同学和美莎一起吃拉面时，从不同角度展现了店家为客人提供的衣服挂，细节展现完整，同样，《英国一家　吃在日本》中也有相似的展现；动漫作品《爱吃拉面的小泉同学》中向我们呈现了很有特色的日本拉面店，在拉面店中品尝拉面是有单人隔间的，且隔间可以依据客人的喜好进行调整；同时，在日本的拉面博物馆品尝拉面时，店家们为了让顾客品尝到多种口味的拉面，推出了半份面。日本动漫中通过画面的呈现让我们体会到在日本就餐的便利性，提升了日本的国家形象，传播了日本的饮食文化。

3. 通过画面呈现日本的民俗文化，传播饮食文化

动漫作为一种文化传播媒介，在传播日本民俗文化方面发挥着一定作用。本节主要通过日本的新年以及女儿节进行民俗阐述。日本人在过新年时，会选择吃含义丰富的御节料理。这在动漫作品《小林家的龙女仆》（双叶社出版，2017）中有所展现，主角跟龙族的朋友在一起过新年时品尝御节料理。在画面的呈现上，御节料理既像我们的年夜饭那样美食种类繁多，又在颜色搭配上赏心悦目。除了御节料理，日本人在新年时还会选择吃鱼糕以及荞麦面等具有特殊含义的食物。日本的鱼糕是由两块鱼糕搭配一颗橘子制成的，成双的鱼糕象征着好事成双，橘子的出现是因为在日语中，橘子的发音和“代代”一词相近，具有世世代代繁荣昌盛的美好寓意。动漫作品《小林家的龙女仆》和《Love Live!》（SUNRISE 动画公司出版，2010）中都有鱼糕画面的呈现。动漫作品《银仙》（平池芳正，2014）中，有过年吃荞麦面的画面呈现。同样，在日本，女儿节有一些特定的料理，比如蛤蜊汤、散寿司、菱饼、桃花酒等。动漫作品《卫宫家的饭》（三浦贵博、佐藤哲人，2017）第3话中向观者呈现了散寿司的画面，生鱼、蛋丝等食材清晰可见。

除了以上三点外，日本动漫在进行画面表现时，作者偏向于使用特殊的符号来进行日本文化的传播，比如，具象化的店家名字、店家标识、盛放食物的特制餐具、现代化设备、地标性建筑等。动漫作品《爱吃拉面的小泉同学》第1话中对天下一品店从多角度介绍，包括门店的牌子特写，拉面碗的特写，店员衣服的特写，带有天下一品标识的玻璃窗特写等，让观者对天下一品这家店产生深刻印记，想在日本街头寻觅、品尝。再者，在每部动漫中都会出现的日本标志性建筑——日本地铁，在动漫作品《爱吃拉面的小泉同学》中也有所体现，该部动漫中展现的是东北秋田新干线等。日本动漫作品中通过画面的呈现，不断具象化日本的饮食与文化，极大地促进了日本饮食行业与旅游行业的发展，为日本动漫产业链的发展带来了经济效益。

三 结语

动漫是一种视觉艺术。日本的动漫制作精良，主要用来展现日本的文化、日本的美。日本既将动漫本身作为一种文化传播，又将和食脱离作品本身单独作为一种文化符号在网络上传播，一方面促进了日本国内餐饮行业、旅游业的发展；另一方面也实现了日本饮食文化的国内传承与海外传播功能，潜移默化地影响了文化输入国人民的思维方式与生活方式，实现了跨文化传播与交流，使得文化输入国的人民在效仿与消费日本饮食文化的同时，认同并形成了日本文化，进而影响了文化输入国的国家意识形态安全。

然而，日本的动漫，内核虽有文化输出，却不被反感甚至备受追捧，既获得商业利益，又巧妙宣传了民族文化。目前来看，日本动漫对于饮食文化的展现产业链成熟，深入人心，取得的经济效益很高。而我国作为一个有着五千年历史的文明古国，拥有着其他国家无法比拟的灿烂文化，但在我们的动漫中却极少看到这些文化的展示和发扬，反而在一些主流的、热门的动漫中出现的是肯德基、麦当劳、星巴克等外来餐饮品牌。我国动漫作品更加看重前期的经济效益，这和我国动漫的资金有限有关，但在热门动漫中全部是外来品牌，没有中国饮食特色，对于我国的饮食文化宣传来说是一大损失。

中国是一个拥有五千年历史的文明古国，它包括“自古传承至今的光辉灿烂而又神奇深邃的古老文化；各民族交织、中外交融的现代革命文化；中国特色社会主义新时代的当代新文化”。“动画是文化传播领域的重要媒介，必须从民族文化中发觉素材才能得到更多人的认可和赞赏。”其实，我国动漫的创作从不缺乏素材，1998年迪士尼制作的动画片《花木兰》取材于中国传统叙事；2008年美国梦工厂打造的《功夫熊猫》的主角是我们的国宝大熊猫。中国动漫对于饮食文化的素材，可以选取以不同的朝代为背景，以特色饮食为切入角度的方式介绍中国文化，将这样的创作理念注入动漫的创作中，会使得叙事更加深入人心，画面更具中国特色。在宣传中国优秀饮食文化时，我国的动漫工作者不能急功近利、好高骛远，要一步一步、稳扎稳打地做好动漫的每一个细节，使其成为中国的一张名片。

参考文献

卢静达：《〈秒速五厘米〉分镜头创作解析》，载孟庆枢主编《中日文化文学比较研究2013》，吉林出版集团有限责任公司2013年版，第364页。

陆俭明、马真：《再议中华文化的海外传播》，载王玉英主编《网络文化研究》（第一辑），中国社会科学出版社2020年版，第4页。

陆杨：《文化研究概论》，复旦大学出版社2008年版，第120页。

骆艺娴、郭小平：《日本料理的跨文化传播及其对中餐文化国际化的启示》，《传媒观察》2021年第3期。

马赫：《〈海贼王〉——传统的故事演绎不朽的传奇》，载孟庆枢主编《中日文化文学比较研究2014》，吉林出版集团有限责任公司2014年版，第357页。

曲朝霞：《国产3D电影〈潜水总动员3〉给我们的启示》，载孟庆枢主编《中日文化文学比较研究2014》，吉林出版集团有限责任公司2014年版，第330页。

童晓薇：《视觉文化语境下的动漫与文学——以〈人间失格〉为例》，载孟庆枢主编《中日文化文学比较研究 2012》，吉林出版集团有限责任公司 2012 年版，第 263 页。

A Preliminary Study on the Cultural Communication Mode of Animation: Take the Animation Spread of Japanese Food Culture as an Example

Wang Yuying　Qi Hong　Zhang Zhijie

Abstract: Animation is an artistic expression form integrating painting, music, photography, digital media, film, literature and other artistic styles. Its core is values, charm is narrative, and features are pictures. When Japan uses animation as a medium to promote food culture, it mainly depends on the characteristics of animation: narrative and picture. This thesis explains the way Japan uses animation as a medium to promote food culture from two aspects: narrative and picture. It mainly includes: Japanese animation defines food as a symbol through narrative setting; Japanese animation uses systematic and concrete narrative The way of expression spreads food culture; Japanese animation spreads food culture through narrative expression that strengthens expression and multiple output; Japanese animation spreads food culture through the use of "limited, time-limited" narrative expressions and other 9 aspects.

Keywords: Anime; Food Culture; Symbol; Screen

《工作细胞》的艺术特色与科普意义

张会苑　曲朝霞*

摘　要： 日本医学科普类系列动画《工作细胞》将人体内的细胞拟人化，讲述身体中的细胞是怎样工作的，以及它们如何共同抵御外来的病毒、细菌等的故事。不仅以欢快、明了的方法传播了日本特色文化与医学知识，还让观众更加了解自己的身体，警示大家重视身体健康，创新了科普形式，起到了科普的作用。

关键词：《工作细胞》　医学科普　日本文化

一　交口称誉的《工作细胞》

2018 年 7 月，由日本漫画家清水茜的同名漫话改编的医学科普类系列动画《工作细胞》在日本上映，收获广泛关注与好评。2019 年获得了第 25 届上海电视节白玉兰奖最佳动画剧本奖。① 日本、菲律宾等国家更是将《工作细胞》作为教材辅助使用。② 也成为自广电出台“全国各级电视台在黄金时段均不得播出境外动画

---

* 作者简介：张会苑，女，长春理工大学外国语学院在读研究生，研究方向为日本文化。曲朝霞，女，长春理工大学外国语学院教授，研究生导师，研究方向为日本文化。

① 《白玉兰奖昨晚揭晓，“苏大强”绽放》，https：//www. sohu. com/a/320709290_419342。

② Mirror Media：《〈工作细胞〉太火热动画公司制作教材包免费授权教育、医疗机构使用》，https：//www. mirrormedia. mg/story/20181001gamehs。

片”政策十四年后央视频道再度正式引进的首部日本动画。

《工作细胞》中的“细胞”指的就是人体结构和生理功能的基本单位，不同的细胞存在于人体的不同位置，也具有不同的功能。所谓“工作”就是指细胞们在人体内的基本职能，即维持身体运转。

清水茜于《月刊少年天狼星》2015年3月号至2021年3月号上连载的漫画《工作细胞》，单行本全6卷，通过拟人的手法，将身体中的细胞们塑造成人的形象，讲述身体中的细胞是怎样工作的，以及如何共同抵御外来的病毒、细菌等的故事。

漫画在日本受到广泛好评，曾获日本“全国书店店员推荐漫画”2016年第2名①、2017年第8名②，“这本漫画真厉害！”2016年男性篇第7名的成绩③。繁体中文版由东立出版社发行，简体中文版由浙江人民出版社出版、磨铁图书发行，电子版由哔哩哔哩漫画独家发布。

由此动漫改编的电视动画《工作细胞》，于2018年1月宣布了动画化的消息。该片由David production负责制作，于2018年7月7日起每周六在TOKYO MX、栃木电视台、群马电视台、BS11首播。2019年3月23日官方宣布将制作第二季，电影版于2020年9月5日在日本上映。第二季《工作细胞!!》也于2021年1月9日播出④。

CCTV6频道于2021年2月13日播出《工作细胞》第一季。目前，在中国大陆地区，其IP的衍生作《不工作细胞》《工作细菌》《工作细胞BLACK》等均已登录哔哩哔哩网站，由哔哩哔哩漫画负

① Honya Club：《全国書店員が選んだおすすめコミック2016》，https：//www.honyaclub.com/shop/pages/osusumecomic2016.aspx？affiliate=osusumec16#content 6。

② Honya Club：《全国書店員が選んだおすすめコミック2017》，https：//www.honyaclub.com/shop/pages/osusumecomic2017.aspx？affiliate=osusumec17。

③ 漫画全巻ドットコム：《このマンガがすごい！2016 BEST10 オトコ編》，https：//www.mangazenkan.com/special/436.html。

④ 清水茜/講談社・アニプレックス・David production：《はたらく細胞!!》，https：//hataraku-saibou.com/？from_inner。

责独家发布电子版。此外，此动画在中国港澳台地区和美国、加拿大、东南亚等地区也均可在网络上观看，收获了来自世界各地的关注与好评。

二　蕴含丰富知识的描绘艺术

（一）生动形象的医学知识

谈论起身体中的细胞，人们可能首先想到的是初高中物理课本上的图文，有些许乏味、枯燥且陌生。其实人体内的细胞数量，约为 37 兆 2000 亿个。细胞们在名为身体的世界中，每天都在为着身体的健康，元气满满、不辞辛苦地工作着。

《工作细胞》中的每个细胞，每天都在各司其职，有时会受到外来病菌等的侵袭，细胞们也共同努力将它们击退。动画中出场的主要细胞有红细胞①、白细胞②、血小板、杀手 T 细胞、巨噬细胞、树突状细胞等。每个细胞都被按照实际的样子设计成惟妙惟肖的动漫人物。其中，贯穿全番的细胞主要是红细胞和白细胞。

红细胞是血液中数量最多的一种细胞，同时也是人体内通过血液运送氧气的最主要媒介，同时还具有免疫功能。运输氧气，也运输一部分二氧化碳。动画中的红细胞全体为穿鲜红色工作服的成年男性及女性形象，身上的红色工作服正反两面都能穿，戴手套，脚上穿黑色短袜，红色系带小靴子，戴着一顶略微凹陷的红色圆形帽子，和真实的人体内红色、双面凹的圆饼状的成熟红细胞颜色相呼应。红细胞运输二氧化碳时呈暗紫色，运输氧气时呈鲜红色。动画中，红细胞身上的衣服，运送氧气和营养成分时鲜红色一侧在外（动脉血），运送二氧化碳时暗红色一侧在外（静脉血）。第一季第

---

① 红细胞：体内最多的血细胞，动画中名为“赤血球”，中文名“红细胞”，外文名“erythrocyte/red blood cell”，缩写为 RBC，后文都称动画中的主人公为红细胞。

② 白细胞：体内的免疫细胞，动画中名为“白血球”，中文名“白细胞”“白血球”，外文名“leukocyte/white blood cell”，缩写为 WBC，动画中的白细胞主要指中性粒细胞，后文都称之为白细胞。

八集血液循环中红细胞遇到了新人红细胞们，受到鼓舞，想凭借自己的意志和努力独立完成自己在身体内运输二氧化碳、氧气的任务。红细胞说道：

“那个，到底往哪儿走啊？新人红细胞？那些新人马上就要参加工作了，对哦，我也要更加努力工作，虽然大家都叫我笨蛋路痴。一直都是个半吊子的话只会妨碍他人，不能再去依赖别人了。”

“我要把二氧化碳送到肺里换取氧气，再把氧气送给身体里的细胞们，这就是我的工作，我不能再迷路，我要独自绕着循环系统完整地走一圈。”

这就对应了红细胞的主要工作，是将氧气和营养物质运送到身体各个角落的组织细胞中，并把二氧化碳送回肺部，同时回收组织细胞的代谢废物，运到对应的处理废物的人体器官内进行处理，如此往返循环。

白细胞则留着白色短发，额头留较长的右偏三七分刘海儿，不露右眼，只露出左眼，眼睛为纯黑色。身上的全部衣着及装备均为白色，头戴写有“白细胞”的运动帽，手上戴白色薄手套，脚上穿系带式半高筒靴子。白细胞是免疫细胞，不论是病毒还是细菌入侵，白细胞都会工作在一线。

第二季第一集肿包中红细胞和白细胞 4989 号聊起 U1146 号，说最近找不到他，而此刻的 U1146 号正在努力击杀细菌。

细菌说：“慢着，你睁大眼睛看看，我那么可爱，你居然下得去手！”

然而白细胞却毫不留情地将它击杀，回道：“我是白细胞，中性粒细胞科 U1146 号，入侵细菌已消灭完毕！不管是什么样的细菌，都要毫不留情地消灭，这就是我们的工作，绝不能放过任何一个细菌，绝对不能！”

白细胞战斗时的口头禅有两个：“发现抗原！”“去死吧！混蛋杂菌！”在第一季第一集中将细菌以喷嚏形式赶出体外时，会举起右手敬礼，说一句“拜拜菌”。白细胞的主要工作就是负责驱除侵入体内的细菌和病毒。动画中的白细胞主要指中性粒细胞，中性粒细胞在血液的非特异性免疫中起着十分重要的作用，它处于机体抵御微生物病原体，特别是抵御化脓性细菌入侵的第一线，具有很强的吞噬活性，可吞噬细菌、衰老的红细胞、抗原—抗体复合物和坏死的细胞等。中性粒细胞内含有大量溶酶体酶，因此能将吞噬入细胞内的细菌和组织碎片彻底分解。当中性粒细胞吞噬数十个细菌后，自身发生解体，所释出的各种溶酶体酶类能溶解周围组织而形成脓液。

第一季第一集，红细胞与白细胞初次相遇，免疫力低下的身体中血管内皮细胞破裂，出现了肺炎链球菌，它躲藏在运输二氧化碳到肺部的红细胞的箱子里，想摧毁整具身体，最后在白细胞的不断努力下，发现了它，并且设计通过喷嚏将其排出体外。与现实相对应，红细胞运输氧气与二氧化碳，白细胞作为免疫细胞，消灭了肺炎链球菌。红细胞非常小，在 1 立方毫米的血液里含有 500 万个红细胞，人体内的红细胞数可达 250 亿个，动画中也多次出现千千万万个红细胞聚集在一起的场景。白细胞（中性粒细胞）能很快穿过血管壁进入组织发挥作用，正常成人的白细胞总数为（4.0—10.0）$\times 10^9/L$，中性粒细胞占 50%—70%，所以动画中红细胞与白细胞初次相遇后分别时说了这样一段话。

红细胞：“那个，白细胞，我还能再见到你吗?”

白细胞：“不能，白细胞有千千万万个。”

红细胞：“对了，红细胞数量更多。”

白细胞：“是啊，不过我们在同一个世界工作，总有一天会再见的。”

红细胞：“再见了。”

白细胞：“好的。”

除红细胞和白细胞外，主要出场细胞还有可爱的血小板。血小板中有男孩也有女孩，所有血小板皆有着十分幼小的外表，并且都戴着写有“血小板”三个字的白色鸭舌帽，身穿浅蓝色的长 T 恤，下身穿着茶色的短裤和黑白相间的靴子，也有一部分下身穿蓝白相间的袜子和白色球鞋。血小板比一般细胞小，在血管发生损伤时集合起来堵住伤口，是血液成分的一种。例如，第一季第二集中身体皮肤表面受到了擦伤，外界的金黄色葡萄球菌、酿脓链球菌、绿脓杆菌等趁机进入身体，经过血小板的努力堵住并修复了伤口，白细胞也顺利消灭细菌。真实的血小板是从骨髓成熟的巨核细胞胞浆解脱落下来的小块胞质。与动画中一样，因血管创伤而失血时，血小板在生理止血过程中的功能活动大致可以分为两个阶段：第一阶段主要是创伤发生后，血小板迅速黏附于创伤处，并聚集成团，形成较松软的止血栓子；第二阶段主要是促进血凝并形成坚实的止血栓子。

但是，血小板制作的止血栓子也不能抵抗所有病菌的入侵，例如，第一季第十集中金黄色葡萄球菌入侵身体，血小板用凝血因子把血纤蛋白连接在一起对付金黄色葡萄球菌。但是金黄色葡萄球菌数个球菌聚集在一起，生成凝固酶，将血纤蛋白的网当作屏障来抵御白细胞的攻击（吞噬）。此时就需要巨噬细胞——白细胞的一种，捕杀细菌等异物，找出抗原及免疫信息，同时也会清理死去的细胞及细菌。巨噬细胞的杀伤能力相当强。动画中的巨噬细胞是穿着女仆装，持有强大武器的美丽的大姐姐，看上去很弱，其实战斗力超群。最终，巨噬细胞消灭掉了金黄色葡萄球菌。

第一季的第二集和第十集出现的金黄色葡萄球菌是一种常见的食源性致病微生物。动画中金黄色葡萄球菌是金黄色的数个球菌聚集在一起，样子就像一串葡萄，这也是被称为葡萄球菌的原因。金黄色葡萄球菌在适当的条件下，能够产生肠毒素，引起食物中毒。近几年，金黄色葡萄球菌引发的食物中毒报道层出不穷，由金黄色葡萄球菌引起的食物中毒占食源性微生物食物中毒事件的25%左右，金黄色葡萄球菌成为仅次于沙门氏菌和副溶血杆菌的第三大微生物致病菌。

《工作细胞》中塑造了很多对身体有害的病菌，这些病菌都长相可怕，尖牙利爪，具有跳跃、飞行等能力。但人体内除了有害菌，还存在有益菌，比如我们熟知的乳酸菌。第二季第四集至第八集出场的四只乳酸菌，呈糖豆状（上圆下宽），身形迷你可爱，颜色分别为黑白相间、上红下褐、上黑下褐、奶色蓝斑。这些乳酸菌在动画中发挥了重要作用，例如，第二季第五集中，乳酸菌制造出有助于调节免疫功能的多糖体，激活了树突状细胞。树突状细胞被激活后有助于细胞因子的产生，提升了免疫细胞的活性，击败了流行病毒。实际上乳酸菌确实有改善免疫力的功能，能刺激特异性免疫应答，如加强黏膜表面和血清中 IgA、IgM、IgG 等免疫球蛋白的水平，加强体液免疫，促进 T 淋巴细胞和 B 淋巴细胞的增殖，加强细胞免疫。第二季第八集中，乳酸菌影响肠道上皮细胞，帮助其维持肠道屏障的功能，导致能给予癌细胞力量的有害菌毒素减少，最终协助免疫细胞战胜了癌细胞。这也对应了乳酸菌维持肠道菌群平衡、抑制有害菌群生长的功能。

除细菌外，身体还经常受到外界病毒的攻击，如最常见的感冒病毒。动画中的流行性感冒病毒身体呈暗绿色，穿白色写有“细胞”的 T 恤，头戴红色帽子，帽子上有突起。突起有两种不同的结构，这应该就是两种病毒表面的结构血凝素（HA）和神经氨酸酶（NA），也就是我们常说的“H＊N＊流感”中的 H 和 N。第一季第三集身体遭到了流行性感冒病毒的入侵，人体在感染流感病毒后可产生特异性的细胞免疫和体液免疫。在巨噬细胞、B 细胞、效应 T 细胞等免疫细胞的努力下，一周后体内的流行性感冒病毒终于被彻底消灭。流行性感冒，简称流感，是由甲、乙、丙三型流感病毒分别引起的一种急性呼吸道疾病，属于丙类传染病。临床表现以高热、乏力、头痛、咳嗽、全身肌肉酸痛等全身中毒症状为主，而呼吸道症状较轻。流感病毒容易发生变异，传染性强，人群普遍易感，发病率高，历史上在全世界引起多次暴发性流行，是全球关注的重要公共卫生问题。

除病菌外，身体出现状况还有自身的问题，如过敏、摔伤等。第一季第五集中，身体对杉树花粉过敏，杉树花粉导致身体出现打喷嚏、鼻塞、流泪等情况，身体免疫细胞也无法抵抗，最终靠服用药物解决。在日本，花粉症是困扰民众的一大顽疾，甚至被称为“国民病”。据日媒报道，在日本每 10 个人当中就有 3 个人对花粉过敏，而在东京都这一比例更是高达50%。每到花粉期，日本药妆商家纷纷推出“花粉专柜”，出售各类相关产品。最普遍的产品是口罩，防花粉口罩是全方位立体设计，据说能将90%的花粉挡在体外。还有防花粉喷雾，几小时喷一次，花粉能被隐形的“雾膜”挡住。眼镜店则会出售防花粉眼镜，防止花粉掉落到眼睛里。其他热卖产品还包括止痒眼药水、通鼻子的药膏等。除了远离花粉、戴口罩等，杉树花粉过敏主要是靠药物治疗。

第一季第十一集中的中暑也是我们日常生活中高发的夏季病症。动画中的身体中暑，出现了头晕、眼前发黑、昏迷等症状。此时蜡样芽孢杆菌趁机入侵，白细胞奋力抵抗，但奈何身体脱水，细胞们失去活力无力抵抗。此时，身体进行了输液，补充了水分、电解质等，又避暑冷却，身体重回活力，白细胞顺利杀掉蜡样芽孢杆菌。大部分的人在夏季都有过中暑经历，出现中暑症状，然而人们不熟知的是中暑期间身体的免疫力下降竟会有细菌乘虚而入，而体内免疫细胞还在坚强地努力工作，也警醒了大家不要忽视小小的中暑。

《工作细胞》把身体中渺小的细胞们拟人化，原来身体内37兆2000亿左右的细胞每天都在努力地工作，形象地刻画出为了维持身体正常运转而尽职尽责的细胞们。《工作细胞》将体内工作的细胞们形象化，不仅以欢快、明了的方法传播了医学知识，还让观众更加了解自己的身体，警示大家重视身体健康。

（二）独具魅力的日本文化知识

日本政府将动漫作为文化外交的一部分，也称为“动漫外交”。日本政府十分看重动漫的作用，1995年日本文化政策推进会议发表报告《新文化立国：关于振兴文化的几个重要策略》，提出了21世纪“文化立国”的战略方针，其中就包括动漫文化，即通过动漫动画向世界传播自己独特且具有魅力的文化。《工作细胞》就是一个很好的实例，除了传播医学知识外，还从种种细节向世界展示了自己独具魅力的文化。

首先是体现在角色形象设计上，伴随着日本动漫文化在全世界的走俏，出现了一系列突出女性自立、果敢形象的战斗型女性。她们不是一种“被保护”或者需要“被保护”的形象，而是志在“保护”他人、依靠自身思考而行动的具备主体性的女性形象。然而，此类女性形象，也蕴含着一种非常独特的气质，这种气质就是“萌”。女性萌系形象的要素为戴眼镜、梳麻花辫、穿水手制服或迷你短裙等，人物设计以巫女形象或战斗型女性形象为主。如我们最熟知的《美少女战士》《新世纪福音战士》等。《工作细胞》中也有此类角色——巨噬细胞，动画中巨噬细胞身穿白色女仆装，扎麻花辫，头戴白色帽子，穿着白色马丁靴，看起来很温柔，但实则战斗力极强，武器是一把大柴刀，在击退病菌的过程中发挥着重要作用，反差极大，也就是通常所说的“反差萌”。

随着女性萌系形象日益受到推崇，也为了迎合众多粉丝的喜好，“萌系要素”被广泛应用，成为日本动漫的一大潮流，如今许多日本动画都集中体现了日本的萌文化。“萌”的原意为草木发芽，如今还引申出“柔嫩”和“弱小”的含义，在日本动漫文化圈中，日本ACG爱好者①用“萌”来形容相貌柔嫩、弱小、可爱的女性。动画中不仅描绘了成熟细胞们，也对它们未成熟时期的状态进行了描绘。未成熟时期的细胞们大多体型娇小可爱，声音稚嫩，攻击力小。例如，第一季第六集中展现了骨髓中成熟前的成红血细胞，头戴红色贝雷帽，帽子中心有红色球状突起，代表细胞核。女孩衣服为红色的短袖长连衣裙，裙子外罩有白色围裙，男孩则为白色短袖衬衣加红色背带裤，都穿白色袜子、红色鞋子。这不禁让观众们联想到日本对“可愛い”的推崇。此外，动画中的血小板、乳酸菌也都是身形娇小、面容可爱的形象。

其他许多细胞的性格设定，则在一定程度上体现了日本的民族文化。如作品中的白细胞、NK细胞以及杀手T细胞等的设定体现了日

① ACG爱好者：动画、漫画、御宅向游戏的爱好者。ACG，是Animation（动画），Comic（漫画）和Game（游戏）的缩写。ACG文化发源于日本，以网络及其他方式传播。

本的尚武精神。它们攻击性强，发现病菌便快速出击，使用武力击败对手。此外，杀手T细胞在作品中喊口号道："赌上杀手T细胞的名声！"这是日本的"耻感文化"的体现，哪怕牺牲生命也不能让荣誉受损。而且，值得注意的是，在整部动画中，细胞之间的对话交流通常非常谦虚恭敬，工作井然有序，但是在面对入侵的病菌等外敌时，其攻击行为又非常残暴，经常会出现上一秒还在友好亲近地喝茶聊天，下一秒就拿起武器追击病菌的场景。这正如本尼迪克特在《菊与刀》中，以"菊"和"刀"来象征日本人的矛盾性格，亦即日本文化的双重性，如爱美而黩武、尚礼而好斗等。

此外，作品还体现了日本特有的服装、饮食文化，例如，在第一季第十集中，出现了一般细胞、红细胞和单核细胞们身着和服在鼻腔中"泡温泉"的场景。第一季第三集流行性感冒中，身体遭到了感冒病毒的入侵，胃部消化能量减少，出现了食欲减退的症状，描绘的胃部消化细胞生产的食物有饭团等。再比如，主角休息时喝的是茶水或者是自动贩卖机售卖的饮品等。这些场景的设置都体现了日本的文化特色和生活方式。

三 寓教于乐的科普创新

如今，对于医学知识的科普主要是靠教科书、纪录片、图书、期刊等，但除非从事医疗方面的专业人士或者是对医学感兴趣的人，否则很少会有人专门去阅读观看。尤其是青少年们，大多数最早接触医学知识是在初中课堂上，带有目的性的教学与学习，反而有可能使知识变得枯燥、抽象。

《工作细胞》漫画的创作也是基于此类现象的影响，作者清水茜在采访中被问到创作的初衷时表示：关于细胞，她知道的只有高中课本里提到的那些知识。而她的妹妹在学习细胞方面知识的时候，曾经跟她说过："把细胞知识画成漫画的话，我应该会很容易记住，姐姐你画一个一话完结的故事吧！"在听到妹妹的提议后，她觉得这个形式很好，也产生了动笔的想法。

她说主人公细胞们的宿主，即身体的主人不会出现于漫画里，她也尽量不去画能让人猜得到年龄和性别之类的特定疾病，或许是担心读者和观众在阅读和观看时联系到自身而带来不必要的焦虑吧，以保持作品的轻松感、娱乐感。

在单行本第1卷出版后，原版漫画就被人指出在某些医学知识上存在错误。清水茜从那时也意识到医学知识是一个庞大的体系，需要专业人士的指导。因此从第2卷开始，为了保证生理学内容上的准确性，每卷漫画都由专业医师原田知幸担任医疗监修，也能更好地传播医学知识。①

通过漫画、动画的形式，将抽象的医学知识形象化，通过一个个小故事，向读者及观众普及体内基本细胞的职能和病菌的类型及危害等。不仅是成年人，青少年们也能通过休闲娱乐的方法学习到医学知识，寓教于乐，激发起青少年们对医学知识的好奇心。

副研究员王大鹏也曾在《北京科技报》发表名为“从《工作细胞》看科学内容的科普转化”的文章，其中有这样的评论：我们需要看到，科学内容的科普转化仍然有一些需要破除的“迷思”。科学内容的科普转化要以受众的接受度为根本性的评价标准。很多优秀的科学内容之所以没有获得公众的认可和接受，其原因往往在于灌输性的传播方式，忽略了把受众作为具有互动性的主体，也表明科学内容的科普转化需要尊重受众的主观能动性和互动立场，以受众能理解和接受的方式开展。《工作细胞》做到了寓教于乐，也促使我们反思，把目光聚焦在科学内容的科普转化上。同时也期待有更多的国产科学节目和科学视频在公众中引起热议，提升公众对科学的认知和热情，形成良性循环的科学文化。

2020年9月5日《工作细胞》电影版也于日本上映，动漫改编成动画再走进电影院，可见日本观众对这部作品的欣赏与热爱。电影版《工作细胞：细胞大作战》也于2012年4月9日在中国内

① 講談社：《【インタビュー】『はたらく細胞』清水茜インタビュー　細胞×擬人化×ヒーローアクションで大ブレイク！……でも好きなキャラは敵役や小物！?》，https：//konomanga. jp/interview/83755－2。

地上映，目前豆瓣评分7.0。讲述的是某日白细胞与红细胞，遇见了收留迷路乳酸菌的一般细胞，为了将乳酸菌护送至同伴身边，白细胞与一般细胞向肠道出发，然而它们却遇到了可怕的癌细胞，最终白细胞与其他免疫细胞一起战胜癌细胞的故事。不少观众反映电影版剧情实则为第二季最后几集的总结篇，但是将此故事搬进电影院，又何尝不是一种扩大科普范围的方式呢?

在央视播出的《工作细胞》，为了让中国的观众们更好地代入，在播出前选择了对其重新进行中文配音。这对于这部动画的诠释，又是一种不一样的感觉和味道。

尤其在第一季第十三集失血性休克（后篇）中，身体头部突然受到严重损伤，导致失血性休克，大量红细胞流出身体，红细胞带领后辈坚强地向各处细胞输送氧气，但因体力不支还是倒下了。此时身体进行了输血，大量新鲜的红细胞进入身体，给细胞们输送氧气，细胞们各司其职，身体重新恢复活力，逐渐正常运转。被输送进来的红细胞，一开口就是熟悉的东北口音，让人在觉得亲切的同时也忍俊不禁。甚至还有网友发文调侃道：这就是“东北在为全国输血”，让人对于这种本土化的配音感到惊喜。在日语原版中，输送进来的红细胞就是关西口音，会使观众觉得非常“接地气”，使观众更加好奇，进而主动地了解、学习医学知识。

央视时隔多年再次引进日本动画，并赋予其中文配音，希望广大观众在看过《工作细胞》后，能够加深对我们人体自身情况的了解，在疫情期间，增强自我保护的意识和能力。在电视台热播后，目前观众也可在哔哩哔哩网站观看中文版《工作细胞》，赋予科普更多、更新颖的方式，让观众在欢乐中收获知识，这也正是科普的意义。

参考文献

陈启涵：《医学科普类动画的创新性表达——以日本动画〈工作细胞〉为例》，《中国电视》2021年第1期。

费勇、辛暨梅：《日本动漫作品中的女性“萌”系形象》，《华南师范大学学报》（社会科学版）2013年第3期。

郭青龙、李卫东主编：《人体解剖生理学（供药学类专业用）第 2 版》，中国医药科技出版社 2015 年版，第 88—92 页。

郭元吉、程小蠊：《流行性感冒病毒及其实验技术》，中国三峡出版社 1997 年版。

王大鹏：《从〈工作细胞〉看科学内容的科普转化》，《北京科技报》2021 年 3 月 15 日第 2 版。

王芳、米笑磊：《日本动漫的传播经验及对中国的启示》，《海河传媒》2021 年第 1 期。

王丽丽：《乳酸菌的分离及酸奶的发酵》，《食品安全导刊》2016 年第 33 期。

王自勇：《实用医药基础》，浙江大学出版社 2006 年版。

张从超：《生牛乳中金黄色葡萄球菌的快速检测及耐药性研究》，硕士学位论文，齐鲁工业大学，2017 年。

张冠楠：《当新冠肺炎遇到花粉症——日本社会“春天的烦恼”》，《人民周刊》2021 年第 7 期。

张瑜烨、朱青：《青年亚文化视角下电视动漫“萌文化”传播探析》，《中国广播电视学刊》2015 年第 12 期。

Artistic Features and Popular Science Significance of *Working Cell*

Zhang Huiyuan　Qu Zhaoxia

Abstract: The Japanese Medical Science Series animation *Working Cell* personifies the cells in our bodies, telling the story of how the cells in the body work together to resist foreign viruses and bacteria. It not only spreads Japanese characteristic culture and medical knowledge in a cheerful and clear way, but also makes the audience pay more attention to their own bodies and warns everyone to pay attention to their health. It innovates the form of science popularization and plays the role of science popularization.

Keywords: *Working Cell*; Medical Science Popularization; Japanese Culture

传播功能视角下萨满技艺审美特征*

郑　德**

摘　要：萨满技艺是萨满文化的重要组成部分，包括歌、乐、舞、服饰、雕塑、绘画、剪纸、杂技、体育、扎染、刺绣、编织等多种形式，涉及生活的方方面面，内含人们的精神观念、技能艺术、制度规约等多种要素。萨满技艺由传统的口语社会进入现代的网络社会，审美特征发生了巨大变化。本文依托传播学理论，在民俗学、人类学和艺术学的田野考察基础上，运用美学的整体直观方法，对萨满技艺进行理解与体悟，做出审美判断，体会审美风格。

关键词：萨满文化　萨满艺术　网络社会　口语社会　文化遗产

萨满技艺是萨满文化的重要组成部分，包括歌、乐、舞、服饰、雕塑、绘画、剪纸、杂技、体育、扎染、刺绣、编织等多种形式，涉及生活的方方面面，内含人们的精神观念、技能艺术、制度规约等多种要素。萨满技艺由萨满、信众和萨满文化研究者与爱好者掌握并运用于生产、生活实践，其中萨满是主体。这些技艺以及

---

* 基金项目：国家社会科学基金项目“我国文化资源安全指标评估体系研究”（编号21BKS187），吉林省社会科学基金项目“东北满族汉军旗香艺术研究”（编号2021B187）的阶段性研究成果。

** 作者简介：郑德，男，博士，长春大学副教授，硕士生导师，主要从事文化艺术产业研究。

掌握这些技艺的人们作为一个整体，由传统的口语社会进入现代的网络社会，审美特征发生了巨大变化。在这个过程中，“口语”和“网络”两种传播媒介起到巨大的形塑和推进作用。我们可以在传播功能视角下审视这一变化过程，探寻其发生机制。如此，一方面有助于发掘萨满技艺的新时代价值，提升保护和利用水平；另一方面有助于思考网络媒介对于文化遗产的作用机制，促进优秀传统文化的创新发展。

一　口语社会和萨满技艺

口语是萨满技艺传播、传承主要依托的媒介。在原始渔猎、医疗、战争等各种活动中，萨满为了激发情感，团结族众，抵抗风险，战胜疾病，传承经验而运用各种高、低、长短、强、弱等不同声调、韵律、音阶，模拟崇拜物的声音，显示联络信号。我国北方诸民族自古以来没有通用文字的习惯，他们传递情感意念均使用口语，口语交流互动是最便捷的方式。北亚、东北亚萨满教调查资料显示，萨满文化精神成品（歌舞乐、技能、神偶、法器等）的保留与传承途径主要是在萨满与萨满之间、萨满与族众之间口传心授。今天，作为文化遗产的萨满技艺虽然早已使用文字、音视频、网络等媒介，但在习俗禁忌等方面仍然采用约定俗成的口语来交流，以此达到萨满祭程不外泄、唯族内晓彻、世代承替的目的。

口语社会孕育了萨满技艺的审美形态。口语社会是指基于人们在日常生活中用口头交流言语（原生口语）而形成的社会。口语社会生活空间较小，人们彼此熟悉，遵守传统，归属感较强，与自然环境密切，这些特点决定了萨满技艺的审美形态。首先，口语可以使较多的人同时参与信息传播活动，增强了社会管理能力，出现了掌控话语权的家长、族长、首领等权威人物，这类人物具有丰富的知识经验，往往兼任“萨满”一职。所以“萨满”这类人物具有智慧者、护佑者、异能者等形象特征，而他所掌握的萨满技艺则具有政治管理意义。其次，口语扩大了传播范围，提高了传播精准率，提高了渔猎生产效率，产品数量和质量较口语前社会有所提高，使萨满祭祀活动的内容更加丰富，萨满技艺水平和内容不断提高、丰富。从这个角度看，萨满技艺代表了社会经济发展水平，其审美形态是当时人们生活状态的反映。再次，口语承载着世代沿袭的历史传统，促使人们的知识经验呈现出“唯一性”。人们普遍认为“已有的行为方式是毫无疑问的，一度形成的传统也就成了其他万事万物的准则”。这种“唯一性”促使族群成员形成了“萨满信仰共同体”。这就决定了萨满技艺是族众信仰的精神载体，其上承载着族众的敬畏、崇拜、惊奇、欢愉等精神心理。从文化层面看，人们以口语的形式继承了大量的生产生活经验、神话传说。人们运用口语媒介，开展教育传播活动，提高了人类推理、计划和概括的能力，从而保证了历代萨满和信众能够充分领悟萨满崇拜的观念、精神，熟练掌握各种萨满技艺，保证了萨满技艺的传承性特征。

二 网络社会和萨满技艺

随着时代发展，网络媒介已经成为人们重要的传播工具。萨满技艺由口语社会进入基于网络传播形成的网络社会。所谓网络社会，是指“通过网络（主要是互联网）联系在一起的各种关系聚合的社会系统”，也指由网络技术“为人类经济和社会发展创造出（虚拟出）新的条件、环境和空间”。对于萨满技艺来说，网络社会是一个新环境。

首先，萨满技艺必然进入新环境。萨满技艺是由原生口语社会孕育发展的文化，其形态结构、内容和形式更适应原生口语社会环境。当空间环境发生转换，进入文字、印刷、电子等媒介所营造的社会时，萨满技艺必然受到影响，生存空间受到挤压，逐渐缩小，成为“文化遗产”。当网络和数字技术兴起和蓬勃发展后，信息传播技术发生根本性变革，改变了人的生活方式、思维方式和语言方式，深刻影响了包括萨满技艺文化在内的社会各领域。网络传播特别是5G高速传播促使虚拟空间的“网众口语”（即大众在网络传播中运用的口语表达）便捷高效运作，使得口语在文字、印刷、电子媒介之后的勃兴成为“一种历史的必然”。这意味着存在于原生口语社会的萨满技艺进入了“网众口语社会”。口语环境的“升华”为萨满技艺以新的形式在网络社会“不时地复现”提供了可能。

其次，萨满技艺新环境具有虚拟性。这个虚拟环境是由萨满技艺爱好者、猎奇者、学习者或信仰者等各类人物通过网络媒介构建的虚拟空间。虚拟空间中，数字化信息技术虚拟萨满场景、器物、人物和技能，作用于人的视觉、听觉、触觉和动觉等感官，人们感受到的只是“仿真”的信息符码；人与人之间多是匿名互动，现实社会身份不再是最重要的元素，“萨满”的权威性弱化了，萨满技艺规则的控制力、约束性也弱化了；虚拟空间中，人的身体不再直接参与萨满技艺活动，而是以“情感、态度在场”的方式参与，使萨满技艺不再具有以往的仪式意义而成为某种知识、产品、商品和艺术品；萨满技艺信息快速流动，突破地域影响界限，不再局限某一较小区域或村落族群内部，以往的“族众”转变为“网众”，面向世界所有人开放；萨满技艺信息以数字化信息形式存在于网络空间，具有可复制、可保存特征，突破了口语社会因为人际传播和时间流逝而产生的“唯一性”。虚拟空间的萨满技艺审美特征发生巨大变化，同时也转生或衍生了新的意义和形式。

最后，新环境中的萨满技艺是一种“真实的虚拟”（曼纽尔·卡斯特尔语）。所谓“真实的虚拟”是指这个空间虽然是虚拟的，但本质上仍然是人与人之间的现实关系。在这个空间中，个体之间可以互动，如演示技艺，发表观点，求取知识，甚至发广告，销售产品等；群体之间可以建立关系，如基于相似的价值观念、趣味理想或问题领域而组织虚拟萨满技艺社区、部落（如网游群、乐舞群、技艺群、医疗群、师徒群等），构建虚拟群体组织；个体与群体间也有互动，例如，个体的人可以申请加入某萨满技艺群，并接受管理，也可以随时退出。萨满技艺的“真实的虚拟”就是一个通过网络媒介构建的现实的社会存在，因此，新环境中的萨满技艺审美特征是基于现实社会而形成的。

三 传播功能视角和萨满技艺

那么，如何在口语社会和网络社会两种语境中思考萨满技艺审美特征问题呢？据前述分析可知，口语社会和网络社会通过媒介讯息传播活动对萨满技艺的存续、演变产生重要影响。不同媒介和不同的传播功能之下，萨满技艺的形态各有不同。基于此，可以确定下面几个问题。

第一，在传播功能视角下考察口语社会和网络社会的具体传播活动。

传播活动具有四个基本功能：社会雷达、管理、传授和娱乐。社会雷达是指监测信息，收集情报、资讯等；管理是指解释情报和资讯，制定政策，协调人们的观念意愿等；传授是指规范、习俗、律法的传承，学习知识等；娱乐是指以给人愉悦、获得享受为目的的休闲、消遣等。口语社会和网络社会分别由口语媒介传播和网络媒介传播形塑而成，所以传播活动的四个功能可以作为这两个社会的四个维度，用于考察社会中具体传播活动的功能结构。

第二，萨满技艺是一种传播活动并且具有四项传播功能。

从传播功能学视角看，萨满技艺具备传播活动的四项功能：其一，就“社会雷达”而言，在萨满文化中生活的人们汇集自然、社会的各种信息，发现自身的能力和需要。在此功能作用下，萨满技艺被不断孕育、创造、丰富并发展变化。其二，就“管理”而言，萨满技艺象征并阐释着祖先、英雄事迹，应对自然和社会情形或事件，协调族众群体精神观念，或者激发情感，或者抚慰痛苦，等等，具有决定和施策等管理意义。其三，就“传授”而言，萨满技艺是人们世代生活经验的总结和技能的积累，是人们传承和学习的对象与成果。其四，就“娱乐”而言，萨满技艺的声、色、形、动、态等信息元素综合使人愉悦、舒适。据此，我们可以将此四项作为萨满技艺考察的四个维度，分别在口语社会和网络社会中分析各维度的审美特征。

第三，萨满技艺各层次在传播功能视角下展现出不同的审美特征。

基于考察的有效性和便利性，可以把萨满技艺划分为三个层次：技艺内含、技艺制度和技艺器物。技艺内含层次，指的是萨满技艺活动中包含的精神、观念、情感和技能或技术；技艺制度层次，指的是萨满技艺活动中包含的律法、规则、习惯等；技艺器物层次，指的是萨满技艺所创造的以器物形式存在的各种产品形式。如此，在各功能维度之下，萨满技艺的整体形态便可以具化为三个层次的形态，显示出各层次形态细节，突显出它们在萨满技艺整体中的独特作用、地位和角色。除这三个层次外，还必须考虑“萨满形象”问题。萨满是萨满技艺的最重要主体，其形象问题应该是萨满技艺审美特征的重要内容之一。

第四，综合运用传播学和美学方法在整体上把握萨满技艺的审美特征。

萨满技艺形态不是数理模型，其研究成果不可能依靠实验数据，只能依托传播学理论，在民俗学、人类学和艺术学的田野考察基础上，运用美学的整体直观方法，对萨满技艺进行理解与体悟，体会审美风格，作出审美判断。因此，我们应始终把握这样几点：第一，将萨满技艺视为人类的传播活动，其四个传播功能的实现形塑了萨满技艺审美特征；第二，把握口语社会和网络社会对于萨满技艺审美特征的“语境”意义，理解口语和网络两种媒介在萨满技艺信息传播过程中的作用；第三，注意萨满技艺在两种语境中的审美特征连续性，所采用的表述要既有联系又有差异；第四，注意萨满技艺本身所具有的层次结构审美问题，各层次在不同语境展现的审美特征不同。

综合此上述四方面，便可以构建一个理论模型，在传播功能视角之下探讨两种社会语境中的萨满技艺审美特征。

四 传播功能视角下萨满技艺审美分析

运用分析模型，可以考察萨满技艺在口语社会和网络社会中所呈现的审美特征，明晰萨满技艺各层次形态的相互作用及关系，进而发现萨满技艺文化的演进规律。

（一）口语社会中的萨满技艺

首先，社会雷达维度。在技艺内含方面，各种信息如崇拜祖先、敬畏自然、团结族众、技能秘诀等混融为一体，在师徒亲友之间以口语形式持续、长期汇集于萨满和信众，作为“无形”的精神内含，越积聚越厚重，越沉稳；在技艺制度方面，萨满和族众在应对各种来自族群内外的疾病、灾难、战争、死亡等事件之后，成功或失败的经验信息不断积聚，应对的方法、规则等逐渐定型。这些方法和规则在族群后续发展中愈加精细繁缛（如烦琐的仪式、乐舞的规矩、精细的器物等），以此彰显力量的强大和方法的有效性；在技艺器物方面，来自族群、社会、自然甚至“神鬼”的信息通过符号形式表现出来，如满族萨满神鼓、神服、神铃的某种状态被认为是一种恶魔到来的预警信号。这些信息是无形的，凝结在物质实体上，使之成灵媒法器。掌握萨满技艺的萨满，被作为族群中的核心人物——神鬼使者。他的社会雷达功能就是保持警惕和清醒，主动积极地关注并接收一切关于生存发展的信息，包括来自祖先神灵的神谕。

其次，管理维度。技艺内含是实体，是指令，是所有族众的最高信仰。它具有唯一和根本性意义（如孝敬祖先、敬畏自然等观念）。族众以“耳提面命”的形式，使之深藏于每个成员的精神深处，并决定着他们的思想和行为方式；在技艺制度方面，为了达成效果，实现愿望，必须做到严苛固执，指令信息明确具体。例如：东北满族汉军张氏家族萨满仪式中，香主即使受到烟熏火燎或久跪冰雪之痛，为表达对祖先的诚敬并获得福佑，也绝不退缩放弃，坚持完成仪式各项活动；在技艺器物方面，既可以发出取悦人、鬼、神的祈愿，也可以表达控制人、鬼、神的想望。例如：萨满神鼓，敲响之后可以使人神愉悦，同时也意味着对于魔鬼的震慑和斗争。在族众心目中，神鼓（器物）是神物，是强力工具，可以号令一切。此语境中的萨满是一位护佑者形象，他依托萨满技艺向族众、神灵发出号令，执行政策，护佑族群生存繁衍。

再次，传授维度。技艺内含是一种糅合了热烈情感和执着追求而终有所获的形态。无论是传授还是学习，萨满和族众都充满虔诚的沉迷和由衷的敬畏。各种艺术性的跳跃、说唱、刻绘等活动，都可以看成族众相互传授和学习的诗性文本。它们不是逻辑实证，而是借以达到世界本真的感发体悟；在技艺制度方面，呈现出约定俗成形态。口语社会的人在传统的生活（如祭祀、生产、婚育等）规则中受潜移默化的影响，逐渐体会人际差异、等级、权力等社会现实关系。这些制度不是“明文规定”，而是约定俗成，即，人们的传授和学习活动是在习惯中进行的，其目标也是在习惯中实现的；在技艺器物方面，以“实用器具”为主要形态。萨满的传授或学习活动是在现实生活中进行的，要解决具体问题。因此，所有的器物都是实用的，都有相应的功能，即使想象出来的神偶、传说或图画也不例外。因此，掌握萨满技艺的萨满是一位智慧者形象。他可以体悟世界的本真意义，能够理解神灵和人间的各种复杂关系，可以使用具有强大功能的法器，是所有族众崇拜和求教的对象。

最后，娱乐维度。技艺内含是超凡突兀的形态。例如：当人们认为家人健康源自祖先的保佑时，便聚集族众亲友，杀猪宰羊，烧纸焚香，饮食歌舞。这时表现出来的观念、情感和技艺等内容突破了生活常规，使人充满力量，纵情欢乐。人似乎有了神一样的光辉，自由自在，超脱平凡，获得解放，这不仅是身体的愉悦，更是生命的愉悦。相应地，技艺制度是一个平台的角色，容纳了各色人等、各级差别，包括现实与想象、富贵与贫穷、美好与丑陋等。日常生活的平凡、严肃、等级差异都被混融到一起。这不是说它们不存在了，而是说它们都被娱乐“掩盖”了，娱乐成为技艺制度的基本原则。技艺器物在娱乐的视角下，被看成奇特异物。例如：奇特的装扮服饰、奇特的法器物件、奇特的言语行为等，都使人感到不同于日常一般的事物，带来各种惊奇，产生不同娱乐感受。因此，掌握萨满技艺的人便被视为异能者。他不是普通人，他的异能可以愉悦人鬼神，使鬼神服务人间，并使人间充满自信的力量和生命的欢愉。

（二）网络社会中的萨满技艺

首先，社会雷达维度。技艺内含一方面要固守传统精神（如自然和祖先崇拜）；另一方面要接收并消化现代观念情感（如新时代的国家民族社会观念和人们基于高速网络的快捷生活理念等），同时还要包容文化他者的猎奇、利用等心理。在技艺制度方面，网络信息超时空快速产生并传播的特性不断地冲击着传统规则，使之发生改变，如把原本由一位萨满在三天内完成的复杂仪式改为由数十位“萨满”在十分钟之内的简单表演，以此应对海量网众的参与和快餐式的关注。另外，文化他者的评价、质疑随时以“弹幕”“留言”“帖子”等形式出现，不断消解原有制度力量，促使其简便易行。在技艺器物方面，原本附着其上的传统“内含”和“制度”已经被解构，成为一个其上汇聚了新时代“文化遗产”观、政治“文化安全”观、经济“文化资源”观的面临消亡危机的遗物。此种语境中的萨满是一位文化警醒者，他一方面意识到文化消亡的危机，关注着萨满技艺的演变进程；另一方面，他也关注着时代的快速发展，应对扑面而来的、千变万化的网络信息。

其次，管理维度。技艺内含既要投射出固有传统信息来表示自身特色所在，同时也要传递出开放的理念，充满热情地进入网络空间。它已经不是某种“实体指令”，而是转化为一种灵活变通的“态度倾向”；在技艺制度方面，不需要也不可能继续严苛执行传统规则。在网络空间，人们来去自由，而技艺制度能做的只是倡导和劝说，如在传统的人与自然关系的规则中展示符合当下生态环保理念的措施，供人们参考；在技艺器物方面，要传递出“独此一家”“最为正宗”的信息。网络社会里知识产权问题错综复杂，萨满技艺文化拥有者要向外界清晰地表明技艺器物的权属问题，做好品牌管理。网络社会的萨满要调整观念，制定新规则，发出新倡导，劝说网络大众，管理文化品牌，这些活动表明萨满是一位经营者。

再次，传授维度。网络社会中人们运用语言、视频、文字、图像等信息手段向他者阐释技艺内含，尽力排除感性激情因素，突显逻辑结构和因果关系。此时的技艺内含已经成为理性思考和行动的对象，是一种学理认知或理性哲学。与此相应，技艺制度转变成为网络对话机制，约束性较弱，机动性较强，以快捷方便和民主平等为主要特征。知识的传者和受者可以随时参与或退出传播活动，也可以互换身份，传统的习惯机制被打破。技艺器物的实用性被弱化，成为展示教具，供人研究、模仿，而不再解决现实生活问题。萨满仍然是知识技能的传授者，但只负责自身掌握的技艺文化内容，而不再承担对宇宙世界的解释，不对大众负全部责任，他只是文化的传承者。

最后，娱乐维度。技艺内含形态虽然也不同于日常一般，但不再具有神性色彩。对于萨满技艺的拥有者而言，通过精湛的“表演”来获取网众的关注和参与并且同时传播文化信息是非常重要的手段；在网众看来，萨满观念是一种巧妙构思和灵想妙得，而萨满技能则是一种绚烂多姿的表演和饱含情感的艺术。技艺内含摆脱了神秘色彩，以网络符码的形式满足网众的娱乐需求。相应地，技艺制度便成为娱乐活动参与者展示个性创作、表演以及欣赏、批评的规则框架。网众的点击量、关注量、粉丝量是这个框架的重要参考指标，也是萨满技艺拥有者表演和创作活动的重要动力；而技艺器物则成为表演道具、艺术作品；技艺器物的运用者——萨满——则成为表演家、艺术家。

（三）口语社会和网络社会中萨满技艺审美特征对照

把上述四个维度下的萨满技艺审美分析简约化并用核心词概括，可以形成表格“传播功能视角下萨满技艺审美特征”，见表1。

从表格横向来看，萨满技艺分别在口语社会和网络社会中形成了四组两两对应的审美特征。

社会雷达维度下，在口语社会中表现为积厚沉稳、精细繁缛、灵媒法器、神使者；在网络社会中表现为纷杂时尚、简便重构、临危遗物、警醒者。

管理维度下，在口语社会中表现为实体指令、严苛固执、强力工具、护佑者；在网络社会中表现为态度倾向、倡导参考、正宗品牌、经营者。

传授维度下，在口语社会中表现为感发体悟、生活习惯、实用器具、智慧者；在网络社会中表现为学理认知、机动对话、展示教具、传承人。

娱乐维度下，在口语社会中表现为突兀超凡、混融差异、奇特异物、异能者；在网络社会中表现为灵想妙得、个性呈现、审美产品、艺术家。

表 1 **传播功能视角下萨满技艺审美特征**

功能维度 / 媒介语境 / 萨满技艺	社会雷达		管理		传授		娱乐	
	口语社会	网络社会	口语社会	网络社会	口语社会	网络社会	口语社会	网络社会
技艺内含	积厚沉稳	纷杂时尚	实体指令	态度倾向	感发体悟	学理认知	突兀超凡	灵想妙得
技艺制度	精细繁缛	简便重构	严苛固执	倡导参考	生活习惯	机动对话	混融差异	个性呈现
技艺器物	灵媒法器	临危遗物	强力工具	正宗品牌	实用器具	展示教具	奇特异物	审美产品
萨满形象	神使者（诚敬）	警醒者（机敏）	护佑者（雄强）	经营者（温和）	智慧者（朴厚）	传承人（轻巧）	异能者（奇谲）	艺术家（优美）

五 萨满技艺审美风格的转化

通过整体观照，可以发现萨满技艺审美风格由口语社会进入网络社会的转化特点。

社会雷达维度下，“诚敬”化为“机敏”。口语社会中，萨满文化族群对于源自社会和自然的重大事件信息基本上是保持虔诚和敬畏态度的，各种模仿动物的舞蹈、仪式动作和禁忌规矩都说明了这一点。诚敬态度赋予技艺内含以“积厚沉稳”、技艺制度以“精细繁缛”和技艺器物以“灵媒法器”三个层次的基本色调。萨满的形象也不例外，他肩负接收神灵信息并给予正确理解的重任，诚敬是他保证完成任务的最基本素质。网络社会中，诚敬态度依然重要，但是更加强调“机敏”。只有具备机敏的品质，才能有效应对网络空间信息海量、变化不定、纷乱芜杂的冲击；才能更好地理解网络空间中国家、社会和民族的新时代理念、政策等信息，也才能正确对待网络空间作用下萨满技艺拥有者功能、角色和地位的分化事件。机敏特质表现在萨满技艺的三个层次上则分别是“纷杂时尚”“简便重构”和“临危遗物”，显示出技艺自身相对于传统口语社会的应变和求变的状态。此时，萨满面对的世界是科技网络营造的虚拟空间，不再是万物有灵的世界，因此，他是一位机敏的警醒者。

管理维度下，“雄强”化为“温和”。口语社会中，萨满在领导族群各类活动中，在作出决断和制定方针时必须保持自信和坚强品质，显示英雄气概，这是族群应对危机，保证生存的基本素质。正是这种素质，才使萨满技艺各层次呈现出“实体指令”“严苛固执”“强力工具”和“护佑者”形象。而网络社会则不同，由于“管理”对象发生变化，雄强气质难以完全发挥效用。网络空间中参与萨满技艺的人不仅仅是传统的萨满族众成员，更多的是超距离存在的匿名网众。因此，在发布技艺活动信息或作出某种决断时，必须采用整体平和温厚的审美策略。例如，对于网络猎奇者，需要稳妥地展示和说明；对于某些质疑者，则可采取冷静化解的策略。如此才有利于参与者互动交流，也有利于萨满技艺的传承。

传授维度下，“朴厚”化为“轻巧”。口语社会的“传授”活动是生活的一部分，是族群的世代习惯，是生存繁衍的基本要求，并不具备独立性。萨满的重要使命就是向族众男女老幼传授萨满技艺内容，而族众为了生存与生活也必须向萨满学习萨满技艺内容。这一双向互动历经千万年，整体上看是温情的、朴素的和厚重的。网络社会的“传授”互动（如萨满技艺类网游、萨满祭祀活动直播、萨满文化主题文艺互动等）与口语社会不同，整体给人轻巧、便利、迅捷之感。网众借助高科技设备，以身体不在场和超越时空的形式参加活动，省去诸多“烦恼”和“负重”（如无须现实礼仪、旅途劳累、现场实时、经济重负等），便可轻松实现“传授”互动。这些传授互动多数基于人的知识需求，以理性学习为主，相对轻松，没有口语社会基于“生存”“安全”目标的沉重色彩。

娱乐维度下，“奇谲”化为“优美”。口语社会中，萨满本人和他所掌握的萨满技艺传递出的“娱乐”信息是以奇谲、突兀、怪异、神秘为主基调的，族众认可、接受并欣赏、享受这种基调。这与萨满文化族群的“神灵世界”观念有关，也与萨满本人掌控族众的策略有关。根本而言，这与口语社会生产力发展的低水平有关。正因如此，萨满技艺内含是“突兀超凡”的，技艺制度是“混融差异”的，技艺器物是“奇特”的，萨满本人是“异能”的。网络社会与之不同，差别很大。生产力发展水平的提高，使人们能够清晰有效地解释诸多社会和自然现象。萨满本人所拥有的知识和技能在信息时代均已成为大众的一般知识，原本的神秘色彩被一一抹除。同时，原本包含的娱乐、文化等元素则被突显出来，技艺内含成为“灵想妙得”，技艺制度成为“个性呈现”，技艺器物成为“审美产品”，萨满本人则成为“艺术家”。在这种娱乐中，网众不会有痛感、恐惧、紧张；相反只有愉悦、满足、轻松，这是一种优美感。

六 启示

以传播功能视角审视萨满技艺文化在口语社会和网络社会的审美特征差异，可以得出这样几点启示。

第一，从媒介传播的角度看，萨满技艺由口语媒介作用下的审美特征转化为网络媒介作用下的审美特征，或许意味着这种文化遗产的“新生”。网络媒介削弱了人的部分需求，同时也产生并放大了某些新需求。在新需求的推动下，萨满技艺呈现出新形态并被进一步强化，这是必然的。

第二，从文化传承的角度看，萨满文化族群和萨满技艺拥有者应清醒地认识到，传统口语社会进入现代网络社会是时代发展的必然。口语社会孕育的萨满技艺应适应网络社会环境，充分利用和发挥网络空间的“网众口语”特征，进而实现一种现代转型。

第三，从文化遗产保护的角度看，政府和科研机构要注意营造适宜的媒介环境，把口语媒介和网络媒介两者结合起来并注意发挥其传播的四项功能，深入挖掘和研究萨满技艺各层次在不同媒介语境中的文化内涵，彰显其审美特征，保护萨满技艺文化的完整性、本真性。

第四，从文化资源利用的角度看，文化企业和部门要注意发挥网络媒介功能，挖掘萨满技艺文化的知识价值、艺术价值和娱乐价值，使这些价值融入新时代社会、经济、政治发展任务和趋势之中，产生新内涵、新形象。

第五，从文化安全的角度看，萨满技艺文化在传统口语社会所存续的某些内容和特征即使进入网络社会也是有必要保留的。监管部门有必要秉持“权利理性”观念，尊重萨满技艺主体利益，同时明确他们的责任，有利于保证萨满技艺作为一种独特民俗文化的属性不会发生质变，使拥有这种文化的族群和人们保持文化自信，使中华文化保持丰富的多样性。

参考文献

陈燕：《超越时空——媒介科技史论》，河北大学出版社 2002 年版，第 8 页。

富育光：《萨满文化析论》，载《富育光文集》（上），吉林人民出版社 2017 年版，第 9 页。

陆俭明、马真：《再议中华文化的海外传播》，载王玉英主编《网络文化研究》（第一辑），中国社会科学出版社2020年版，第3页。

戚攻：《网络社会的本质：一种数字化社会关系结构》，《重庆大学学报》（社会科学版）2003年第1期。

童星、罗军：《网络社会：一种新的、现实的社会存在方式》，《社会学研究》2001年第5期。

王玉英：《网络文化安全及其治理：内涵、思路与策略》，载王玉英主编《网络文化研究》（第一辑），中国社会科学出版社2020年版，第86页。

谢清果、曹艳辉：《口语媒介的变迁与人性化传播理念的回归》，《徐州工程学院学报》2013年第3期。

邹欣星：《网络传播与民俗空间的衍变》，《东吴学术》2020年第5期。

［美］威尔伯·施拉姆、威廉·波特：《传播学概论》，何道宽译，中国人民大学出版社2012年版，第31—35页。

［匈］米哈伊·霍帕尔：《世纪之交的萨满教研究》，郭淑云译，《满语研究》2002年第2期。

Aesthetic Characteristics of Shamanism from the Perspective of Communication Function

Zheng De

Abstract: Shaman art is an important part of Shaman culture, including song, music, dance, clothing, sculpture, painting, paper cutting, acrobatics, sports, tie dyeing, embroidery, weaving and other forms, involving all aspects of life. It contains many elements such as people's spiritual concepts, skills and art, system regulations and so on. Shamanism has changed greatly from the traditional oral society to the modern network society. Relying on the theory of communication, on the basis of field investigation of folklore, anthropology and art, this paper uses the overall intuitive method of aesthetics to understand and comprehend shaman skills, make aesthetic judgment and experience aesthetic style.

Keywords: Shaman Culture; Shaman Art; Network Society; Oral Society; Cultural Heritage

全球化背景下提升中华优秀传统文化国际传播能力的思考

邢大宁　刘巳琪*

摘　要： 信息时代的到来改变了原有的传播方式，推动了全球化的步伐。但是在2008年金融危机爆发以后，全球化的脚步逐渐放缓，一度出现了停滞现象，从而导致各国文化传播事业陷入僵局，最终形成文化鸿沟。在5月31日，习近平总书记就加强我国国际传播能力建设进行第三十次集体学习时提出，要加强国际传播能力建设，打造具有国际影响力的媒体集群，积极推动中华优秀文化走出去，与世界各国携手创建人类命运共同体。本文紧扣全球化进程，对中华优秀传统文化在信息化时代进行全球传播面临的机遇和挑战进行深入分析研究。

关键词： 全球化　国际传播　文化鸿沟　人类命运共同体

引　言

2021年5月31日，习近平总书记在信息技术革命席卷全球的时代背景下，就加强我国国际传播能力建设进行了第三十次集体学习。习近平总书记强调，为了营造良好的外部舆论环境；讲好中国

---

* 作者简介：邢大宁，男，长春大学网络安全学院副教授，硕士生导师，研究方向为中国文化网络传播。刘巳琪，男，长春大学网络安全学院硕士研究生，研究方向为中国文化网络传播。

故事，传播中国好声音，展示真实、立体、全面的中国；形成与我国综合国力和国际地位相匹配的国际话语权，需要加强建设我国国际传播能力。①

通过构建中国话语权和中国叙事体系，需要打造融通中外的新概念、新范畴、新表述，同时立足于五千多年中华优秀传统文化，创新体制机制；利用重要国际会议论坛、外国主流媒体等平台和渠道发声，更加充分、更加鲜明地展现中国故事及其背后的思想力量和精神力量；全面阐述我国的发展观、文明观、生态观、人权观和全球治理观。

一 信息时代的到来加快了全球化的步伐

当前，信息化浪潮席卷世界各地。在信息技术不断迭代的连锁效应影响下，社会传播领域产生了翻天覆地的变化。原来主流媒体对于社会主流话语拥有绝对的主导能力，同时几乎所有的第一手消息都是从主流媒体传出的，因此，主流媒体也具有极好的传播时效性。但是由于信息技术更新升级，极大地延展了信息传播的广度和深度，传统媒体逐渐失去了对主流话语权的引导能力，而信息传播的时效性也受到了非传统媒体（微博、微信朋友圈等）的挑战。如 2011 年的动车追尾事件，首条微博比新闻早 2 小时。此外，融媒体、自媒体等新兴传播方式的出现，增加了用户获取信息的渠道，使得我们能够接收各种各样的消息（这些消息可能来自全国各地，甚至世界各地），并从中挑选我们感兴趣的消息去阅读，这些信息渠道也可以参考我们以前阅读过的消息，用信息推荐的方式，推送我们可能感兴趣的内容。

（一）信息全球化时代国际传播的意义

目前对于国际传播的定义是：国际传播是发生在民族、国家或者

① 《加强和改进国际传播工作 展示真实立体全面的中国》，中国共产党新闻网，http：//cpc. people. com. cn/n1/2021/0602/c64093 - 32120102. html。

其他国际行为主体之间的、由政治所规定的、跨文化的信息交流和沟通。国际传播背后，通常反映了国家对某项利益的追求，并通常带有明显的政治倾向性和意识形态色彩。国际传播的影响范围极大，不仅能影响本国范围内的政治、经济、文化等方面，还能跨地域影响其他国家或地区，体现了国际传播的巨大影响力。因此，可以说国际传播在国家发展空间中起到了重要作用。同时，跨地域、跨国域的交流合作有助于信息的交流与传递，加强了不同文化背景下的人员交流，促进了不同文化的对话，既表现了传播者自身政治、经济、文化等各方面的综合形象，在某种程度上也塑造了接受者的形象。

在经济领域，国际贸易愈加频繁，在促进世界各地商品和服务交流的同时，也包含了国际信息的传播和引导。媒体作为国际传播的载体，在一定程度上，已经成为国际贸易中的一种软性商品，在不同地区、不同国家之间流通，使得国际贸易体系之间的联系更加紧密；在政治领域，国际传播学家罗伯特·福特纳说："从某种意义上讲，所有国际传播都带有政治色彩。可以公开带有政治性质，也可以隐含政治色彩。"所以政治属性是国际传播的固有属性，会对传播者及接收者的政治体系、政治形势都产生较为深远的影响。

（二）信息技术的突破促进了国际传播的发展

国际传播方式发生变化、传播媒介向智能化发展的最根本原因是通信技术的进步。在媒体发展初期，信息技术的进步主要体现在传播与互动的层次上，具体表现为信息传播速度加快，信息传播渠道增多，传播内容和形式不断丰富，以及全新的交互方式出现等。这一时期，由于互联网技术的飞速发展，全球通用平台层出不穷。由于国家间的语言文化差异和政治约束，主流媒体仍是控制和引导国际舆论走向的最佳选择。然而，在这一时期，突发事件和重大事件的传播开始呈现主流媒体与大众媒体互动的趋势。

（三）信息全球化时代的国际传播实践

在国际传播实践中，不论是传播者还是接收者都需要知道信息技术给国际传播带来了前所未有的机遇，同时也要知道信息技术的局限性以及由于这些局限所带来的挑战，在把握机遇进行国际传播的同时做好迎接各项挑战的准备。

有线通信是指使用实体媒介进行信息传播的通信方式，使用的基础介质有同轴电缆、双绞线以及光纤。相较于过去传统媒体时代的信息传播速率，信息时代的信息传播速率已经大大提升。以光纤为例，在实验室条件下，单根光纤的最大速率达到 26 Tbps，是传统网线的 2.6 万倍。

传播不仅可以利用实际媒介进行传播，还可以通过移动信号进行传播。第一代移动通信技术（1G）使用的是模拟信号，一步步发展到如今高速率、低时延、大连接的第五代移动通信技术（5G），在物理层面极大地促进了国际之间的传播与交流。无论是物理介质传输速率的提高，还是移动通信技术的迅猛发展，都为国际传播带来了前所未有的机遇。以北京字节跳动科技有限公司为例，字节跳动成立于 2012 年 3 月，截至 2018 年 6 月，短短数年间字节跳动公司的产品及服务已经延伸到全球 150 个国家和地区，并且能够支持中文、英语、法语等 75 种语言；2019 年字节跳动的年营业额已经超过 1400 亿元，国际传播技术的发展功不可没。多层次、多元化的国际传播格局，让社会地位不同、所处层次不同的主体都能够充分地表达和参与国际传播，因此每个人都可以是传播者，每个人也可以是“把关人”，由此滋生了一些虚假报道。

现在，人工智能技术已经可以运用在内容生产、语言翻译等领域，如现在已经出现的写稿机器人能够模仿人类的表达，产生一段文字。但是还不能完全由机器来生产作品、审查作品，尤其是涉及价值判断和道德判断等意识形态方面的话题。目前主要的信息推送方式，是以推荐算法为主导的定制信息推送，系统在后台根据接收者浏览信息的时长，分析、预测接收者的喜好，下一次推送时根据预测结果推荐更加符合接收者喜好的信息。但是使用推荐算法也存在着弊端，即推荐算法是一种精准化的传播。换言之，接收者看到的只是自己喜欢看的信息。以这种方式进行的国际交流，不仅不能有效树立立体、真实、全面的国家形象，反而会进一步强化接收者的思维定式和刻板印象，这与我们加强国际传播、促进世界各国的文化相互交流融合的初衷是相违背的，我们更希望看到的是全球文化相互融合而不是产生文化鸿沟。因此，在国际传播的过程中，需要用正确的价值观引导传播方向，也要用开放、包容的胸怀接纳不同社会背景下的文化。

（四）信息全球化时代的多元文化整合

纵观世界发展史，文化冲突与融合一直在发生。在辽宋时期，以草原文化为背景的辽国与以农耕文化为背景的宋朝发生了军事、政治、经济、文化等各方面的碰撞。这种文化之间的碰撞，并不是表现为文化倾轧或文化吞并，而是相互渗透到对方的文化中。在与辽国发生文化碰撞之后，宋朝开始盛行胡服、胡凳；反观辽国在看到农耕文明的稳定生产力后，从逐草而居的生活方式逐渐过渡到定居。在信息时代，这种文化之间的相互融合又表现为另一种方式——以电影、动画等为载体进行的文化融合。

美国迪士尼公司 1998 年出品的动画电影《花木兰》，改编自中国民间乐府诗《木兰辞》。《木兰辞》讲述了这样一个故事：在战争年代，对镜贴花黄的柔弱女子，因为外敌入侵，代替年迈的父亲拿起武器保家卫国，表达的是中华优秀传统文化中的家国情怀以及巾帼不让须眉的思想。然而在电影中，编导在对花木兰替父从军的故事进行艺术加工的时候，为她杜撰了一段爱情故事。从信息传播的角度来说，利用现代的信息化技术，对于传播内容进行加工、升级，使得花木兰的形象更加立体、饱满，有助于传播的信息被更多人理解和接受；但是从弘扬中华优秀传统文化的角度来看，原本体现家国情怀以及巾帼不让须眉思想的《木兰辞》，被搬上荧幕之后，解读出来的信息却变成了儿女情长，这是对中华优秀传统文化的曲解和误读。

每一个民族都有属于自己的文化，而这些文化散发着独特的魅力，所以每个民族都有着维护本民族文化独立性的权利。然而正是由于这种独特性，产生了文化与文化之间的巨大差异，不同背景、不同社会发展阶段的文化，极有可能发生剧烈地碰撞甚至冲突。因此，尊重文化的多样性有利于解决不同种族和民族之间的冲突。在全球化的背景下，文化之间的壁垒被逐渐打破，文化与文化之间开始相互融合的过程。但是文化融合并不意味着强势文化吞并、倾轧弱势文化，而是在强势文化的包容与保护下，少数族裔的文化及传统得到尊重及延续；而强势文化也可以吸收其他文化的特点，将其融入自身，形成更具魅力的文化系统。

二 经济危机之后全球化陷入停滞

（一）经济停滞理论的提出

长期停滞理论最早由美国经济学家阿尔文·汉森和约翰·梅纳德·凯恩斯于1939年提出，他们试图用这个理论来解释1929年世界经济危机后的长期经济萧条现象。

2008年国际金融危机后，全球经济增速持续降低，各国虽然都采取了一系列的应对措施以刺激本国经济发展，全球经济也在短时间内出现了反弹，但随着刺激性政策效果的逐渐下降，经济增长速率再次进入下行通道。2019年第四季度经济数据显示，贸易摩擦并未给美国经济带来繁荣，作为金融危机后经济复苏最早、最强劲的国家，2018年第二季度以来，美国GDP增速持续下滑，同比增速从3.2%降至2.3%；德国2019年第四季度的经济增长率仅为1.1%，为近五年来最低；2019年第四季度，美国经济增长率降至0.3%的历史新低。此外，经济增长速率的下降也导致越来越严重的民粹主义和孤立主义，如美国退出多边国际机构，对全球主要贸易伙伴发动贸易战，以及英国脱离欧盟等。

（二）长期停滞理论的新发展

2008年国际金融危机后，由于戈登、萨默斯和艾肯格林等一系列研究的推动，这一概念再次引起学术界的关注。萨默斯指出，金融恐慌在2009年秋季得到了成功的控制，金融市场信用利差恢复正常，但从金融正常化到2013年的四年时间里，美国的劳动参与率没有提高，实际GDP与潜在GDP的差距进一步拉大，实际产出与潜在产出的持续偏离印证了长期停滞的存在。

如果把全球经济看作一个整体，那么由市场决定的总需求仅限于消费需求和投资需求，总需求不足实际上就是全球投资需求和消费需求的不足。除了人口增长率下降之外，艾肯格林总结了其他可能导致长期停滞的因素，这些因素不仅包括全球投资需求下降，还包括新兴市场国家消费不足导致的全球储蓄率上升。

（三）长期停滞难以解决的原因

2008年金融危机爆发至今已有十多年，但长期经济停滞的现象仍未缓解。经济长期停滞的原因是全球有效需求的缺乏，经济理论对相关问题研究了近百年，为什么长期停滞问题仍然难以解决？与1929年全球经济危机后的情况相比，应对当前全球经济长期停滞不前，至少要解决人口增速减缓和老龄化加剧、经济全球化瓶颈、经济政策有效性下降和技术进步放缓四大难题。

1. 人口增速减缓和老龄化加剧

汉森把1929年经济危机后的长期萧条归因于人口增长率的下降，把“二战”后的经济复苏归因于战后的婴儿潮，这说明人口增长率及其结构变化对全球经济增长具有重要意义。然而，目前不论是人口增长率还是老龄化问题都对全球经济复苏构成了严峻的挑战。一方面，全球人口增长率从1960年的2.33%下降到2018年的1.11%；高收入国家的人口增长率从1960年的2.91%下降到2018年的0.49%；一些国家的人口增长率为负。另一方面，发达国家和一些发展中国家也面临人口老龄化问题，全球老年人抚养比不断上升，高收入国家情况更为严峻，2018年，高收入国家老年人抚养比达到27.4%，中等收入国家老年人口抚养比达到11.5%，老年人口抚养比的提高意味着更多的资源投入养老等消费领域，储蓄和投资相对减少，经济发展的负担越来越重。

莫迪利亚尼和布鲁姆伯格提出的生命周期理论认为：人们在工作时更倾向于储蓄，而当步入老年后，储蓄率会逐渐降低，有些老年人的储蓄率甚至为负值。随着人口老龄化问题的加剧，经济中消费增加和储蓄减少的问题将会更加严峻。这同样也会导致投资金额的减少，投资金额减少最终会对经济长期发展产生负面影响。而老年人口抚养比的提高，一方面反映出人口年龄结构趋于老龄化；另一方面也反映出世界劳动力人口规模正面临相对甚至绝对的下降，这将导致劳动力供给不足。近年来，中国等新兴国家也开始面临“人口红利”逐渐消失进而拖累经济增长的状况。

2. 传统的经济全球化模式受到了极大制约

解决经济长期停滞问题的另一个途径是扩大全球市场规模，但金融危机后，贸易保护主义抬头，全球化进入瓶颈期。进入 21 世纪以来，全球经济快速增长的部分原因是冷战结束后世界市场的一体化。特别是中国、印度等人口大国实现对外开放，国际市场规模不断扩大。珀森和策特尔迈尔指出，为了缓解低增长造成的长期停滞，美国等发达经济体应减少贸易壁垒，深化世界市场规模，以抵消生产率增长放缓的不利影响。然而，这些国家一直在实施反贸易保护主义政策，不仅没有发挥全球经济增长的火车头应有的作用，反而冲击了现有的国际经济体系。

此外，以提高范围、扩大规模为核心的传统经济全球化模式也面临着局限性制约，截至 2019 年年底，世贸组织成员已达 164 个，其中囊括了全球主要的大型经济体。赵勇、杨沐纯的研究还发现，当前全球平均关税水平已接近零的下限，进一步扩大全球市场边界的空间微乎其微。全球关税水平大幅下降，全球平均关税水平由 1994 年的 8.6% 降至 2017 年的 2.6%，工业制成品关税由 1994 年的 8.7% 降至 2017 年的 2.1%。其中，2017 年高收入国家平均进口关税仅为 1.9%，零关税产品占比达到 67%，工业制成品平均进口关税仅为 1.2%。从这个角度看，对于商品贸易而言，未来的贸易政策空间非常有限。服务贸易领域由于其较强的“境内开放”属性，其市场开放的难度要大于商品贸易领域。因此，从总体上看，通过贸易自由化政策释放全球化红利的难度将越来越大。

三 全球化与文化鸿沟

（一）文化鸿沟的产生原因

在当前复杂的国际形势和国际舆论格局下，无论是中国故事还是外国故事，往往容易遭到“对抗性解读”，即其他文化体系的人无法准确理解本国故事的内涵和外延价值，这点在西方国家对中国故事的解读中尤为突出。如 1998 年迪士尼电影《花木兰》、2016 年中美合拍电影《长城》，都是对中国故事的“曲解”和“误读”，主要是历史、文化背景的不同造成了他们无法理解中国优秀传统文化中“天下为公”和“集体主义”等精神内核。

（二）文化间性的提出

“间性”最初是指一些具有性特征的两性有机体，20 世纪上半叶，德国现象学家埃德蒙·胡塞尔首次提出了“主体间性”的概念：“就像其他人存在于我作为身体的感知领域一样，我的身体也存在于他人感知的领域中。”

20 世纪 80 年代，当哈贝马斯把“主体间性”理论推向国际关系的高度时，他发现文化已经成为其发展的障碍。因此，哈贝马斯开始将“主体间性”的概念运用到文化中，试图建立一种“跨文化”的话语关系，以打破文化间的壁垒。

对于“跨文化”的概念，中国学者邱国红认为，跨文化是一个非常复杂的、无形的、基于语言和超越语言的概念，它涉及两个不同文化主体之间的交流与对话，认为跨文化是指不同文化之间相互作用的内在过程，即在不同文化之间的相互作用中，对方从原文化的跨文化特征的变异或意义的再生中获得新的文化意义。

“跨文化”直接从属于两个不同文化主体之间的对话，即世界上不同民族的不同文化之间的可交流性。当然，在不同文化主体之间的对话、交流、沟通和互动中，也存在着博弈。不同文化之间的冲突与对抗时有发生，这就决定了中国故事的跨文化传播之旅必然会面临来自海外“其他文化”的诸多“挑战”。

(三) 文化间性下的跨文化传播

在海外传播的过程中，中国故事经常会遇到“文化折扣”现象，即外国受众在其他文化体系中很难认同中国人的价值观和信仰等。在海外传播的过程中，本来对中国内受众具有吸引力的故事，却在海外传播时失去了吸引力，一些西方受众甚至对中国故事进行“文化误读”和“对抗性解读”。因此，使用国际传播手段的时候，我们需要充分考虑外国受众的文化背景和思维模式，应该运用好跨文化传播理论，消除传播障碍，避免因为文化的差异，导致文化鸿沟的产生。

跨文化传播中由于受众双方来自不同的文化背景和语境，使用不同的符号系统，出版业要特别关注当地受众的文化和鉴赏习惯，尊重当地受众的宗教信仰，学会运用“从小到大”等跨文化传播技巧和策略，讲出当地人感兴趣的中国好故事，从而消除因文化冲突而造成的沟通障碍。

以互联网技术为基础的新媒体是“连接中外、沟通世界”的重要途径。一方面通过海外版微博、微信、Facebook、Youtube 等社交媒体平台，真实、生动、形象地讲述中国的故事；另一方面，利用无人机航拍、AI 人工智能、虚拟现实等新技术，将中国故事与新媒体相结合，使中国文化和中国故事成为“流动”的世界话题。

四 结语

随着信息时代的到来，互联网技术的普及极大地推动了全球化的步伐，但极盛之后便是极衰，2008 年国际金融危机爆发后，全球经济增长速率明显下降，全球化趋势也停滞不前。面对这百年未有之大变局，中国提出了人类命运共同体这一概念，并坚持推进全球化步伐，引导国际社会共同塑造更加公正合理的国际新秩序，建设新型国际关系，以应对全球化进程中的各种问题。

但是，随着我国日益走近世界舞台中央，在全球事务中发挥更大的作用，国际社会对我国经济、社会发展的认知逐渐加深，“中国威胁论”“中国崩溃论”等对抗性解读也甚嚣尘上。在这种背景下，习近平总书记在2021年5月31日就加强我国国际传播能力建设第三十次集体学习上提出，要加强我国国际传播能力建设，讲好中国故事，传播中国好声音，展示真实、立体、全面的中国。形成与我国综合国力和国际地位相匹配的国际话语权；更要坚定地弘扬中华优秀传统文化，并且与各国异质文化相融合，从而从跨文化的角度，形成世界上不同文化主体的共生共存。

参考文献

杜欢：《信息全球化时代的国际传播》，《视听》2019年第10期。

邱国红：《文化间性的例证：中国诗歌审美范式对美国诗歌创作的影响》，《云梦学刊》2005年第1期。

宋佳音、谭璇、范志勇：《长期停滞及其应对方案——基于“全球化深化”的视角》，《政治经济学评论》2020年第4期。

唐润华、郑敏：《文化间性视域下出版业“讲好中国故事”的效果提升路径》，《新闻爱好者》2021年第3期。

赵勇、杨沐纯：《世界经济会陷入长期停滞吗?》，《政治经济学评论》2019年第5期。

［德］埃德蒙德·胡塞尔：《生活世界现象学》，倪梁康译，上海译文出版社2005年版。

［德］尤尔根·哈贝马斯：《重建历史唯物主义》，郭官义译，社会科学文献出版社2000年版，第336—337页。

［美］罗伯特·福特纳：《国际传播——全球都市的历史、冲突及控制》，刘利群译，华夏出版社2000年版，第8—9页。

Adam Posen, and Jeromin Zettelmyeyer, Facing Up to Low Productivity Growth, Washington, Peterson Institute Press: All Books, 2019, pp. 1 – 11.

A. Hansen, “Economic Progress and Declining Population Growth”, The American Economic Review, pp, 1 – 15.

Gordon R. J. , *Is U. S. Economic Growth Over? Faltering Innovation Confronts the Six Headwinds* , Nber Working Papers, 2012, p. 4.

Modigliani F., Brumberg R. E., "Utility Analysis and the Consumption Function: An Interpretation of Cross-Section Data", *Journal of Post Keynesian Economics*, 1954.

Summers, Lawrence H., "Have we Entered an Age of Secular Stagnation? IMF Fourteenth Annual Research Conference in Honor of Stanley Fischer, Washington, DC", *IMF Economic Review*, Vol. 63, No. 1, 2015, pp. 277 – 280.

Considerations on Strengthening the International Communication Ability of Chinese Excellent Traditional Culture under the Background of Globalization

Xing Daning　Liu Siqi

Abstract: The arrival of the information age has changed the original mode of communication and promoted the pace of globalization. However, after the outbreak of the financial crisis in 2008, the pace of globalization gradually slowed down and stalled for a time. As a result, the cultural communication of various countries fell into a stalemate, and finally formed a cultural gap. On May 31, General Secretary Xi Jinping held the 30th collective study on strengthening China's international communication capacity building. He proposed to strengthen the international communication capacity building, build a media cluster with international influence, actively promote the excellent Chinese culture to go global, and join hands with other countries to create a community with a shared future for mankind. This paper closely follows the process of globalization and makes an in-depth analysis of the opportunities and challenges faced by the global communication of Chinese excellent traditional culture in the information age.

Keywords: Globalization; International Communication; Cultural Divide; Community of a Shared Future for Mankind

网络与新媒体背景下韩语新闻翻译策略

——以人民网韩文版为例

张炎钰　施艺迪*

摘　要：网络和新媒体为我国对外宣传提供了一个便捷的传播途径，如何做好外宣翻译是我们关注的话题。奈达的功能对等理论强调要实现两种语言之间功能上的对等。本文以奈达的功能对等理论为指导，对人民网韩文版新闻报道进行分析，归纳出韩语新闻翻译意译法、直译加解释、省略法、缩译法四类主要的翻译策略，并结合汉语、韩语句法特点总结出翻译时顺句驱动、宏观调整的翻译技巧，为网络与新媒体平台的韩语新闻翻译提供一定的借鉴。

关键词：网络与新媒体　韩语翻译策略　人民网韩文版

人民网是《人民日报》以新闻为主的大型网上信息发布平台，也是互联网上最大的中文和多语种新闻网站。人民网韩文版于2011年9月27日正式上线。韩文版是人民网在英文、日文、法文、西班牙文、俄文、阿拉伯文之后开设的第七种外语版本，是中国国内最具影响力和权威性的韩文媒体网站。而在进行韩文网页建设中，离不开新闻翻译。翻译时想要脱离源语语言外壳，做到两种语

---

* 作者简介：张炎钰，女，郑州轻工业大学副教授，硕士生导师，研究方向为语言学、跨文化交际。施艺迪，女，郑州轻工业大学朝鲜语口译专业在读硕士研究生，研究方向为朝鲜语商务口译。

言功能对等，翻译策略显得尤为重要。

随着网络信息时代的到来，以及我国综合国力和国际地位的不断提升，国际社会对中国的关注度空前高涨。对外讲好中国故事，传播好中国声音，展现真实、立体、全面的中国势在必行。网络媒体作为对外传播中的独特形式，是传播中国声音、讲好中国故事应借助的重要载体。近年来，借助新媒体平台对网络新闻进行研究吸引了很多英语学者的注意，如张林影在目的论的指导下对《满铁剪报》中东北抗战英语新闻翻译进行研究，指出了目的论在抗战英语新闻标题翻译和正文翻译中的应用；汪兴定和杜勤在功能主义翻译目的论的指导下对 NHK 新闻的汉译策略进行研究，归纳出变译法、倒译法、合译法等翻译策略；徐澄鑫在翻译理论的指导下，通过分析韩语新闻的特征，指出了韩语新闻汉译时的三大方法；张曦通过分析新闻语言的总特征，进而指出中韩新闻语言在新闻结构、句子结构、新闻特点方面的特点，最后分析中韩新闻语言的翻译技巧；杨金花以韩国主流媒体《东亚日报》《朝鲜日报》和《中央日报》为研究对象，指出韩国新闻词汇翻译的标准以及韩语新闻词汇翻译的方法与种类。这些研究对中国网络新闻的翻译起到重大的指导作用，但是专门探讨网络新媒体背景下汉译韩策略的研究较少。本文以人民网韩文版 2020 年 1 月至 2021 年 3 月的新闻报道语料为研究对象，选出 50 篇新闻（注明翻译来自新华网、《人民日报》、中国新闻网、外交部等网站），研究结果发现有 24 篇中使用了意译法，11 篇中使用了直译加解释的方法，9 篇中使用了省略法，6 篇中使用了缩译法。通过对新闻韩译策略的研究，为网络新闻韩语翻译提供一定的借鉴。

一　功能对等理论的理解

功能对等理论由美国翻译理论家尤金·奈达（Eugene Nida）提出，是其多年搭建的翻译理论的核心内容。奈达的翻译理论有四项基本要求：第一，言之即理；第二，传达原文精神；第三，表达自然流畅；第四，能够产生共鸣。奈达理论的核心概念是“功能对等”。所谓“功能对等”就是说翻译时不追求文字表面上的一一对应，而是要实现两种语言之间在功能上的对等。而“动态对等”是以“等效”为基础，强调要以读者的反应作为评判翻译优劣的标准，它强调译文读者对译文的反应与原文读者对于原文信息的反应的对等，而非词汇和句法方面的严格对照。但为避免动态对等概念被误认为单方面强调内容对等而忽略语言形式的理论，奈达又提出了功能对等理论以强调翻译的交际功能。但是功能对等理论并不否定动态对等，而是强调翻译应该在恰当地调整语言组织形式的同时，达到清楚地传递信息，促进交流的目的。然而不同的语言之间语法和句子结构存在差异，并且不同国家的语言蕴含着该国特有的历史文化，译者在翻译过程中很难同时实现意义和形式的对等。这就要求翻译时注重翻译策论，寻找适当的方法。国内很多学者都对功能对等理论进行了研究，王宗明、惠薇认为奈达功能对等理论的核心是：源语信息不仅能得以明确，而且可以经由译者翻译后准确地传达给受众，且目标语受众与源语受众的接受程度一样。

二　网络与新媒体背景下的新闻特征

21 世纪以来，网络与新媒体技术发展迅速，深刻影响着人们的生产方式和生活方式。在这一环境背景下，传统的新闻传播方式已无法满足人们的阅读需求，因此出现了借助网络平台传播的网络新闻。与传统新闻相比，网络与新媒体平台下的新闻是以网络为载体，利用网络技术、数字技术、移动技术等，通过计算机、手机等渠道向大众传播和提供服务的一种新形势。它具有简洁性、便捷性、即时性、互动性、全球性的特征。

（一）简洁性

新闻的作用是向大众传播信息，注重简洁明快。新闻的内容主要包括何时、何人、何事、何地、何故、何如。特别是在网络与新媒体的背景下，人们主要通过手机或网页接收新闻消息，如果新闻太长，主题不明，就会降低大众对于新闻的阅读兴趣。研究发现，人民网韩文版中新闻韩译时大都选择篇幅较短的新闻进行翻译，或选取长篇幅新闻中的一段进行翻译。

（二）便捷性

借助新媒体平台的网络新闻是通过网络技术发布在网站上向大众传播信息的。相较于传统新闻传播方式而言，网络新闻不用通过纸质印刷就可以呈现在大众的面前。并且，人们阅读新闻的效率也得到提高，带着一部手机或者一台计算机就可以随时随地接收新闻，这展现出了网络新闻的便捷之处。

（三）即时性

在传统的新闻传播模式下，人们接收新闻往往是通过报纸、广播和电视，但是这些新闻传播渠道发布的新闻信息要经过采访、编辑、制作之后才可以播出，新闻播出的时间也会受到限制，新闻信息更新的速度较慢，人们接收信息的速度也相对滞后。新媒体下的网络新闻不限于新闻数量和印刷的要求，可以通过互联网和手机向大众传播文字、图片、声音、视频等信息符号。新媒体下的网络新闻信息的更新周期可以分秒为单位计算，而电视、广播的更新周期则可以天和小时为单位计算，传统报纸的出版周期以周计算。相比之下，网络与新媒体时代的新闻更新得比较迅速和及时，因此极大地提高了新闻信息的时效性，并且通过网络平台，新闻信息传播的范围更广，速度更快。现在新媒体平台还会向大众同步直播重大事件，实现足不出户就能了解天下事，这是传统新闻传播渠道所不能比的。

（四）互动性

传统新闻媒体的信息传播方式是媒体对于大众的单向传播，这在一定程度上反映了媒体的主导地位。媒体决定着大众获取新闻的内容和方式，大众不能对新闻进行评价，也不能向媒体反馈自己的建议。而在网络和新媒体时代，新闻的传播渠道更加多元化，新闻信息的交流是双向的，而大众也能够参与信息传播的各个环节，人们可以自主地选择自己想要接收的信息，不再陷入被动地位，这一改变也会激发大众的参与性和互动性。现在大多网络新闻平台都设置有留言回复的功能，读者阅读后，可以就新闻内容发表自己的意见或看法，为读者和新闻工作者之间架起了沟通的桥梁。

（五）全球性

报纸等传统媒体传播新闻信息容易受到地域的限制，而网络与新媒体背景下的新闻传播不受空间和地域的限制，可以说，全球互联互通的网络有多大，网络新闻的传播范围就有多大。新闻的跨国家传播使得网络新闻的传播具有全球性和跨文化特征。网络新闻的传播打破了传统意义上的空间概念，成为不同国家之间跨文化交流的重要渠道。在新媒体传播方式诞生以前，人们对于国外的信息，只能通过本国的大众传播媒介进行了解，但是专业的新闻机构必然会对新闻进行筛选，因此具有不全面性。但是新媒体新闻打破了这一局限，人们可以通过网络新闻了解到不同的声音。如《人民日报》，以前海外读者想要读到当天的报纸十分困难，邮递速度慢，一般需要五天才能送达。但是现在以《人民日报》为代表的多家媒体都开通了网页新闻，不管是在国内还是国外，只要有网络，就能够看到最新的新闻报道。

三　功能对等理论视域下韩语新闻翻译策略

人民网韩文版作为中国最具影响力和权威性的韩文媒体网站，受众群体主要是广大韩国民众。韩文版网页每天第一时间更新中国国内发生的新闻消息，其素材主要来源于人民网和《人民日报》发布的新闻，其中包括政治、经济、文化、娱乐等方面的内容。汉语和韩语存在很大的差异，因此在翻译时，要采用恰当的翻译策略，注重意义上的对等。本文对选取的新闻进行分析，总结出人民网韩文版新闻韩译时主要采取的4种翻译策略，分别是意译法、直译加解释、省略法和缩译法。其中使用次数最多的意译法占比48%，最少的缩译法占比12%，直译加解释占比22%，省略法占比18%。

（一）意译法

意译是指译者侧重于使翻译出来的内容更加自然，并不是完整保留源文的措辞。我国的外宣翻译一直以来强调"内外有别"的原则，并要求满足双语受众不同的阅读习惯、表达习惯和接受心理。这种方法和奈达所强调的让目标语读者获得和源语读者相同感受的理论非常接近。在新闻中，经常会出现一些容易让外国读者产生歧义的句子，这个时候就要运用意译的方法，使文章变得通俗易懂。例如，2021年3月7日下午，国务委员兼外交部长王毅就"中国外交政策和对外关系"相关问题回答中外记者提问的时候说："中国这一票永远属于发展中国家。"① 这里出现的"票"并不是真正的要投票，而是表示永远站在发展中国家这一方，坚定不移地支持发展中国家的意思。所以这里的投票不能直接翻译为"투표"，而应该翻译为"중국은 영원히 개발도상국을 지지한다"，会更简单明了。另外，对于外国读者不太理解的内容也应该采用意译的方法。例如以下翻译内容。

原文：安徽芜湖抗洪救灾现场，当地居民主动搬来不少矿泉水和煮鸡蛋。看见战士们手上有泥，阿姨们又挨个把鸡蛋剥好，送到来驰援的武警第二机动总队某支队官兵手中，表达对子弟兵的感谢。军民鱼水情，你保护我，我也守护你。

译文：안후이(安徽)우후(芜湖)방재 현장에서 현지 주민들이 물과 삶은 달걀을 들고 왔다. 전사들의 손에 흙이 묻어 있는 걸 발견한 '이모님'들은 달걀 껍질을 일일이 깐 다음 지원 나온 무장경찰 제2기동총대 모 지대 (支队) 군인들의 손에 쥐어 주면서 고마움을 전했다. 군인과 주민이 서로서로 보호하고 지키는 모습에 절로 흐뭇해진다.

---

① 《中国这一票永远属于发展中国家》，新华网，http：//www.xinhuanet.com/politics/20211h/2021－03/07/c_ 1127180210.htm，2021－10－2。

此例中，画线部分“军民鱼水情”是典型的中国式表达，形容军人和群众之间像鱼儿和水一般的深厚感情。但是，如果翻译成“군·민이 물고기와 물의 관계처럼 매우 친밀하다”，再加上后面的“你保护我，我也守护你”，无论在意义上还是在句式上都略显累赘，因此，这里适当的意译会令句子更简洁，传达的信息更明确。

原文：直播由央视主播尼格买提、王宁，与淘宝主播李佳琦联袂主持，聚焦与大众衣食住行相关的非遗产品，在线为观众“种草”了二十多款国货好物。

译文：온라인 방송은 중앙방송국 아나운서 니거마이티 (尼格买提), 왕닝 (王宁) 과 타오바오 (淘宝) 라이브 방송 MC 리자치 (李佳琦) 가 공동으로 사회를 보고, 대중들의 의식주 관련 비물질문화유산 제품을 한데 모아 온라인으로 20 여 가지 질 좋은 상품을 선보였는데……

此例中“种草”是网络用语，指分享推荐某一商品的优秀特点，以激发他人购买欲望或把一种事物分享推荐给另一个人，让另一个人喜欢这种事物的行为。这个词语在中国已经得到普及，但在韩国，这个词的普及度并不高，因此，为了便于韩国读者理解，翻译为“推出了20多种质量好的产品”更为恰当。

原文：高峰提到，当前我国整体的消费需求特别是在中西部地区、三四线城市的消费需求不断提升，对优质进口产品的需求旺盛，更多的消费群体愿意“不出境，买全球”。

译文：가오펑 대변인은 “현재 중국 전체의 소비 수요, 특히 중서부 지역, 3·4 선 도시의 소비 수요가 꾸준히 상승하고 있고, 양질의 수입 제품에 대한 수요가 왕성하다”면서 “많은 소비자들이 국내에서 전 세계 상품을 구매하길 원한다”고 말했다.

在这个例子中，“不出境，买全球”指的是消费者不出国却买到从全世界各地进口的优质产品。这里应该展开来讲，在国内买的是全世界的产品，而不是全球。如果直接翻译，会给外国读者造成困惑并引起歧义，此处意译更为合适。

（二）直译加解释

韩语受汉语影响比较深，韩语中60%左右的词汇是汉字词，而

汉字的造词能力非常强。在翻译时，采用直译法比较容易做到等值翻译。政治外交方面，中国特色的政治制度以及相关的机构、名称等，对这类词汇采用直译法并在后面加以汉字解释既不会产生歧义、让读者快速明白其意思，又能成为展现中国特色的符号。如“一国两制”译为“일국양제（一国两制 · 1 국가 2 체제）”“小康社会”译为“샤오캉社（小康：중산층）사회”“港人治港”译为“항인치항（港人治港 · 홍콩인이 홍콩을 관리）”“依法治国”译为“의법치국（依法治国）”。文化方面，中国原创综艺节目《乘风破浪的姐姐》在国内外引起了众多的关注。因为是原创综艺节目，所以直接翻译为“승풍파랑적저저”（乘风破浪的姐姐）有更好的宣传作用。在句子翻译中对具有中国特色词汇的处理方式也是如此，例如下面这些翻译内容。

原文：2020 年“深入开展扫黑除恶专项行动”也让受访者和网民印象深刻。

译文：2020 년 “사회악 일소(扫黑除恶·흑을 쓸어버리고 악을 제거함) 특별행동 실시”도 응답자와 네티즌에게 깊은 인상을 남긴 것으로 확인됐다.

此例中，“扫黑除恶”这个词是 2018 年由中共中央政法委在召开全国扫黑除恶专项斗争电视电话会议中提出的，是我国政治方面的专业术语，指的是清除黑恶势力。如果不在后面加以解释，会引起歧义。

原文：国家主席习近平 22 日在会见 2019 年“创新经济论坛”外方代表时指出，我对中国的未来充满信心。我们提出实现中华民族伟大复兴的中国梦，这个梦绝不是“霸权梦”。

译文：시진핑 (习近平) 국가주석은 22 일 2019 년 “뉴이코노미포럼”에 참석한 외국 대표들과 면담하는 자리에서 “나는 중국의 미래에 대해 자신감으로 가득 차 있다”면서 “우리는 중화민족의 위대한 부흥의 중국몽(차이나드림) 달성을 제시했다. 이 꿈은 절대로 ‘패권 꿈’이 아니다”라고 지적했다.

此例中，“中国梦”直接翻译为“중국몽（차이나드림）”。在这句话中，根据前后文的语境，读者可以知道中国梦是要致力于实现中华民族的伟大复兴，所以，在这里适合直接翻译。如果在没有前后文的情况下，“中国梦”一词的含义在韩国是很难理解的，为

了更容易使外国读者理解，应该采用直译加解释说明的方法。

（三）省略法

人民网韩文版是面向韩语读者的新闻媒体平台，在传播信息时应注意新闻的简洁性，抓住主要信息，在保证原文意思完整的前提下对于在语义上重复的词或者句子进行适当的省略。例如以下翻译内容。

原文：用制度体系保证人民当家做主，这是中国坚定不移的选择。有目共睹，中国民主实践将社会主义民主政治的优势和特点日益充分发挥出来，拓宽了人类追求民主理想的道路，为人类政治文明进步作出了充满中国智慧的重要贡献。

译文：제도 체계로 인민의 주인됨을 보장하는 것은 중국의 흔들림없는 선택이다. 중국의 민주주의 실천이 사회주의 민주정치의 우위와 특징을 나날이 충분히 발휘시키면서 인류가 민주적 이상을 추구하는 길을 넓혔고 인류의 정치 문명 진보에 중국 지혜로 가득 찬 중요한 기여를 했다.

此例中，“有目共睹”的内容就是下一句所阐述的“中国民主实践”的重要作用，译文已经准确地传达出了文章的主题及意义，如果再将“有目共睹”完整地翻译成“세상이 다 알고 있다”，则不仅会略显累赘，还会给人一种矫揉造作的感觉。此处省略之后，语句显得流畅自然。

原文：《报告》显示，2020 年 3 月份开始，大部分地区包括健身房在内的线下门店在政策指导下陆续有序恢复营业；至 4—5 月份各地健身场馆恢复全面复工状态，全国健身产业逐渐复苏，曲线开始爬坡上扬；6 月份，全国健身房整体营收达到全年最高值。

译文：보고에 따르면, 2020 년 3 월부터 대부분 지역의 헬스장을 포함한 오프라인 매장이 순차적으로 영업을 재개하며4—5 월에는 각 지역 헬스장이 전면적으로 문을 여는 등 전국 헬스 산업이 다시 살아나고 있다. 6 월 전국 헬스장 전체 매출이 연중 최고치를 기록했다.

在这个例子中，“曲线开始爬坡上扬”指的是全国大部分地区包括健身房在内的线下门店在政策的指导下恢复营业后，健身产业的营业数量逐渐上涨，越来越多的健身房开始营业，健身产业的营业额也逐渐增加。韩语中翻译为“全国健身产业复苏”已经能够清楚地表达原文含义，此处加上“曲线开始爬坡上扬”会显得画蛇添足。

另外，由于汉语和韩语的表达习惯、句法结构的差异，中文中习惯性使用修饰语。在翻译成韩语新闻的时候可以对修饰性成分适当地简化或者省略。例如以下翻译内容。

原文：稳定增加汽车、家电等大宗消费

译文：자동차•가전 등 소비 안정적 증가。

此例中，“大宗消费”最直接的字面意思就是购买大宗商品。大宗商品简单来说就是指可进入流通领域，但非零售环节，具有商品属性，用于工农业生产与消费使用的大批量买卖的物质商品。在这里指的就是汽车、家电这一类比较大额的消费。如果将“大宗消费”翻译出来，会有点拖泥带水，省去会更简洁明了。

原文：在不久前举办的第六届中国工业大奖发布会上，由山西太原钢铁（集团）不锈钢精密带钢有限公司自主研发的世界最薄不锈钢箔“手撕钢”脱颖而出，摘得大奖。

译文:얼마 전 열린 제6회 중국공업대상 발표회에서 산시 (山西) 타이위안철강(太原钢铁) 그룹 스테인레스강•정밀띠강유한공사가 독자적으로 개발한 세계에서 가장 얇은 스테인레스 포일(foil)이 두각을 드러내 대상을 거머쥐었다.

此例中，“手撕钢”非常形象化地反映出不锈钢的特点，非常具有中国特色，并且是对“世界最薄不锈钢箔”的一个补充说明，“세계에서 가장 얇은 스테인레스 포일”已经完全能够表达出来此款不锈钢的薄，如果此处再加上“손으로 찢을 수 있는 초박형 강판”在语义上会重复。

（四）缩译法

在利用网络对外宣传的过程中，会涉及国家的很多政治活动和机构名称，对于名称的翻译，我们可以采用直译的方法，但是有时为了追求文章的简洁性，使文章明了易懂，会对源文内容进行缩译，使读者能够更快地掌握信息。因此，针对以下情况，可以采用缩译法。一是已经在国外传播度较高的词汇，可以采用缩译法。例如以下翻译内容。

原文：全国政协十三届三次会议以来，政协委员、政协各参加单位提出提案5974件，立案5044件，办复率为99.64%。

译文:전국정협 13기 3차회의의 이후 정협 위원과 정협 각 참가기관이 제출한 제안 5974건, 입안 5044건의 처리 및 회답률은 99.64%에 달한다.

“全国政协”是“中国人民政治协商会议全国委员会”的简称，我国在对外宣传的过程中多次提到中国的政治制度，所以“全国政协”在国外的熟知度较高，可以直接缩译为“전국정협”。此外“全国人民代表大会”也可以缩译为“전인대”。

第二种情况是在新闻标题中，为了向读者更直观地传达有效信息，避免标题冗长，会采用缩译的方法。新闻标题以简洁为上，简洁的标题醒目、顺耳、易记、易传，能够使读者一眼就掌握关键信息。所以，标题应该简洁并具有强概括性。例如以下翻译内容。

原文：十三届全国人大四次会议闭幕，通过多条决议。

译文：13기 전인대 4차 회의 폐막…나양한 결의 통과.

此例中，“十三届全国人大四次会议”作为在标题中出现的内容，如果全部翻译出来会显得累赘冗长，因此，在标题中译为“13기 전인대 4차 회의”，使标题更为清晰明了，在正文中可以译为“제13기 전국인민대표대회（전인대）제4차 전체회의”，使意义更为完整。

第三种情况是对专有名词进行翻译的时候会采用缩译法。一般是对机构的名称进行缩写。例如以下翻译内容。

原文：与此同时，高收入国家间也在内斗。由于阿斯利康和辉瑞两大公司为保证英美两国的疫苗供给，延迟向欧盟国家交付疫苗，导致欧盟整体疫苗接种计划受影响。当前，欧盟国家疫苗接种比例远远低于英美等国。据世界卫生组织截至3月3日的数据，欧盟4.47亿人口中只有5.5%接种了第一剂疫苗。

译文：한편 고소득국 간에도 내분이 있다. 아스트라제네카와 화이자가 영국과 미국의 백신 공급을 보장하기 위해 EU에 백신 인도를 늦추면서 EU 전체의 백신 접종계획이 영향을 받았다. 현재 EU국가 백신 접종률은 영국과 미국 등에 훨씬 못 미치는 실정이다. WHO의 3월 3일 기준 데이터에 따르면 EU 인구 4억 4700만 명 중 코로나19 백신 1차 접종자는 5.5%에 불과했다.

此例中，原文中出现了两个机构，一个是“欧盟”，一个是“世界卫生组织”。这类机构名称在全世界是人尽皆知的，它们的英文缩写形式也是比较常见的。对于这种专有词汇，在翻译时可以直接缩译为英文字母，这样既能够缩短新闻的篇幅，又能使读者马上理解新闻的内容。

四 汉译韩适用的其他翻译方法

由于不同国家文化背景的差异，汉语和韩语存在着很多相同点和不同点，汉译韩时要注意特殊的翻译技巧。韩语和汉语虽然都属于汉字文化圈，造词法虽然相似，但在语言类型上，韩语属于黏着语，汉语属于独立语，韩语的基本语序是“主语＋宾语＋谓语”，而汉语的基本语序是“主语＋谓语＋宾语”。因此，我们在翻译长句子或段落的时候要运用先整体把握，再顺句驱动，最后宏观调整的方法。整体把握是先通读一遍原文，了解原文的大意。顺句驱动是指尽可能按照中文中短语或意群出现的先后顺序，把中文的意思先翻译出来。但由于汉韩两种语言的词序和语序差异很大，为了解决语言上不对等的现象，我们在翻译汉语新闻的时候要将句子切分成若干个意群或意义单位，也就是语意单位，顺句驱动之后再宏观调整句子的顺序和结构。即通过添加关键词、补充信息、删减信息等方法，按照句子的逻辑关系将其连接起来，通过调整词序让翻译出来的韩语句子符合韩语的表达习惯。而且，汉语习惯使用短句，韩语习惯使用长句，在翻译汉语新闻时一定要抓住句子之间的逻辑关系，包括转折、因果、条件、让步假设等，最终使翻译过来的韩语新闻不仅准确流畅，而且简洁易懂。

原文：中方维护国家主权、安全、发展利益的决心坚定不移，正告英方不要在错误的道路上越走越远。否则，中方将作出进一步坚决的反应。

译文：중국이 국가의 주권과 안보, 발전 이익을 수호하려는 결심은 확고부동하며, 영국 측이 잘못된 길에서 더 멀리 가지 말 것을 경고한다. 그렇지 않으면 중국은 더 단호한 반격을 할 것이다.

根据功能对等理论倡导的“译文应适应接受语和接受语文化”的原则，韩语新闻表达应该自然地道，符合韩语的表达习惯，同时译文应该适应韩国语言文化的理念和观点。由于汉韩语言存在差异，在翻译长句或段落时要先通读一遍大意，然后再进行顺句驱动，最后宏观调整语序。上文中这段话的大意是中方坚定不移地维护中国的利益，并且警告英方不要继续犯错，否则中方将作出行动。我们首先可以按照句子中出现的语义单位进行翻译，但考虑到韩语的表达习惯中谓语动词在句子的末尾，因此要把“国家主权、安全、发展利益”调整到谓语动词“维护”的前面，把“英方不要在错误的道路上越走越远”调整到“正告”的前面，调整好语序之后再检查翻译出来的韩语是否通顺。除此之外，还要注意做到翻译出来的内容不啰唆、不晦涩。不啰唆就是翻译出来的韩语不能有无用的词和多余的词，做到语言简短精练；不晦涩就是韩语表达要清楚易懂，翻译出来的内容要明了，对于汉语中难以理解的地方也要把其字里行间的意思或较为晦涩的内容用韩语解释出来。

五　结语

由于不同国家文化背景的差异，实现源语和目标语之间的完全对等是不现实的，但译者要最大限度地寻找源语和目标语之间相同或相似的表达，使目标读者能够获得与源语读者相同的信息。本文简述了功能对等理论，分析了网络和新媒体平台下的新闻特点，并在功能对等理论的指导下，对人民网韩文版的韩语新闻进行了分析，总结出汉语新闻韩译时主要使用意译法、直译加解释、省略法、缩译法四大翻译策略，并总结出汉译韩时顺句驱动、宏观调整的方法。韩语作为非通用语种，在翻译领域对于系统翻译方法的研究较少。本文为汉韩新闻翻译实践提供了新的视角，具有很好的借鉴意义。

参考文献

赵光霞:《人民网韩文版上线启动》,《人民日报海外版》2011 年 9 月 28 日。

张林影:《基于目的论的〈满铁剪报〉中东北抗战英语新闻翻译研究》,《长沙大学学报》2021 年第 1 期。

汪兴定、杜勤:《试论功能主义翻译目的论下的汉译策略——以 NHK 新闻为例》,《汉字文化》2021 年第 3 期。

徐澄鑫:《翻译理论下的韩语新闻汉译方法研究》,《科学咨询(科技·管理)》2020 年第 8 期。

张曦:《中韩新闻语言特点及翻译技巧》,《新闻研究导刊》2019 年第 10 期。

杨金花:《韩国主流媒体中文网站的新闻翻译》,《新闻战线》2019 年第 12 期。

闫月贺:《浅析奈达功能对等理论》,《北方文学》2019 年第 21 期。

秦欢:《从功能对等视角分析电影〈风声〉中文字幕英译》,《海外英语》2020 年第 22 期。

王宗明、惠薇:《功能对等理论的国内引介与翻译研究述评》,《汉字文化》2018 年第 19 期。

张瑞玲、陈正华:《新媒体背景下的新闻热词英译策略探析》,《合肥工业大学学报》(社会科学版)2015 年第 4 期。

Translation Strategies of Korean News under the Background of Internet and New Media: Take the Korean Version of People's Daily as an Example

Zhang Yanyu　Shi Yidi

Abstract: How to do well in external translation is the topic we pay attention to, and the Internet and new media provide a convenient route of communication for China's external publicity. Eugene Nida's Functional Equivalence theory emphasizes the realization of functional equivalence between two languages. Guided by Nida's Functional Equivalence theory and based on the analyses of the news reports from Korean Version of

People's Daily, this paper sums up four main translation strategies of Korean news translation: free translation, literal translation plus explanation, omission and condensed translation, and summarizes the translation methods of sentence-driven and macro-adjustment in translation combining the syntactic features of Chinese and Korean. Thus, this paper can provide certain reference for Korean news translation on the Internet and new media platform.

Keywords: Internet and New Media; Korean Translation Strategy; Korean Version of *People's Daily*

网络语言

基于《中国互联网络发展状况统计报告》的网络语言问题研究*

关彦庆　韩欣汝**

摘　要： 网络管理能力是国家语言能力的一部分，网络语言是公民网络生活的手段，网络社会的语言管理水平决定网络语言生活质量。中国互联网络信息中心发布了关于中国互联网发展的系列权威报告。本文研究了报告呈现的海量数据，概括了它反映出的网络语言的主要问题，分析了它呈现的信息特点，探讨了网络语言问题产生的原因，并从语言管理的角度给出了解决问题的策略。

关键词：《中国互联网络发展统计报告》　网络语言问题　网络语言管理

1997年中国互联网列入国家信息基础设施建设，经过二十多年的发展，互联网经历了拨号上网、宽带上网、无线上网三个发展阶段，移动基础设施更新换代，大量智能终端开始出现，开启了低价高性能竞争模式，降低了移动互联网时期的入网门槛，网络应用整合式发展及用户覆盖范围扩大，带动了数据流量的爆炸式增长。

---

* 基金项目：国家社会科学基金项目“新中国语言政策与国家语言能力发展关系研究”（19BYY068），吉林省社会科学基金项目“新时代国家语言能力建设策略与方法研究”（2019B129）的阶段性研究成果。

** 作者简介：关彦庆，男，长春理工大学教授，硕士研究生导师，研究方向为语言政策。韩欣汝，女，长春理工大学在读硕士研究生。

同年，中国互联网络信息中心（CNNIC）发布了第一次《中国互联网络发展状况统计报告》（以下简称《报告》），这是我国首次发布权威性统计报告。至2021年2月，中国互联网络信息中心共计发布了47次《报告》。①《报告》的数据客观反映了网络环境下语言文字的使用情况以及新时代的网络语言问题。

一 《报告》的数据统计分析

（一）网民的结构统计

据第47次《报告》统计，截至2020年12月，中国网民规模达到9.89亿人，互联网普及率高达70.4%；我国手机网民规模达9.86亿人，使用手机上网的比例达99.7%；农村网民规模达3.09亿人，占网民整体的31.3%；城镇网民规模达6.80亿人，占网民整体的68.7%。我国网络基础设施建设、网络规模、互联网普及率等创下新高。尤其是第23次《报告》即2009年后3G移动通信网络开始大规模部署，无线宽带上网的接入使中国互联网迈入移动网络新时代。第23次《报告》以来网民的年龄、学历、职业结构统计如下。

1. 我国网民的年龄结构统计

《报告》将我国网民划分为七个年龄段，分别为10岁以下、10—19岁、20—29岁、30—39岁、40—49岁、50—59岁、60岁及以上。语言具有社会性与现实性，年龄在10—29岁网民对语言的创制能力及学习适应能力十分强大。我们将10—29岁年龄阶段定义为“活力”阶段，30—49岁年龄阶段的网民定义为“惰性”阶段，见表1。10岁以下、49岁以上的网民上网能力较弱、上网时长较短，不在我们的统计之列。

---

① 中共中央网络安全和信息化委员会办公室、中华人民共和国国家互联网信息办公室：http：//www.cac.gov.cn/sjfw/hysj/A091601index_ 1.htm。

表 1　**《报告》网民年龄结构统计**　单位:%

年龄阶段	23—27 次占比	28—32 次占比	33—37 次占比	38—42 次占比	43—47 次占比
“活力”阶段	61. 00	55. 20	54. 26	49. 10	38. 52
“惰性”阶段	32. 02	37. 16	36. 12	37. 62	39. 38

表 1 所示，2009 年 1 月至今，处于对语言具有较强学习力和创造力的“活力”阶段的网民比例在逐渐减少，而处于对语言学习和创造力“惰性”阶段的网民比例总体呈现上升趋势，两者逐渐达到相对平衡的状态。处于“活力”阶段的网民是网络活动的主要参与者，具有较强的网络行为能力，成为网络语言的创制者与使用者，使网络语言处于一个不断更新的过程。处于 30—49 岁这一年龄阶段的网民集体也逐渐成为网上活动的主要参与者。索绪尔曾说：“在一切社会制度中，语言是最不适宜于创制的。”尤其是年龄较大的人群，这一年龄阶段的网民更加倾向于被动地接受包括网络语言在内的新事物，思考模式已经处于一个固化和模板化的状态，按照逐渐累积的稳定、定型化了的经验，更加倾向于墨守成规，产生思维定式，对语言的使用已经形成一种固定的模态，并对自身所处的语言系统存在默认的态度，容易将网络世界与现实世界混淆，将现实言语活动带到网络环境中来，产生与现实言语行为相似的网络言语行为，包括方言的转化、粗俗语言的使用、虚假信息的传播等。

2. 我国网民的学历结构统计

移动网络时期入网门槛降低，互联网普及迅速。我国网民的学历结构与我国整体的学历层次相对应，我们将高中及以下学历定义为低学历阶段，专科及以上学历定义为高学历阶段。根据表 2 所示，高、低学历阶段的网民规模占比差距逐渐扩大，低学历阶段的网民占比已高达 80. 64% ，我国网民学历结构仍保持逐渐向低学历化倾斜的方向发展。

表 2　　《报告》网民学历结构统计　　单位：%

学历结构	23—27 次占比	28—32 次占比	33—37 次占比	38—42 次占比	43—47 次占比
低学历	75. 44	78. 44	79. 32	79. 44	80. 64
高学历	24. 60	21. 52	20. 62	20. 54	15. 48

3. 我国网民的职业结构统计

移动网络时期以前，尤其是拨号上网阶段，网络用户主要为从事计算机行业及科研工作的专业人员，上网目的主要是获取科技信息，网络尚未进入人们日常生活。随着互联网娱乐性能的加强以及各种网络资源的丰富发展，对入网人群操作能力要求的降低，各种身份、职业的网络用户规模占比也发生了很大变化，见表 3。移动网络时期，职业为个体或务工的人员占比较移动网络发展初期增长近 15%，成为网络用户的主流，是网民结构中数量最多的群体。

表 3　　《报告》网民职业结构统计　　单位：%

职业结构	23—27 次占比	28—32 次占比	33—37 次占比	38—42 次占比	43—47 次占比
学生	31. 00	28. 12	24. 84	25. 02	24. 60
企事业单位人员	27. 58	18. 36	20. 00	18. 12	13. 92
个体或务工人员	20. 38	24. 24	30. 14	30. 60	35. 54
无业人员	6. 36	10. 04	7. 78	6. 70	6. 00

（二）网民对网络的信任度统计

我们以网民使用网络支付的数据作为依据判断网民对互联网的信任度。网上交易是网民对互联网信任程度的最直接、有效的证据。网络支付用户统计见表 4。

表 4　　《报告》网民网络支付统计

网络支付	网络支付规模（亿人）	网民规模（亿人）	占比（%）
2006. 12—2010. 12	0. 79	3. 13	25. 24
2011. 12—2015. 12	2. 74	6. 07	45. 14
2016. 12—2020. 12	6. 44	8. 45	76. 21

根据表 4，我们把网民的网络支付按照年份的增长数据分为三个发展阶段，差不多每个周期 5 年成长时间。占比增长数值：第 2 阶段比第 1 阶段增长约 20%；第 3 阶段比第 2 阶段增长约 31%，比第 1 阶段增长近 51%。从网络支付人数来看，第 3 阶段比第 1 阶段增长 5. 65 亿人，是第 1 阶段的 8. 15 倍。网络支付网民占比显著提高，可见，网民对互联网的信任程度不断加强。

（三）网络诈骗及个人信息泄露问题的统计

移动互联网时期，网络的中文信息不断丰富，信息类型逐渐多样化，中国网民可以自由获取网络上的各种信息。第 41 次至第 47 次《报告》中有关网民遭遇诈骗问题及个人信息泄露问题的统计如图 1 所示。

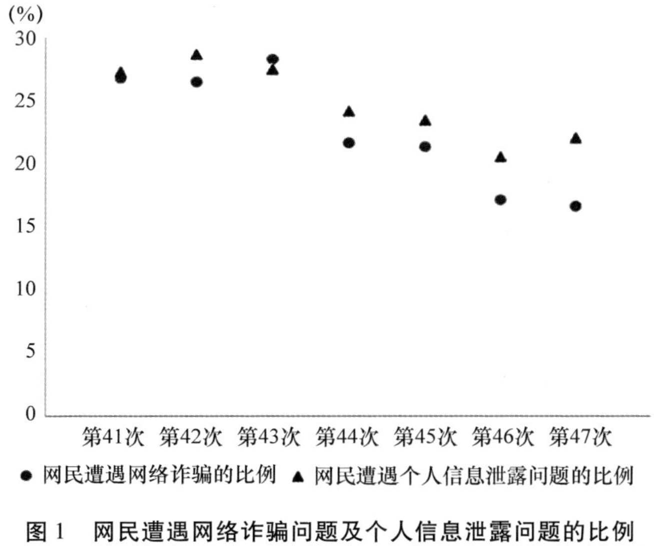

图 1　网民遭遇网络诈骗问题及个人信息泄露问题的比例

如图 1 所示，网民遭遇网络诈骗问题的比例及个人信息泄露问题的比例，从走势看，两组数据都在走低，是向好的发展趋势。但是至第 47 次（2021 年 2 月）遭遇网络诈骗（大约 16.5%）和个人信息泄露（大约 21.9%）的比例仍然很高。从具体信息看，除第 43 次外，网民遭遇网络诈骗问题的比例均低于遭遇个人信息泄露问题的比例。

二 《报告》反映的网络语言问题

《报告》中关于互联网安全状况包括“网民网络安全事件发生状况”“网站安全事件和信息系统漏洞”“网络安全相关举报和受理”三个部分，不涉及具体的网络语言问题。[①] 移动网络时期以前，互联网应用以信息提供和搜索引擎服务为主，用户作为网站内容的浏览者，信息流动是单向的，网络应用主要是各种信息传输和检索。这一阶段的网络语言较为单纯，主要是与网络有关的专业术语或特别用语，如浏览器、防火墙、黑客等。移动网络时期，网络社交时代来临，网络信息变成了双向互动。网络行为的个性化、便捷化、社会化特征越来越突出。基于上文的统计，我们发现了悬浮在具体语言问题（网络语言暴力等）上面的网络语言观问题、网络信息依赖问题、网络语言服务能力问题，这三类问题对网络言语行为、网络语言生活质量、网络语言安全等都会产生巨大影响。

（一）网络语言观受制于线下语言观

当前学界关注的网络语言问题一般包括网络语言规范、网络语言安全、网络语言暴力等问题。其中讨论网络语言规范问题的学者最多，通过中国期刊网查询论文标题包含关键词“网络语言规范”，获得 220 条有效信息，最早讨论网络语言规范问题的文章是

① 中共中央网络安全和信息化委员会办公室、中华人民共和国国家互联网信息办公室：《第 47 次中国互联网络发展状况统计报告》，http：//www. cac. gov. cn/sjfw/hysj/A091601index_ 1. htm。

《网络语言不规范引起关注》；搜索“网络语言安全”获得26条有效信息；“网络语言暴力”157条有效信息；搜索“网络语言观”只有1篇论文《大学生网络语言观的调查研究》，文章认为“为了规范语言使用规则，合理认识和利用网络语言，社会公众应共同努力，营造健康使用网络语言的环境，并且在不该使用网络语言的场合严格禁止网络语言的出现”。作者的基本观点还是主张网络语言要规范，可见，网络语言观问题需要深入讨论。所谓网络语言观是指能否接受具有个性化特征的网络语言现象，即语言在网络世界驰骋的自由度问题。

网络语言是社会发展的必然产物，我们认为，网络语言问题指网络上的语言问题，它也具备现实语言的特点。通过语言威胁、辱骂他人或者使用欺骗性质的语言达到交际目标，不是网络语言的特征。互联网络作为传统大众传播媒体之后出现的第四媒介，是一个超文本的平台，具备了多形式、即时性传达信息的特性。网络互动的基本方式是语言，由于传播工具的便利，为了提高文字输入速度，需要对传统信息的语言进行改造与简化。因此，网络上传递信息的语言不只是网络上的有声语言，还包括文字、图片等，具备了现实交际无法形成的表现形式，常使用数字、符号、英文字母、拼音字母等能够迅速地把人的想法与情绪变成语言的符号。“其实网络语言的各种变种依然是根源于汉语的，依然是在汉语语法的框架之内的，只是被赋予了新意或被简化为一种适于网络视域下的表达。”因此，网络语言具有开放性，其个性化特征是一种正常现象。

表1对网民结构进行了系统分析，发现：处于“活力”阶段与处于“惰性”阶段的网民达到一个相对平衡的规模，低学历网民逐渐增多，个体或务工人员的占比也远超其他职业人员。与中国总人口的结构特征相对应，网络平台已经不单单是作为专业技术人员或高层次管理人员的工具，而具有了社会性特点，形成了一个网络社会，拓宽了网络语言的生存活动空间，语言在网络世界中具有越来越高的自由驰骋度，我们不可能彻底根除网络语言问题。面对全新

的信息呈现平台，我们需要拓展语言观的范畴，创建新的语言观——网络语言观。

（二）网络依赖成为问题

网络依赖现象从表 3 的统计可以获得推断结果。在第 21 次《报告》（2018 年 1 月）中还将网民对互联网络的心理依赖进行了统计，认为：随着人们对互联网价值认可度的提升，网民对网络的心理依赖度也越来越高，38.3%的网民认为自己一天不上网就会觉得缺少了什么，79.4%的网民认为遇到问题时先想到去网上寻求解决方法。因为信任/需要才产生依赖，由依赖现象发展为依赖性问题就会衍生其他问题。

网民对网络的信任/需要产生了网络依赖问题，就会受制于网络。产生的网络语言问题主要有两种。第一，网络信息安全问题。因为信任而缺乏保护意识，言语互动信息存在显著的安全隐患。第二，网络语言规范问题。网络语言与现实语言进行交界与渗透，致使尚未进入通用层面、错字别字、漏字多字以及标点符号运用不规范等语言文字问题频繁出现，尤其在正式场合下，许多网络语言尚未达到社会广泛认可的条件，其出现只是单纯追求标新立异，吸引年轻人注意，但对于大众的接受与认知、使用来说是非常困难的。

（三）网络语言服务意识和能力弱

互联网是一个巨大的平台，平台的运转需要硬件安全和规则保障。从《报告》统计的数据看，《报告》关注的主要是硬件安全问题，对规则保障关注得不多。平台上的活动主体是网民，《报告》数据统计显示，我国的网民数量暴增，“活力”阶段人群庞大，学历层次跨度大，“触网”人群日趋多样化。网民从事网络活动类型复杂，网络活动方式隐蔽，在交际过程中无法获得对象的真实信息，交际存在显著的不确定性。普通网民对网络安全信任度高或者缺乏网络安全意识，线下言语互动的合作原则与礼貌原则失效，存在较强的不受约束性，很多网民放纵对语言的使用，造成了大量的违反交际原则的网络言语行为。常常会出现发表极端言论、虚假信息或实施语言暴力的行为，网民的网络生活受到了安全威胁，网络语言服务成为目前关注的主要问题。因此，网络平台需要解放思想，更新服务能力和服务水平，打造大众化的网络环境，增强对不同年龄段网民的友好性，避免公众遭受“数字鸿沟”的窘境，增加规则保障。

我们认为规则保障是网络语言服务能力，包括中文信息的覆盖率能力，中文信息承载高质量信息的能力；各类网络平台工作人员职位的语言服务能力；国家机关对网络言语行为进行有效管理的能力也是一种语言服务能力。

三　《报告》的网络语言特征

（一）网络社会的语言特性

1. 互动信息量庞大

《报告》显示，从 1997 年 10 月（第 1 次《报告》）我国上网用户数为 62 万人，到 2020 年（第 47 次《报告》）上网用户达 9.89 亿人，用户人数增加了 9.8838 亿人，增长了近 1595 倍，我国上网用户人数呈现“爆炸式”增长。尤其是开始出无线宽带（如 3G）上网等方式的移动网络时期，我国上网用户人数的增长率得到显著提高。如图 2 所示，第 19 次《报告》显示网民数出现拐点，第 20 次《报告》以后，数量曲线持续走高。截至 2020 年 12 月，互联网普及率已高达到 70.4%，网络覆盖范围进一步扩大，互联网大众化，网民规模显著走高，因此网络信息量庞大。

2. 跨界语言互动包容性强

互联网技术的发展具有显著的时代特征，统计 2009 年（第 23 次《报告》）至今发布的《报告》，网民的年龄结构、学历结构如图 3、图 4 所示。

图 3 显示，10 岁以下网民占网民总数比例变化不明显；10—19 岁、20—29 岁、30—39 岁年龄段网民占网民总数比例有结构性下降趋势，以 10—19 岁网民最为显著；而 40—49 岁、50—59 岁、60 岁

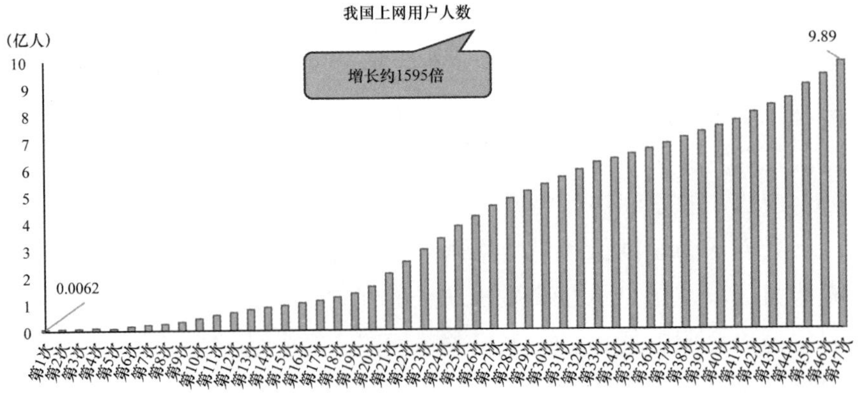

图2 我国上网用户人数

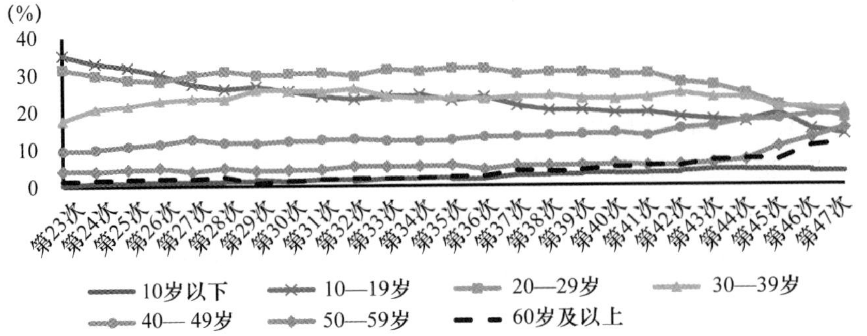

图3 网民年龄结构

及以上网民占网民总数比例有结构性上升趋势，以60岁网民最为显著。这是网络生活淡化年龄区分、网络生活大众化的重要证据之一。

如图4所示，小学及以下、初中学历网民占网民总数比例有结构性显著增长趋势，大学本科、大学本科及以上学历网民占网民总数比例的结构性变化不显著，高中、中专、技校学历网民占网民总数比例结构性下降显著，这说明网民的学历结构有显著变化，低学历网民占比显著增高。

根据图3、图4的数据判断，我国网络社会的年龄、学历具有强包容性特征。截至第47次《报告》，学生占比达到21%，其次为个体户、自由职业者达到16.9%，农村外出务工人员达到12.7%。与

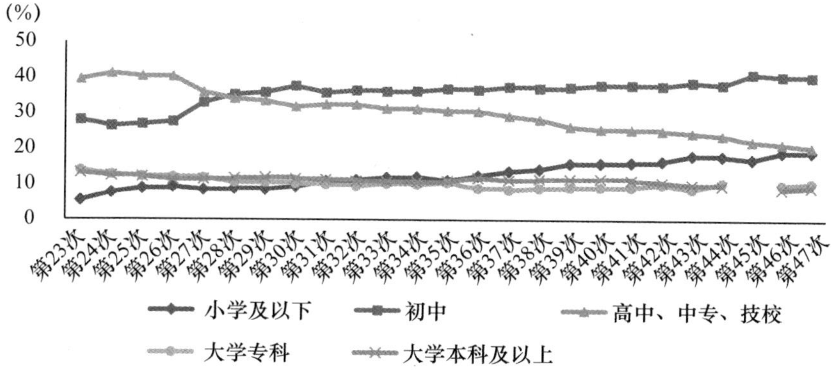

图 4　网民学历结构

学历结构相对应，我国初中及以下学历的网民群体占比达到 59.6%。据此可以判断，我国互联网的职业结构也呈现强包容性。

3. 城乡、地区网络信息消费能力不平衡

网络作为一个服务性的交际工具，依然受到城乡、地区发展不平衡的制约。互联网具备传递海量信息的能力，成为缩小“知沟”带来的城乡差距的最突出、有效的工具。

如图 5 所示，城乡地区互联网普及率都呈现显著增长趋势，但 2020 年 12 月我国城乡互联网普及率相差 23.9%，2008 年 12 月城乡互联网普及率差距为 21.6%，总体发展水平差距依然存在，且存在扩张趋势。农村互联网普及率与网民规模不断提升，但仍与城镇地区存在一定差异，网络语言在农村地区存在的活性较低。

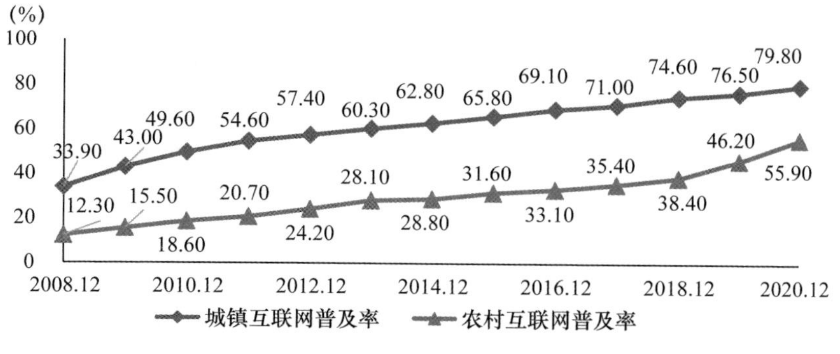

图 5　城乡地区互联网普及率

同时《报告》显示华东地区和西北地区网民状况有着相对明显的差别，华东地区对互联网的使用更加频繁、日常化。随着经济的发展，网民的特征结构也将朝向合理化方向发展，但仍然需要一个长期的过程。因此，地区之间的不平衡可能导致网络语言传播与使用的不平衡，在不同的交际场合，语言发挥的服务功能也不完全相同，双方在交际过程中可能存在解码受阻的问题。

（二）网络语言生活服务趋向简洁性、个性化

网络环境整体存在去中心化的趋势，各大社交平台迅速出现与发展，通过内容黏着、人际互动和应用更新在网络上发挥工具化的作用，为网民提供适合自己需求的网络空间。尤其是共享与双向互动的网络平台受到大量网络用户的喜爱，主要源于它简单直接的表达与操作方式，以及可以让人产生强烈共鸣的画面感，满足当代网民工作劳累后“求简”的心理。

结合互联网应用来看，以获取信息为上网主要目的的网民所占的比例一直遥遥领先，互联网的服务需求在逐渐增强。截至第47次《报告》，基础应用的用户规模已达到98111万人，网民使用率高达99.2%，继续保持互联网应用渗透率第一，信息传递仍然是网民使用网络最主要的原因，如图6所示。互联网服务内容越来越满足网民群体的日常及工作、娱乐需求。网民对网络的要求也不仅限于信息检索或沟通交流，而是带有一定的娱乐性，商务交易与网络娱乐类网络应用开始涌现，公共服务网络平台从无到有发展起

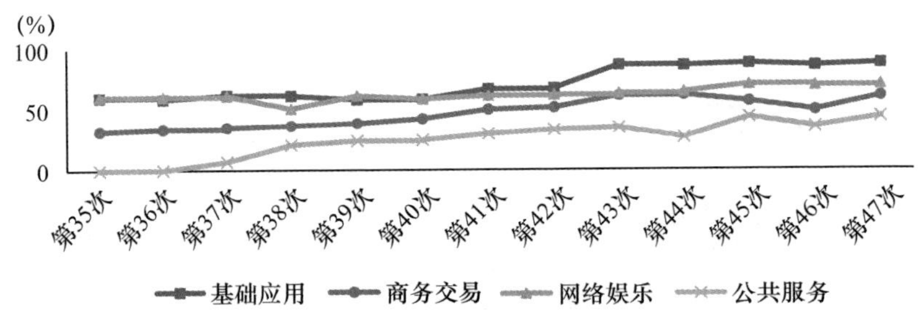

图6 互联网应用网民使用率

来，且网民使用率增速明显高于其他互联网应用，网络应用逐渐向满足不同人群对网络的需求发展，网民使用互联网的目标性越来越强并且开始充分利用互联网的价值，需求个性化特征越来越明显。

（三）网络语言的管理工具属性突显

任何一则网络用语的流行，都有一个突破口，有它吸引人们眼球的“引爆点”。不论是在即时通信还是反映社会动态信息等方面，网络的一大特性就是“快节奏”，同时网络也促进网民关注和参与社会活动，大多数网民表示上网后比以前更加关注社会事件。“语言是动态的，语言是随着时代的变化而变化的，社会的变迁催生一些新的词汇，形成一些新的语言习惯。”互联网的超时空性促使网络空间随时随地地反映社会动态信息，使网民足不出户也能尽知“天下事”，并通过各种因素将网络公民联系成息息相关的一张“网”。

统计二十年来我国网民人均每周上网时长发现：网民人均每周上网时长呈逐步上升趋势，其中2003年12月第12次《报告》及2020年12月第45次《报告》中显示2003年受“非典型性肺炎”及2020年受新冠肺炎疫情影响，用户平均每周上网时间有明显上涨趋势。如图7所示网络空间成为疫情防控、推动企业复工复产以及在线学习等的有力支撑，并且研发与应用救灾语言软件、传播灾情信息、研制灾害语料库等开展应急语言服务。尤其新冠肺炎疫情防控进入常态化阶段，各商业网站积极跟进疫情动态，通过设置抗击新冠肺炎疫情专栏，建立疫情实时追踪页面等方式，为用户提供可视化的疫情咨询服务，且通过网络政务服务支撑一码通行，快速响应能力不断提升。与此同时，各种疫情谣言也随之而来，关于延迟开学、物粮缺乏、食物杀菌等的民生类虚假信息凭借网络传递的快节奏性而横向、纵向传播，“信息疫情”成了网络管理研究的重要对象。借助网民参与社会事件的能力在增强，我们发现网络语言的一个新的重要属性——社会管理工具属性。

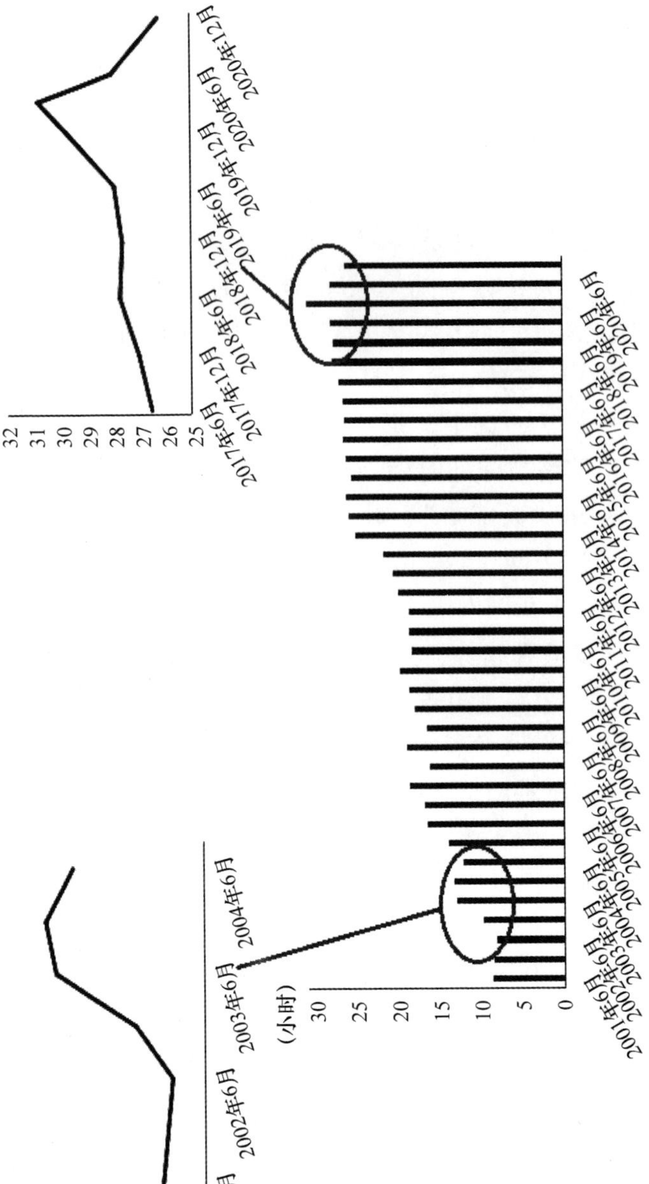

图 7　网民人均每周上网时长

四 《报告》中网络语言问题产生的原因

语言使用者对语言的变化往往是不自知的。网络语言问题因其特殊的即时传达性、不受时空限制等特点，以及语言的传播者、受众及媒介的外延性，频繁地影响人们的网络生活。《报告》中反映的语言问题是由于以下原因造成的。

（一）网络使用门槛降低，网络社会时代来临

网络的普及发展，使用互联网的经济成本、知识成本、技能成本越来越低。政策的鼓励、技术的支持、网络应用的不断开发对网络公民的吸引力越来越强。网民日常生活与互联网联系得日趋紧密，短视频、直播、网上购物、网上外卖等应用软件为满足用户需求、扩大商业范围而相继产生。同时随着网络设备价格的降低、网民工资待遇的提高以及移动互联网接入流量消费能力的提升，越来越多的适应不同年龄阶层的网络平台逐渐出现，进入网络的公民越来越多，网络越来越成为社会性的服务工具。

“网络世界环境的抽象性使网民失去了言语行为的具体判断条件。”在人际互动方面，虚拟世界网络言语双方的社会关系距离常常被淡化，网民之间的距离感与现实世界相反。在日常生活中我们常与相熟之人交谈，而在网络环境下与互不相识的陌生人也能交谈甚欢，这是网络社会言语活动方式的一个显著特征。绝大多数网民上网以后更加关注社会事件，社会参与度随之升高，对网络评价介意性提升，网络应用成为网民交往的工具与助手。

网络社会与现实社会有显著的不同，由于进入网络平台的门槛降低，网民数量庞大，未经过教化的大量现实社会的公民摇身一变成为网络社会的网民，对网络社会的规则、运行方式不理解，甚至用现实社会的思维看待网络社会，就必然产生网络语言观受制于线下语言观问题。

（二）网络功能拓展，公共服务转向个性化

人的言语行为往往转瞬即逝，很难留存，纸媒、广播等传播渠道在进行信息传递时往往有固定的受众，很难形成广泛的影响力。由于网络在进行信息传递时存在可操作性与可视化的特点，极大地扩展了信息辐射的范围，产生强烈的影响力，使信息互动可以跨越语音的限制，通过符号、图片、动画等形式即时地表现出来。在这种情况下网络语言通常不再是“脱口而出”，而是经过大脑深思熟虑后产生的，存在更强的主观性与目的性。

网民更加追求个性化服务，对网络服务的要求也越来越高，需要类型也越来越复杂。除了即时通信、搜索引擎等基础通识性应用，网络不断为适应现代化需求建设服务，一些现实社会需要完成的工作通过网络都得以实现，如网上招聘、远程办公、网上外卖等。这些网络功能与现实功能相互补充促进，加强了网民对互联网的依赖程度，在这种情况下网民遇到困难便首先求助于网络平台，而忽略了自我思考、理性思考。强大的网络功能、便捷的获取信息的方式、个性化的服务，在经济原则和人性的驱使下，网民必然产生网络依赖问题。

（三）资源获取手段多元，信息需求未满足

资源获取手段多元指媒介类型多，平台多，资源多。现实世界言语行为的传递受媒介的影响很大，传统的纸媒、广播、电视等传播渠道很难抛开时空的限制，互联网颠覆了传统的言语世界观，为言语行为表达提供了一个崭新的平台。通过这个平台，网络公民可以进行社会交际、信息获取、休闲娱乐等，且受众数量不限。网络信息的可延时性特点，为网民随时随地地获取资讯、参与共享提供了可能。截至 2020 年 12 月，我国域名总数为 4198 万个，网站数量为 443 万个。网络应用资源被充分挖掘，且随着网络购物、网络游戏、网络支付、在线教育等网络应用数量的增长和创新性发展，网民必须利用网络完成日常生活，促使网民注册各类应用的账户，

同时也反向带动了网站数量的增长。

《报告》指出，用户上网最主要的目的是获得各方面信息，网络凭借其独有的传播特性成为获取信息的主要途径。信息需求未满足有两种情况：第一，网民没有资源意识，缺少获取资源的能力，资源利用意识差，网络资源开发的需求意识和能力需要提高。第二，滤掉垃圾信息的需求不能满足。普通网民不具有专业的信息处理能力，而且互联网常常有虚假消息、游动式广告、弹出式窗口等垃圾信息，网络服务很难满足网民对垃圾信息处理的需求。

五 《报告》中网络语言问题的优化对策

互联网是未来的生活方式，网络空间管理与现实管理同样重要，加强网络语言服务能力、管理能力建设是解决网络问题的根本。我们提出了以下解决网络语言问题的对策。

（一）加强网络语言研究，建立科学的网络语言观

网络世界与现实世界不同，解决网络世界的语言问题，必须加强对网络世界言语行为现象的科学研究，发现其现象背后的规律，建立科学的网络言语行为知识，生成健康的网络语言观。在网络环境影响下，网民在网络空间形成了独特的网络语言文化景观，增强了语言的趣味性与创造性。网络语言是一个充满活性的符号形态，它与网络社会发展水平相适应，是一种充满生命力的语言。因此，我们首先要对网络语言有一个比较客观的了解与认识，清楚网络语言的特点，“加强网络空间言语行为规范的研究，强化网络言语行为文化的研究力度，提高公民的理性思维能力，创建网络社会言语行为文化”。达成新时代下网络语言观通识，突破现实世界与虚拟世界的边界，提升对网络语言的宽容度，承认网络语言的个性化特征。

（二）创建科学的网络文化，提升网民的素养

由于网络平台公平的参与机会形成了一个与现实世界很不同的网络社会，网络舆论的社会功能凸显，甚至可能影响决策者的决策，这是必须引起关注的现象。网络人群的庞大化、消费领域的多样化、行为方式的隐蔽化，以及网络言语行为自由化、导向化、社会化产生网络依赖社会性问题，客观上要求对网络世界的言语行为进行理性研究，创建网络文化理论体系，普及网络文化知识，提升网民的网络文化素养，培养合格的网络世界公民，更加理性地看待互联网。“语言道德教育是教育体系中不可少的一部分，是保证社会正常发展的重要环节。”网民作为独立的个体，要对网络语言有一个比较客观的了解和认识，形成“理性思考”的能力，从而提升网络公民的文明语言意识，提高语言表达的准确性，为网络环境下的语言使用奠定扎实的语言能力功底。

（三）加强网络语言管理研究，提升网络语言服务能力

网络是个社会，它不是法外之地，网络空间的管理与现实管理同样重要，网络语言服务能力与现实世界语言服务能力同样重要。作为网络平台，应该搭建理性交流空间，确保信息与受众直接联系，研究网民信息的缺点，对症下药，官方及时、公开地发布权威信息，增强网络信息可信度，及时、有效制止虚假信息的蔓延。同时加强监管具有直接沟通功能的平台，确保有效信息可以直接传递给接收者，充分利用搜索引擎的作用，提高公民辨别真伪是非的能力，在上网期间减少受到虚假信息、不良信息等的影响。并且坚持网络空间开放性的同时保证用户实名认证，各应用平台要加强审核机制，过滤一人多账号现象。同时，网络平台也要加强对用户个人信息的保护力度，落实网民个人信息流动的安全性，防止个人信息的泄露，确保维护网络空间工作的顺利进行。促进各大网络应用平台通过内容黏着、人际互动和应用更新等在网络上发挥工具化的作用，为网民提供个性化服务。

六 结语

网络生活已经成为我们生活的一部分，网络社会管理成为时代主题，网络社会管理水平决定网络社会发展质量，网络社会发展质量决定网民的网络生活质量。通过对《报告》的研究，获得以下四个结论。

第一，网络语言问题表现为网络语言观受制于线下语言观、网络依赖成为问题、网络语言服务的意识和能力弱。第二，网络语言信息特征主要表现为网络信息量庞大、跨界包容性强、消费能力不平衡，网民语言生活的发展趋向于简洁性、个性化，网络语言社会管理工具性显著加强。第三，形成这些特点的原因是网络使用门槛降低，网络功能服务个性化，资源获取渠道多元。第四，优化策略是加强网络语言研究，创建科学的网络文化，提升网络语言管理研究和网络语言服务能力。

网络上的语言问题不只是网络语言的问题，我们期待通过网络言语行为文明的引领，形成网络社会文明，加强网络言语行为研究，制定科学的语言政策，提高国家的网络管理和服务能力，从而提高国家的语言能力，让网民感受因互联网络而带来的便利与高效，建构和谐、安全的网络环境空间，推进国家治理现代化。

参考文献

安华林、黄丽愿：《2013—2018 年网络流行语浅析——以“汉语盘点”评选的十大网络流行语为例》，载王玉英主编《网络文化研究》（第一辑），中国社会科学出版社 2020 年版，第 143 页。

陈静、胡连利：《网络语言的特征、动力及其发展趋向》，《新闻战线》2015 年第 6 期。

冯丰收：《网络语言植入现实生活社会的语言学态度》，《价值工程》2011 年第 30 期。

关彦庆、宋献群：《偏离型网络言语行为与国家安全问题》，载王玉英主编《网络文化研究》（第一辑），中国社会科学出版社 2020 年版，第 135 页。

何雨芩：《网络语言植入现实生活之伦理思考》，《汉字文化》2018 年第 3 期。

魏琪、刘改琳：《大学生网络语言观的调查研究》，《时代人物》2008 年第 7 期。

吴娟：《网络语言不规范引起关注》，《文汇报》2000 年 6 月 26 日第 8 版。

赵联飞：《从信息化到全面商业化——中国互联网应用渗透率分析（1997—2018）》，《新视野》2019 年第 6 期。

［瑞士］费尔迪南·德·索绪尔：《普通语言学教程》，商务印书馆 1980 年版，第 111 页。

A Study on the Network Language Based on *The China Statistical Report on Internet Development*

Guan Yanqing　Han Xinru

Abstract: Network management ability is a part of national language ability, network language is the means of citizens' network life, and the language management level of network society determines the quality of life of network language. The China Internet Network Information Center has released a series of authoritative reports on the development of the Internet in China. This paper studies the massive data presented in the report, summarizes the main problems of the network language it reflects, analyzes the information characteristics it presents, discusses the causes of the network language problems, and gives the strategy to solve the problems from the perspective of language management.

Keywords: *The China Statistical Report on Internet Development*; Network Language Issues; Network Language Management

从耗散结构角度看网络新类词缀“—人”*

黄贞姬　翟彬舒**

摘　要：“—人”作为新型的“类词缀”产生了一系列的网络词。本文将网络语言看成一个语言系统，对“打工人”等网络新词及由其衍生的“—人”新类词缀进行描写，并尝试运用“耗散结构”“混沌理论”等相关理论，从本质上解释新型语言现象“类词缀”的形成机制。

关键词：类词缀　网络新词　耗散结构　混沌理论

1979 年，吕叔湘先生提出了“类词缀”的概念，认为“汉语里地道的语缀并不很多，有不少词素差不多可以算是前缀或后缀，然而还是差一点儿，只可以称为类前缀和类后缀”。之后，学界对“类词缀”的研究越来越广泛，越来越深入。而网络语言的兴起与发展，产生了一大批新型的由“类词缀”构成的网络词，如“×门”“×热”“×族”“零×”“软×”等，网络流行语“×人”也逐渐流行于网络平台上，满足了人们对新生事物的表达需要。早在 20 世纪 80 年代徐通锵先生就意识到语言并非静态平衡的系统，要

---

* 基金项目：延边大学双一流学科建设项目“汉语词缀与韩国语汉字词缀对比研究”（18YLPY05）的阶段性研究成果。

** 作者简介：黄贞姬，延边大学朝汉文学院教授，硕士生导师，研究方向为现代汉语及对外汉语教学、汉韩语言对比。翟彬舒，延边大学朝汉文学院硕士研究生。

探讨“类词缀”产生的网络新词语这一问题，需将网络语言看作一个系统，一个在现代汉语语言系统基础上成长起来，又不等同于传统意义上的语言系统的耗散系统。90 年代张公瑾首次将混沌理论与语言学的研究进行了结合。耗散结构研究重点就是“混沌到有序”，这与“类词缀”从初步处于混沌状态到逐渐变成有序状态的形成过程相符合。

一　理论明确及现象阐述

（一）耗散结构

比利时物理学家普利高津从不可逆现象热力学的研究中得出了耗散结构理论（Theory of the Dissipative Structure），耗散结构研究主要针对一个系统从混沌向有序转化的机理、条件和规律。值得一提的是，这一理论并非只能对热学现象做出解释，很多学科都从中得到启发。简单来说，一个远离平衡态的开放系统，在外界条件变化到一个特定临界值时通过涨落发生突变，即非平衡相变，就有可能从原来的混沌无序状态转变为一种稳定有序的结构。

我们认为网络语言系统本身是一种耗散结构，这是展开进一步探讨的前提。它具备耗散结构所需要的几个特点：第一，是一个开放系统。只有开放的系统才能与外界进行物质、能量的交换。如果是一个比较封闭的系统，那么就很难打破其内部的“平衡”。网络语言变化速度快，变化周期短，是实实在在的“开放系统”。这是网络语言系统和现实中语言系统最大的区别。而词汇系统又是语言中最为开放的系统，大部分是对网络词汇的研究。但开放是否就意味着什么都可以吸收呢？当然不是，比如“打工人”仍然是一个“偏正”结构的词，而“人”执行“打工”这个行为的施事也是符合现实世界和人们的认知的。也就是说，无论网络词汇系统变化多么快速，它所吸收的词汇绝大部分仍然符合词汇的内在规则。所以，网络语言系统是一个有条件、有选择的充分开放的系统。第二，远离平衡态。语言系统的不平衡是所有语言的普遍现象。实际上，所谓的网络语言实质就是基于汉语系统加入了一些新的词素和新的结构。语言系统的开放性就决定了其内部的不平衡态。只有内部不平衡系统才能得以进一步发展，新的词缀才会融入系统。第三，系统内部的各部分是非线性的作用关系。非线性与线性是对应关系，所谓线性关系，即整体等于部分之和。索绪尔曾提出“语言是线性结构”。他的论述重点在于语言在表层的排列，而我们认为的非线性则是从语言的层级和语义上讲，并不冲突。系统内部就像严谨的公式。我们说“打工人”，并不是单纯指“打工的人”，而是在其表层后还蕴含着其他语义。实际上，从语义上讲，语言本身就有表面义和言外之意，整体很少是部分的总和。除此之外，语言系统是有层级的，可以由有限的符号，生成无限的更大的单位。我们认为网络语言内部也是有层级的，其中包含着词汇系统，系统中的具体词又蕴含着语义场。但“耗散结构”是整个系统的本质，各个层级都是一个“耗散结构”。邢公畹、周国光都曾论述过词汇是耗散结构，只不过周国光先生又补充说明了词汇是一种耗散结构的同时也是一个体系。

“—人”作为类词缀，其语义在［+单独］［+整体］中摇摆不定。“—人”的本身意义从诞生以来并没有太大的变化。尽管异体字众多，但仍能看出“—人”本义就是指一个手脚分离，直立着的人形。所以它的语义之中就蕴含着“独立的个体”。但在现代汉语构词的过程中，它往往又具有“整体义”，即泛指一类人。例如：

（1）打工人、教资人、上班人、工具人、尾款人、干饭人、拼单人、定金人、熬夜人、考研人、考公人

如例（1）中的这些网络用语往往是指一类人，它蕴含更多的“归属性”，显然它与“×族”类不同。

“×人”构成的这些网络词使用比较灵活，既可以指自己，也可以指这一类人。例如：

(2) 今天也是一个普普通通的打工人罢了。

(3) 走在拉萨街头，你会看到不少内地“打工人”来去匆匆的身影。

(4) 作为一个北京人，当我清醒地认识到这一切，对外地打工人充满感激的同时也不能不引起深刻的反思。

例(2)是一个个体概念，指说话人自己。例(3)、例(4)则指“打工”的这一类人，使用比较灵活。换句话说，“×人”这组词，词义尚处于混沌、不稳定状态。

“×人”搭配范围很广，能产性也很高。例如：

(5) 男人、女人、上等人、下等人、外来人、隐形人

(6) 引导人、主持人、守门人、掌舵人、经纪人

(7) 媒人、商人、中戏人、电影人、社会人、经济人

(8) 红人、美人

从上例中可以看出“×人”的构词中，“×”的词性很丰富。例(5)中的“×”是区别词，把“—人”区分了类别；例(6)中的“×”是动词；例(7)中的“×”是名词。例(8)中的“×”是形容词。“—人”作为一个类词缀，它的构词能力较强。这些词往往是指个体的。

从“—人”作为类词缀的角度来讲，实际上，吕叔湘先生以后，极少有学者将“—人”列入类词缀的范围。类词缀和词缀的区分，一直是学界争论不休的问题。但不把“—人”列入类词缀的范围，最重要的原因是以“—人”为词缀的词已经非常固定，其内部已经达到了一个“有序”状态。如“主持人”“商人”甚至“电视人”“电影人”“传媒人”意义都较为明确，使用也很广泛。但与此同时，这也意味这一组表示“职业”的词活性低。新词缀的“—人”并专非指某一特定人群，而只是具有某一种相同特质的群体。如“打工人”，这里的“打工”并非只包括背井离乡，在经济

发达的地区工作的低收入劳动者。只要是工作的人都可以称自己为“打工人”。新类词缀“—人”前不拘泥一种职业，如参加考试可称自己为“考试人”“四级人”“教资人”，参加近些年兴起的购物节可称自己为“剁手人”“尾款人”“吃土人”等。这些词还在随着时事热点而不断产生。这说明在“—人”的语义场内运动较为剧烈，活性较高。

（二）词的语义色彩和所指发生变化

“—人”词缀的产生与“打工人”这个词密不可分。“打工人”其实在改革开放后就有这样的说法，多是指当时从农村涌入城市从事体力劳动的那一类人。而“打工人”再次兴起，所指的范围却扩大了。无论大、中、小城市的上班一族，只要未进入领导团体都称自己是“打工人”。虽然他们已经拥有高学历、高素质，但因为心态与当时这一群体有相通之处，就可以使用这一称呼。但具体谁可以划分到这个范畴，已经不如旧“打工人”那么明确。同时，这个词从创造出来就带有“偏消极”的色彩，它背后是年轻人对自己所处状态的一种自嘲。这导致由它类推出来的词都带有同样的色彩，虽然所指的对象各有不同，但分布的环境却多是偏消极的，这与之前的“主持人”“商人”类的中性词是不太一样的。

尽管“—人”在现代汉语中已经成为一个固定的词缀，但由“打工人”衍生出来的一系列带“—人”的词，尚且没有形成稳定形态。为了区别于“—人”词缀，可以称这类词缀为网络新类词缀。

二　“—人”新类词缀的形成机制

（一）语义涨落与奇异吸引子

网络类词缀层出不穷，与此同时，网络新词的流传范围只扩不缩。在BBC语料库中我们可以发现，“×族”这类在20世纪90年代就有的词，被《人民日报》等主流媒体收录大多在2000年以后。

但到“微”组、“被”组词流行时，主流媒体几乎可以同步跟进。2020年10月24日央视新闻就针对武汉市场限制年龄事件用了“打工人”的说法，可以说是完全同步。网络新词传播范围、传播速度都在扩大，可接受的人群也在拓宽。网络类词缀到底如何产生？为什么如此繁杂的语言现象，能让各行各业、各个年龄段的人都能理解、使用？

首先我们都知道在系统没发生改变时，作为一种每天都使用的沟通工具，现代汉语内部通常是比较稳定的状态。如果将“人”的语义场比喻成一个方程式，那么只有参数发生了改变，解的个数、特点才会发生改变。这个参数就是对“人”的语义的控制范围。这时让系统失去平衡的失衡点“打工人”出现了，“人”的语义开始运动，失去了平衡态。换句话说，“人”新类词缀现在所呈现的语义与“人”词缀因为涨落开始并不完全重合，类词缀出现“涨落”的趋势。涨落，是由爱因斯坦提出的物理学中用于分子间运动的概念。发生涨落也就意味着对稳定的平均状态的脱离。爱因斯坦的涨落理论只用于线性非平衡系统，但后面的物理学家建立了新的涨落理论。

随之而来的是“人”的语义场开始混沌运动。混沌，是复杂系统的复杂运动，而非一种状态。混沌的系统，是指发生混沌运动的系统。混沌后语言系统是一种耗散结构。耗散结构又发生着混沌运动，所以两个概念的研究往往是分不开的。混沌的系统尽管内部各部分不平衡，但对初值却具有敏感性。也就是说，一个初级的混沌系统，在经过剧烈运动过后，可能与原始值千差万别。如无语言知识的现代人对于甲骨文的认知可能千差万别，因为当时的字义与今天的语义好多早已偏离。而现代网络语言是基于现代汉语系统成长起来的，注定不会是一个千变万化、剧烈运动的系统。1971年法国物理学家鲁尔和塔肯斯提出了“奇异吸引子”的概念。当系统演化到足够复杂时，就能够进入一种特殊的稳定态——奇异吸引子。对于奇异吸引子，一切吸引子之外的运动都向它靠拢，因而呈现一种稳定的整体序。认知语言学提出过类似概念，认为这种理论是符合人类认知的，可用于语言新现象产生的解释。奇异吸引子相当于语义范畴内最为典型的一个。我们知道“人”的中心语义即“一个完整的独立的客观存在的高等动物”，其他的义项围绕着中心语义涨落，这种运动又称为“语义的微涨落”。

在物理上，有三种稳定性，与语言有关的是“结构稳定性”。普利高津用了一个循环图来描述系统的功能，如图1所示，这里的功能就是指语言的使用功能。这可以用来描写“热”类词，如“追星热”“汉语热”，因为“热”的位置变异成为词缀，词的功能也发生变化，从形容词变成名词后缀。意义也从对一种状态的形容，涨落成更为实际的“热潮”的语义。我们同样可以用图2来说明“人”类词，三者之间的关系，即相互影响，循环促进。只不过“人”词缀发生的是语义变异。但无论怎样，运动都是客观存在的，语义、位置都是如此。

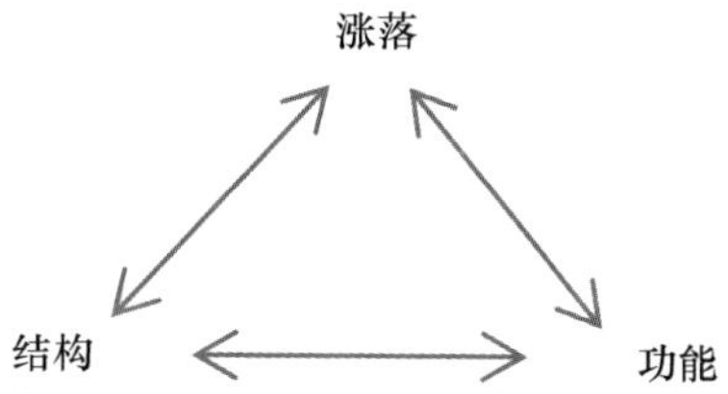

图1　普利高津系统功能循环

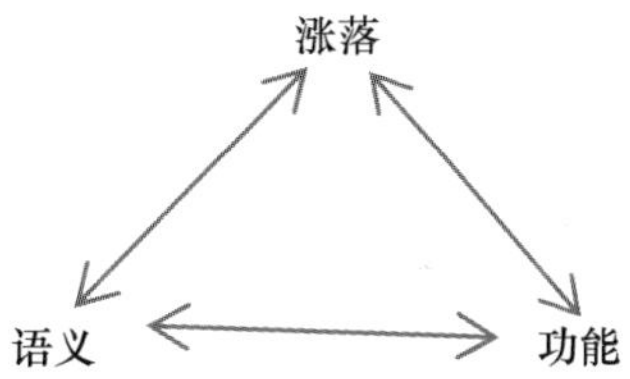

图2　“人”类词关系

（二）语言的变化与类词缀的产生

现代汉语系统涨落最后得出的值通常不会与原始语义差别太大，这也解释了为什么网络语言能够被人们迅速地接受。即使有困惑的地方，一般来讲只要稍加解释或者思考也能理解。因为这是符合人们认知的，只要中心突显，模糊的地带人类可以经过演绎、归纳等方法去理解。当然，语言中的变化结果也可能是千差万别的，有的语言现象是从无到有，也有的是从有到无。如《东国正韵》中记录“……我国清浊之辨与中国无异，而于字音独无浊声。岂有此理。此清浊之变也。语音则四声甚明，音则上去无别。”如此朝鲜语从明确记载了声调到今天靠语义、长短音和语境区别意义，而不再使用声调区分意义，就是一个从有到无的过程。但语言的变化往往需要一个较长的时间。相对于整个朝鲜语声调系统来讲，汉语的“人”由词根到网络类词缀只是非常较小的变化，这也说明，语言的变化既可以是巨大的、持续时间长的，也可以是微小的、短时的。

回到现象本身，是什么造成了失衡点的产生？现代社会，尽管收入微薄背井离乡的低学历“打工人”数量减少，但他们那种独在异乡的孤独、劳累却仍然被快节奏生活的年轻人所共识。网络世界又将素不相识的人用另外一种途径联系在一起。将自己划分到一个群体，在自嘲的过程中也排解了孤独。但与此同时，人们的个体意识也在加强，所以有时候也需要用语言去描述自我情绪。还有一些如疫情过后，人们重新复工等。其实每一个网络语言的形成都具有时代的背景，都为了满足当下人的某一种心理需要。这种需要是驱动人对语言进行改造的根本原因，这时人们就会通过各种各样的方式向语言系统施加外力。这就像“人”的语义场内部是摆放整齐的台球，当外部因素形成的外部力像击球杆一样推动了语义场内部的失衡，开放的语义场不断吸收外界因素，自己也在不断地运动和“吐出”。这就是各行各业、各个年龄群体对“—人”类词不断丰富的过程。但无论怎么运动，平庸粒子始终受到“—人”的中心语义的吸引，即所有产生的语义都不会脱离词缀的最突显的语义。其实这从语言的社会性也可以得到解释，语言作为交际的工具，它不是为了满足哪个人哪个群体的需求。诚然，网络语言受众并不是整个语言社团，但为了满足一个比较大基数的群体需要，并不能离原始认知太远，否则很快就会失去生命力，根本不能成流行。

三　“—人”网络新类词缀的去留

上面我们探讨了类词缀在混沌的状态是如何运动的。那么“—人”类词缀会不会最终确定下来，固定成“—人”的一个义项？

“打工人”的语义是否从此发生改变？旧的语义是否会淘汰？我们能否对新语言现象的去留做一个预判？

（一）涨落的两重性回归和突变

语言系统具有抗干扰能力。网络新词如同“洪水猛兽”，但真正被字典、词典收录，被人们广泛使用的却并不多。所有的系统，内部都拥有大大小小的层级，理论上讲都具有一定的抗干扰性，这就决定了涨落的两重性。沈小峰详细论述了这一问题：一种是“涨落造成的偏离态会不断衰减直到消失，最后回归到稳定的状态，这是一种渐近稳定。总之，在热力学分支点之前，涨落不能使系统由一个定态跑到另一个定态去，只能回到原来的状态，这就是回归原理”。发生这种涨落的语言现象尽管在一段时间内得以流行，但最终将被淘汰。“而在远离平衡态的非线性区，在分支点之后，涨落则起着相反的作用。此时，系统处于一种不稳定的状态，随机的小的涨落通过相干效应形成一个整体的宏观的‘巨涨落’，可以使得系统由不稳定的状态通过涨落跃迁到一个新的稳定的有序状态。”

为了更为直观，我们可以引入“熵”的概念。当语言系统发生涨落，它的内部将产生“熵”（dis），出于习惯，我们同样认为系统产生的熵都是正数。系统将“熵”散发出去，作为耗散结构它也需要“吃”进去一些。而人类世界所产生的熵（des）一般都是负数。因为人类对于语言的类推和使用目的都是让系统更为混乱，让系统更为混乱的熵都是“负熵”。

“熵”散入语言社团，社团会有一些反馈。反馈有积极的，也有消极的。我们认为，语言中积极和消极的反馈最终影响的是反馈的“数量”。原因有二：一是如果积极反馈、消极反馈是“好坏”的意思，那么语言现象就不会因为需要才产生。前面已经说到其实语言新现象就是要满足人当下的一种表达需要，需要本身就是主动积极的。二是积极、消极只是表面的，实际上还是人们不再有这种需要，降低了使用的频次。有一些因素会影响反馈，如“微—”词头，是因为颇有影响力的企业使用了“微博”“微信”这样的说法，即使在微博、微信上也可以长篇大论，但仍使用“微—”字头。“—热”词尾，是因为它满足了现实世界对风潮追求的需要，人类社会无论在哪个时期都会对流行的东西进行追求，这类行为用“×热”就能很好地表达出来。表面上看来这些是决定网络流行语最终占一席之位的因素，但它们的实际作用是促进使用范围、数量增长。当然，无论是积极的还是消极的反馈，其人类行为的性质并未改变，都属于负熵流。（积极的算作正，消极的算作负，但具体计算时，使用的是绝对值）理论上当 ds = 0 （ds = dis + des）时候，系统就稳定。因为涨落有两重性，一种情况，因为系统本身的抗干扰性，消极反馈累计增加，涨落回归，语言系统没有发生什么变化；另一种情况，微涨落形成“巨涨落”，系统发生突变。

（二）分叉理论与状态的形成

语言系统中的突变，就是自然科学中最为强调，最为简单的“量变引起质变”。南开大学的杨琳认为词汇是“义由用生”，实际上，语言学大多数突变都可以用这一理论去解释。语言作为一种耗散系统，与其他普通系统不同的是，变化到临界值时就会“分叉”。“分叉”是个很形象的概念，水流在变换方向之前就会面临“分叉”，如果没有“分叉”也就证明系统内没有突变，运动轨迹没有变化。而语言系统分叉的出现是随机的，不固定的。

随机分叉在数学上被认为没有研究价值。在语言中，这个问题也几乎不可能使用科学的方法进行预测，推进语言系统混沌的外界因素无法预测，使用者的心理反馈的数量也无法统计，在这场计算中，很难找到一个确定的值。这也是语言的魅力所在，它的确定从来不是哪一个人所能决定的。语言系统的分叉，并不是“随心所欲，杂乱无章”的，满足人们的需要往往是重要的参考值。只有满足了人们的需要，积极的反馈才会增加，使用频次才会更高。从这个角度而言，“打工人”这个词的所指概念比旧的“打工人”更为适应当下的现实情况。尤其是“打工人”使用的范围很广，很有可能固定下来。但其他的“吃土人”“教资人”尤其像“吃土人”这种只在限定时间段使用的词，则很有可能面临涨落的回归。当然，耗散结构存在偶然性，不符合轨道的变化时而发生。

四　结语

以往对于网络新词缀抑或新词新结构，研究者往往纠结于"来源""生命力""能产性"。与其游离在虚无的预测和猜疑之中，不如植根于语言系统的本身，探讨语言新现象的真正产生机制，其他问题也就迎刃而解。

本文运用耗散结构理论考察网络类词缀"一人"，得出这样的结论：第一，现代汉语词汇在不断发展，不断变化，是一个开放的系统，而类词缀产生时间太短，至今处于一种较为混沌的状态，并非一个清晰可见的描写对象。第二，语言现象不仅可以用语言理论进行研究，还可以运用跨领域、跨学科理论解释说明。第三，网络类词缀的能产性较强。

网络飞速发展的今天，网络语言是现代人类不可忽视的语言现象。语言作为一种耗散结构，不断在与外界进行能量的交换，为了新现象的研究仍需要冒险尝试新鲜的理论。

参考文献

崔吉元：《〈东国正韵〉序文中的"上去无别"考》，《延边大学学报》1979 年第 1 期。

吕叔湘：《汉语语法分析问题》，商务印书馆 1979 年版，第 48 页。

沈小峰、湛垦华：《耗散结构理论和自然辩证法》，《自然辩证法通讯》1980 年第 2 期。

杨琳：《"词存系统"与"义由用生"：词汇学的重要学术理念》，《长江学术》2019 年第 2 期。

周国光：《词汇体系和耗散结构》，《汉语学习》1989 年第 5 期。

［瑞士］费尔迪南·德·索绪尔：《普通语言学教程》，高名凯译，商务印书馆 2009 年版，第 107 页。

On the New Type of Network Quasi-affix " – 人"
from the Perspective of Dissipative Structure

Huang Zhenji　Zhai Binshu

Abstract: " – 人" as a new type of "quasi-affix" has produced a series of network new words. This article regards network language as a language system, describes new network words such as "打工人" and the new " – 人" affixes derived from them, and tries to use the related theories of "Dissipative structure" and "Chaos" . Essentially explains the formation mechanism of the new language phenomenon — " – 人" quasi-affixes.

Keywords: Quasi-affix; New Cyber Word; Dissipative Structure; Chaos Theory

网络流行词“打工人”考释*

张艺凡　安华林**

摘　要： 网络流行词“打工人”起源于视频网站，是一个中性词，指称一切在职场工作的人。随着该词在更多场景中的运用，“打工人”一词逐渐带有了积极色彩，倾向于褒义，各行各业的人都可用“打工人”自称。“打工人”是一个偏正式复合名词，由已有组合板块“打工”作为构词成分，加上带有类词缀化趋势的语素“人”构成。词语结构、欧化影响、个人情感、网络媒体和社会环境等是“打工人”在网络上流行的重要助推因素。

关键词： 网络流行词　“打工人”　语义　构词　类词缀

引　言

社会的发展带来语言的发展，新词不断出现，旧词也会产生新义。2020 年 11 月 1 日 10 时，在百度引擎中输入关键词“打工人”，有约 650 万条搜索结果；2020 年 12 月 15 日 17 时，在百度引擎中再次输入关键词“打工人”，出现约 3590 万条搜索结果。可

---

* 基金项目：国家社会科学基金项目“新中国语言政策与国家语言能力发展关系研究”（19BYY068），吉林省社会科学基金项目“新时代国家语言能力建设策略与方法研究”（2019B129）的阶段性研究成果。

** 作者简介：张艺凡，女，南宁师范大学汉语国际教育专业硕士研究生。安华林，男，广东海洋大学教授，博士，研究方向为词汇学、词典学、语法学。

见，“打工人”具有很高的使用频率。2020 年 10 月 26 日，中国重量级的官方媒体之一——央视新闻发表了一篇文章《早安，打工人!》。11 月 8 日上午 9 时，新华社微信公众号发表了一篇文章《今天，留个 C 位给咱这群“新闻打工人”》。同日，《青年文摘》公布了 2020 年十大网络热词，包括后浪、集美、逆行者、双节棍、尾款人、打工人、工具人、网抑云、云监工、专业团队。其中不仅有“打工人”，还出现了与之类似的“尾款人”和“工具人”。仅仅 10 个热词，“××人”结构就占了三个席位，进一步体现了当代新词语大多能以“模标”为关联标志聚合起来形成词族的特点。2020 年 12 月 4 日，“打工人”入选《咬文嚼字》2020 年度十大流行语。下面拟从发展历程、语义演变、构词方式和语义色彩等角度对“打工人”进行分析，并进一步探讨它在网络走红的原因。

一 “打工人”的发展历程

“打工人”一词在网络的爆红，起源于一个名叫“抽象带篮子”的网络红人。任何一则网络用语的流行，都有一个突破口，有它吸引人们眼球的“引爆点”。据网络可考资料发现，2020 年 10 月 9 日抽象带篮子在 B 站（即视频网站 Bilibili 的简称）发布了相关视频，说道：“朋友们，累吗？累就对了，舒服是留给有钱人的。早安，打工人!”“勤劳的人已经登上了塔吊，你却在被窝里伸了伸懒腰，你根本没把自己的生活当回事。早安，打工人!”他以一本正经的口吻，配上幽默风趣的话语，激励人们起床上班，引起了广大需要早起上班的网友的共鸣。10 月 22 日，B 站 UP 主（uploader，指在视频网站、论坛上传视频音频文件的人）“三 LU 有毒”发布了一个名为“早安，打工人!”的视频，总播放量高达 1661.8 万次。B 站作为“打工人”一词的“引爆点”，让该词在网络上迅速传播开来。

早期语料显示，“打工人”指那些拿着微薄工资但工作十分辛苦的人，“早安，打工人”则是这些人互相鼓励的话。由于“打工人”一词在网络的走红，所指逐渐泛化，从学生到创业者，从工人到管理者，都自称“打工人”。一时间，“打工人”成为当下最流行的自我“身份”标签。UP主们纷纷模仿创作，“打工人”语录和“打工人”表情包不断诞生并在各社交平台上广泛传播。诸如：“打工累吗？累。但是我不能哭，因为骑电动车的时候擦眼泪不安全。”“打工人，打工魂，打工人都是人上人。”这些语录，在散发无奈的同时又让辛苦的劳动者感到一丝慰藉。

二　“打工人”的语义分析

（一）“打工人”的理性义分析

1．“打工”的理性意义

《现代汉语词典》（第7版）对“打工”的解释是：做工（多指临时性的）。

“打工”一词最早出现于中国香港，意思是“受雇于人，为别人工作”，包括为政府和私营机构工作。例如：

（1）李嘉茂给他讲了自己1939年如何从惠州老家出来，如何在香港和新界打工，后来又如何开办这家五金店的来龙去脉。（窦应泰《李嘉诚家族传》）

其主要特点是替别人工作，自己本身不是老板，以工作报酬作为主要收入来源，不含贬义。从“打工”一词衍生出来的说法还有“打长工”“打短工”“打散工”“打政府工”“打工皇帝”等。例如：

（2）香港的猎头公司便专门猎取年薪300万元至800万元的“打工皇帝”一族。（CCL，1994年报刊精选）

其中“打工皇帝”就表示替别人工作但收入特别丰厚的人。20世纪80年代，随着内地的改革开放，“打工”一词从香港传入广东，并在广东乃至全国各地流行开来。在最初传入广东时，当地居民所说的“打工”是指除了自己做老板以外的所有劳动者，也包含国企职员和公务员。而“打工潮”的兴起，带动越来越多的农村人背井离乡到经济发达的地方去打工。于是，又衍生出“打工仔”“打工妹”等词来表示打工的年轻男子或女子。例如：

（3）90年代的中国，随着农村剩余劳动力转移的规模越来越大，将会有更多的“打工仔”“打工妹”走出山门，奔向海边。（CCL，1994年报刊精选）

这时，“打工”一词在内地的具体应用，除了表示“受雇于人”的部分，又增添了新的特定内涵：①多指背井离乡到外地、外省工作；②虽然包含脑力劳动和文职工作，但大多是指比较劳累、每天工作时间长且收入不高的体力劳动；③工作不稳定，多是打短工，随时可能失去工作；④多带有地位不高、忍气吞声的感情色彩，且在一定的语境下带有贬义。例如：

（4）中国各地人口也涌向这里。官宦、商贾、财主带了资本来这里经商，破产的农民到这里打工谋生。（《宋氏家族全传》）

2. “打工人”的理性意义

“人”是一个汉语核心词，其基本义：能制造工具并使用工具进行劳动的高等动物。在上古时代，“人”的内涵包括民众、人才、品行等；到中古及近代，“人”还可泛指社会现象；到了现代，“人”的内涵又有了新的发展，可用来指称具有某种身份或职业的人，如：工人、军人、电影人。最新的网络词“打工人”中的“人”用的就是这个意义。

“打工人”原指背井离乡到经济发达地区干些粗活儿，工时长、收入低、随时可能被解雇的人。例如：

（5）肖的养子小肖的一本簿子上，记着部分外来“打工人”的姓名和日期。（《福建日报》，1992 年 8 月 6 日）

作为一个网络新词，“打工人”开始是指那些拿着微薄工资但工作十分辛苦的人。随着该词在网络上的走红，越来越多的人以“打工人”自称，因此“打工人”的词义扩大，泛指从事所有工作的人，甚至成为那些像职工按时上下班那样按时上下课的学生的自称。例如：

（6）从互联网“打工人”到游戏龙头企业掌舵人三七互娱董事长李逸飞。（新浪微博惠子论财，2020 年 12 月 14 日）

（7）早起上课加做了好多数学题，中午睡了半个小时。报考 6 级，加下午上课做数学题，代课赚钱，做数学题。打工人忙碌的一天。（新浪微博大甜橙子 orz，2021 年 3 月 23 日）

例（6）中的“打工人”是指互联网的从业者；例（7）中的“打工人”则是一名大学生。

而近年来电竞圈以及电竞文化的发展，又赋予“打工”一词新的含义。在竞技类游戏如英雄联盟中，一号玩家攻打中立资源以期获得游戏金币用来购买装备、经验加成或者效果增益，在已经打下九成血量，即将成功获得中立资源时，敌方玩家突然出现打下最后一成血量获得资源。这时，我们就称一号玩家为“打工人”。这里的“打工人”是对原词义的引申，一种比喻用法。例如：

（8）……半肉流西施的诞生更是把西施的打工人地位推到了极致，人头没一个，助攻来不停。（王者营地资讯，2020 年 10 月 31 日）

例（8）中的“西施”是王者荣耀游戏里的一个人物，该人物的攻击爆发力不强，所以经常会在击杀敌方人物时，被攻击力强的队友抢走本属于西施的功绩，造成努力半天而收获甚微的结局。于是，“西施”就被称为王者荣耀里的“打工人”。

(9) 辅助日常打工人，只要能赢就好！(百度贴吧王者荣耀吧，2020年12月1日)

例(9)中的“辅助”是王者荣耀游戏人物职位的一种，其任务就是专门帮助队友，在队友需要的地方出现，尽可能让队友拿下所有资源，以期队友能更快升级和赚钱，攻克敌方阵营。因此，“辅助”职位的人也被叫作任劳任怨的“打工人”。

(二)“打工人”的色彩义分析

1.“打工人”的感情色彩

最初，“打工人”作为一个中性词，常出现在网友们的自我调侃中。例如：

(10) 打工可能会少活十年，不打工你一天也活不下去。下午好，打工人！(知乎，2020年10月25日)

(11) 生活里80%的痛苦来源于打工，但是我知道，如果不打工，就会有100%的痛苦。所以在打工和没钱之间，我选择成为打工人！(知乎，2020年10月25日)

在例(10)、例(11)的语境中，展现了“打工人”的艰辛和工作的不容易，属于客观陈述事实，既没有褒义色彩也没有贬义色彩，是一个中性词。

(12) 打工人累吗？累。但是我不能哭，因为骑电动车的时候擦眼泪不安全。(知乎，2020年10月25日)

(13) 只要我够努力，老板一定会过上他想要的生活。早安，打工人！(知乎，2020年10月25日)

例（12）、例（13）则在认清现实的基础上，多了一点调侃意味，但此时的“打工人”仍然只是一个中性词。

随后，“打工人”逐渐带有褒义色彩，常出现在网友们的自我鼓励和褒奖中。例如：

（14）不拼爹，不拼娘，不拼工作，不拼钱，我们打工人只拼命。努力！打工人！（新浪微博，2020年10月26日）

（15）没有困难的工作，只有勇敢的打工人。（新浪微博，2020年10月26日）

例（14）、例（15）作为“打工人宣言”，表现了“打工人”不畏艰难、顽强拼搏的精神和炙热的情怀。“打工人”不再局限于特定人群，而是成为所有职场工作者甚至更大群体的代名词，颇有一种力量感和自豪感。“打工人”也由此完成了从中性词到褒义词的转化。

2. “打工人”的形象色彩

由于“打工人”一词经常在一些带有场景描述和励志性的话语里出现，使得“打工人”一词具有了形象色彩，即除了概念义之外，还有某种生动具体的“形象感”。

当从事工时长、薪酬低行业的劳动者自称“打工人”时，大多表示自嘲的意思。当白领、老板、公务人员等自称“打工人”时，则更多地带有自谦的意味。这在一定程度上体现了社会上行业歧视的消失，体现了群体对通过劳动实现自我价值的认同，大家都认为自己是普通的劳动者，都认可“劳动最光荣”。看到“打工人”一词，仿佛就看到了劳动人民的团结与共鸣，浮现出精神饱满、热情洋溢、自立自强的劳动者形象。

三　“打工人”的构词分析

就一般情况而言，人们会把“打工人”理解为偏正结构的

“打工+人”，而不会理解为动宾结构的“打+工人”。就偏正结构的“打工人”来说，由“打工”加上类词缀“人”组成。以“打工×”为结构槽，还可以构成一系列词语，如“打工仔”“打工妹”“打工魂”。下文重点分析“人”的类词缀化倾向。

“人”本来是独立的名词，可以做主语和宾语，如“人是世界上最聪明的动物”；可以用表示名量的数量短语修饰，如“一个人”；还能用在介词后组成介词短语，如“被人揭穿”。“人”还可以作为词根构成很多合成词，如“人才”“人工”“工人”“爱人”等。这些“人”具有词汇意义或同时具有语法意义。

近年来，出现了附在词根或词组后面的“人”。吕叔湘提出，有不少语素差不多能算作前缀或后缀，但还差点儿，只可以称为类前缀和类后缀，类后缀中就包括“人”。例如：

（16）中国足球的心态并不仅仅是中国国家队的心态，同时包括足球人、媒体人和球迷的心态。（新华社，2001年9月新闻报道）

（17）双十一后，定金预售引争议，“尾款人”该如何维权？（吉林广播网，2020年11月16日）

（18）刘亦菲当好了迪士尼的工具人，可为何两亿制作的《花木兰》还是沦为三流？（新浪微博，2020年9月18日）

（19）加油考研人！山东一高校图书馆楼梯摆满考研人的坐垫板凳。（新浪微博《人民日报》法人微博，2020年12月3日）

（20）被年龄歧视困住的中年人，做不回“打工人”？（《新京报》，2020年11月16日）

上面各例中的“人”具有以下几个特点。

第一，具有很强的构词能力，可以跟不同类型的词语组合。例（16）、例（17）、例（18）、例（20）中的“足球人”“媒体人”“尾款人”“工具人”“中年人”是“名词+人”的组合，例（19）、例（20）中的“考研人”“打工人”是“动词+人”的组合。

第二，“一人”在构词时位置固定，必须放在其他词语后面。如果调换位置，则会不成词，从而失去后缀的作用，如：足球人→＊人足球，考研人→＊人考研。定位是词缀化的一个重要特点，“一人”位置固定，表明“人”具有新后缀的条件。

第三，“人”原有的名词词汇意义趋于虚化，在构词中具有了抽象、概括的意义，且具有表示名词的类化作用。例（19）中“考研人”指的是准备研究生入学考试的一群人，这里的“人”就类化为代表某种身份的一群人。

第四，新词缀“人”多跟双音节词语组合，不跟单音节词语组合。例如，我们可以说“足球人”“篮球人”，却不能说“球人”。带词缀的新词趋向三音化、多音化，“××人”就体现了这一特征。

综上所述，“人”这一具有词汇意义和语法意义的词，意义趋于虚化但尚未完成，具有了抽象概括的功能，构词能力强且位置固定。“××人”指代具有某种身份或特征的人的这种指人形式和用法，具有较强的类推性、能产性和较高的使用频率，体现了现代汉语词根类词缀化的倾向。杨绪明认为，高频使用词语的简缩和词缀化构词已成为汉语词汇当代演变的一个新特征。

四　“打工人”的流行原因

（一）“××人”词语模的能产性

类推机制和仿拟造词法的运用，使“××人”这一词语模产生越来越多的新词。词语模是具有造词功能的各式各样的框架，这种框架由“模标”和“模槽”两部分构成，“模标”是指词语模中不变的词语，“模槽”是指词语模中的空位。在“××人”结构中，“人”是“模标”，“××”是“模槽”，“××人”这个词语模的模槽在前，模标在后，称为“前空型词语模”。利用这个词语模，就可以产生出大量新词语。

模槽“××”主要对身份或特征进行说明，既可以是名词，也可以是动词。“××人”这个结构的传统用法，表示来自某地方或某机构，从事某项职业或具有某种功能，如“四川人”“媒体人”“发言人”；新用法表示具有某种身份或特征的一类人，如“社会人”“考研人”“打工人”。“社会人”不是经济用语里与“自然人”相对的意思，而是取“混社会”中的“社会”义，指那些社会经验丰富、明白是非凶险的人。“考研人”指那些努力准备研究生入学考试，为进入心仪的学校而刻苦学习的人。“打工人”一词，用“打工”去填充模槽“××”，从而突显“在职场努力工作”的特征，以区别于其他“××人”。可见，“打工人”在网络上的爆红与“××人”结构的能产性和新颖性有着密切的关系。

（二）欧化结构的影响

社会接触、文化交流带来语言接触。汉语在与以英语为代表的印欧语言长期接触过程中，自然会受其影响，在词汇、语法等方面出现了一些欧化现象，文学翻译作品助推了这种现象。译者容易忽略目的语（汉语）的使用习惯，使源语（英语）特点迁移到译入语（汉语）中，从而造成目的语（汉语）译文中欧化现象明显。人们在阅读大量汉译著作后，不自觉地受到文中欧化结构的影响。此外，义务教育的普及，让越来越多的中国人具有了一定的英语基础。在英语教学时，国内非常强调英语语法的学习，这也对学习者的语法体系产生了影响。上述原因，让中国人在口语和书面语中都自觉或不自觉地受到英语表达习惯的影响。

英语常在动词后加词缀 -er/-or 变成指人名词，如 reader 读者、driver 司机、runner 跑步者、director 主任、instructor 教员、collector 收藏家。“打工人”“工具人”“考研人”“教资人”“尾款人”“租房人”等“××人”结构的指人名词，也是在动词性或名词性成分后加“人”来表示从事某事或具有某特征的一类人，能方便快捷地指称这类人。人们倾向于用类词缀化的“人”来构成新词，简明地表达新现象，在一定程度上体现了欧化现象对汉语表达习惯的影响。

（三）追新求异的心理

人们总是想方设法地追逐新奇的、陌生化的言语表达方式，这是人们在语言使用过程中的一种潜在心理。在“打工人”流行之前，已经有“社畜”一词来形容职场的人。“社畜”出自日本企业底层上班族，用来自嘲在公司顺从工作且被压榨。传到国内后，表示刚进入社会开始工作，在诸多方面还不适应的年轻人。例如：

（21）社畜是这届年轻人的必然宿命吗？（界面新闻，2019年10月25日）

（22）当代社畜最崩溃的，早就不是失业了！（微信公众号，2021年4月6日）

在“社畜”一词的热度消散后，网友又开始广泛使用“打工人”来自称。

（四）群体情感的表达

网络流行语大都起源于人们表达心理活动，宣泄生活压力。“打工人”以自嘲的语气、夸张的口吻来说出内心真实的想法，类似近年来脱口秀演员将生活中的不如意编成段子来逗乐观众。而“打工人语录”，既幽默地宣泄对现实的不满，又保持着期待和憧憬。例如，“人可以一天不吃饭，但不能一天不打工，打工让我们身心愉悦”，这在网络“丧文化”“佛系文化”流行的当下传递了积极向上的精神，体现了近年来网络流行语反映的大众心理从消极走向积极的变化。随着越来越多的人加入“打工人”阵营，这一说法从自我矮化式的身份解读逐渐演变成一个自谦式称谓。网络言语行为中的常规型言语行为指符合一般的人际互动的言语行为，要求双方有基本一致的行为文化。基于对“打工人”身份的认同，群体间实现了人际互动的言语行为。

（五）网络媒体的推动

“打工人”在视频网站B站上迅速走红，几次冲上微博热搜榜榜首，微博平台成为引爆点。网友们在自己的朋友圈发送有关“打工人”的文案和表情包，“打工人”在好友间传播开来；各大媒体纷纷用“打工人”作为标题吸引眼球，增加亲和力，提高点击量；明星自称“打工人”拉近与粉丝的距离；电子竞技领域用“打工人”相互调侃。在传播中，大众对“打工人”的关注度不断提升，越来越多的人加入“打工人”的传播、使用和生产过程，“打工人”一词也因此应用于更多的语域。

（六）社会环境的开放

十年前，“打工仔”“打工妹”是对劳动者不太尊重的称呼，所以人们都尽量选择用委婉、正向的词语如“奋斗者”“蓝领”来称呼别人或者自称。随着当今社会经济、互联网和自媒体的发展，社会环境不断开放，人人都可以方便快捷地通过各种渠道获得资讯，了解他人生活状态；交际环境更加宽松，交际中的禁忌空前减少；行业歧视被打破，“打工人”成为各行各业的人们之间的趣称。年轻的一代，不再刻意压抑自己的想法、隐瞒自己的压力。在认清现实后，他们选择以公开无害的方式表达焦虑、宣泄情感，“打工人”正是迎合了这一现状，迅速地流行开来。

五 结语

“打工人”从最初表示到经济发达地区务工的人，发展到现在指称一切在职场工作的人，乃至成为时下最流行的自我身份“标签”，从一个中性词逐渐演变成褒义词。人们以“打工人”自称自勉，体现劳动者们自立自强、彼此认同与互相团结。“打工人”属于偏正式复合名词，“人”呈现类词缀化的趋势，利用词语模“×

×人”还可构成一系列新词语。“打工人”一词在网络上的走红，与词语本身、使用者心理和外界影响等诸多因素相关。通过对“打工人”的起源、语义、构词和流行原因的探讨，有助于进一步了解网络新词语应时而生和迅速走红的发展演变规律，并能在一定程度上体察这些新词语所折射出的当代年轻人的心理状态和相关社会现象。

（附记：在论文的写作过程中，南宁师范大学汉语国际教育专业2020级硕士研究生江彦彤提出了许多修改意见，谨此致谢！）

参考文献

安华林、黄丽愿：《2013—2018年网络流行语浅析——以“汉语盘点”评选的十大网络流行语为例》，载王玉英主编《网络文化研究》（第一辑），中国社会科学出版社2020年版，第143页。

关彦庆、宋献群：《偏离型网络言语行为与国家安全问题》，载王玉英主编《网络文化研究》（第一辑），中国社会科学出版社2020年版，第124页。

黄培培：《普通名词“人”词义指称范围历时考察》，硕士学位论文，华中师范大学，2014年。

吕叔湘：《汉语语法分析问题》，商务印书馆1979年版，第29页。

沈孟璎：《汉语新的词缀化倾向》，《南京师大学报》（社会科学版）1986年第4期。

邢福义、李宇明：《词语模》，载《汉语法特点面面观》，北京语言大学出版社1999年版，第146页。

杨文全：《现代汉语》，重庆大学出版社2010年版，第246页。

杨绪明、龙巧宇、温梦嫦：《网络流行词“柠檬精”考释》，《河池学院学报》2020年第4期。

杨绪明：《新词语的族聚特征及其社会文化心理》，《语言教学与研究》2014年第1期。

张利、张环：《基于语料库分文类考查汉语译文欧化现象》，《英语广场》2020年第31期。

中国社会科学院语言研究所词典编辑室：《现代汉语词典》（第7版），商务印书馆2016年版，第234、1096页。

A Study of the Popular Word "Migrant Workers"

Zhang Yifan　An Hualin

Abstract: The Internet buzzword "migrant workers" originated from the video website, is a neutral word, referring to all people working in the workplace. With the use of the word in more scenes, the word "migrant workers" gradually has a positive emotion, and tends to be a commendatory word. People from all walks of life call themselves "migrant workers". "Migrant workers" is a modifier-modified compound noun, which is composed of the word "migrant worker" and the morpheme "human". Word structure, Europeanization, personal emotion, network media and social environment are the important boosting factors for the popularity of "migrant workers" on the Internet.

Keywords: Internet Buzzword; "Migrant Workers"; Semantic; Word Formation; Quasi-affix

合作原则视域下网络表情符号的语用功能研究*

吕静怡　鹿钦佞**

摘　要：网络表情符号是一种模态化的语言表达形式，是对现实交际中身势语的投射，是语言交际的重要辅助手段。合作原则是交际双方为有效配合完成交际任务而必须遵循的语用原则。本文以合作原则为理论支撑，在梳理网络表情符号起源、特点的基础上，结合实例，分析合作原则在网络表情符号运用中的应用，总结出网络表情符号具有辅助文字表达、拉近社交距离、构建语用身份、营造社交氛围等语用功能。

关键词：网络表情符号　合作原则　语用功能

语言是异质的，是受社会因素影响并会产生语言变异的系统。社会性是语言的本质属性，语言依赖社会而存在，与社会相互依存，共同发展。网络表情符号是互联网时代的产物，是对现实交际中身势语的一种抽象投射，在网络社交中起到传递情感、表达情绪、补全话语意义等重要作用。网络表情符号作为一种模态化的语

---

* 基金项目：上海外国语大学校级一般科研项目“国际汉语教学书面语教学体系研究”（项目号：2018114040）的阶段性研究成果。

** 作者简介：吕静怡，女，上海外国语大学汉语国际教育硕士在读研究生。鹿钦佞，男，上海外国语大学副教授，硕士研究生导师，国际文化交流学院副院长，研究方向为汉语语法，汉语国际教育。

言表达形式，是语言交际的重要辅助手段，其使用同样需要遵循语言交际中的一系列语用原则。本文试图通过分析合作原则在网络表情符号语言运用中的应用实例，揭示网络表情符号在网络社交中的语用功能特点。

一 网络表情符号

表情符号（Emoticom）一词来源于20世纪的欧洲，是由情绪（Emotion）与图案（Icon）两个词巧妙结合而成的。表情符号往往穿插于语言交际之中，用来展现或是强调说话人的主观情感和言外之意。

（一）发展历程及分类

19世纪80年代，表情符号作为一种印刷艺术形式，首次出现在美国的*Puck*杂志上，被称作“竖直的表情符号”。然而，由于印刷工艺的限制和信息传播的障碍，表情符号未能进入大众生活的主流。随着互联网技术的发展和计算机的逐渐普及，表情符号才逐渐以一种相对程式化的形式进入大众视野，网络表情符号应运而生。网络表情符号自诞生至今，大致经历了四个发展阶段。

1. ASCII编码表情符号

20世纪80年代，美国卡耐基梅隆大学教授斯科特·法尔曼为帮助解决电子公告牌中的语义模糊问题，尝试将键盘上的符号与人的情绪相匹配，设计出了第一个由ASCII编码构成的微笑表情符号“：—)”。与之相反的是表示严肃、否定的“：—（”。ASCII编码符号是向左倒的竖式表情，注重用“嘴巴”来区别不同表情符号之间的情感差别，如“：—O”表示惊讶。

2. “颜文字”

随着ASCII编码表情符号的广泛传播，日本人对其进行了“本土化”改良，设计产生了比先前表义更为复杂的“颜文字”。“颜文字”改变了先前ASCII编码表情符号的纵向表现形式，设计横向符号以符合人们的阅读习惯。“颜文字”在先前表情符号的基础上加入了“手势”的元素，同时配合“眼睛”形态的变化，实现了更为复杂生动的表达效果。如“（︶^︶）”表示不满，“╮（︶▽︶）╭”表示无奈等。

3. “绘文字”（Emoji）

20世纪末，日本人栗田穰崇创造出更为精致的“绘文字”，“绘”意为图画，“文字”意为字符，“绘文字”是一种通过图画形式表达意义的字符。相较于之前的两种纯符号表情，它赋予表情符号以色彩和更为具象的形式，能够表现“爱”“秘密”等一些较为抽象的意义。“绘文字”逐渐席卷全球，普遍运用于人们的网络社交活动中。

4. 表情包

21世纪，网络技术的日新月异和移动终端设备的普及，使得网络表情符号出现了“动态化”和“全民创作化”的倾向。这种从静态向动态的转变，使得表情符号由原来表义相对简单的静态标志，逐步转变为一个能够独立表达复杂含义的综合体。与此同时，表情包的形式和内容趋于泛化，制作门槛随之降低，这为表情包的“全民创作”提供了可能。近年来，随着文化资源的井喷式发展，许多影视作品、社会热点、名人逸事等也逐渐成为表情包中的流行元素，创作素材的可得性也激励着人们通过使用和制作表情包满足个人表达的强烈诉求。

时至今日，各类网络表情符号呈现“百花齐放”的状态，极大地丰富了网络社交语言的表达方式，拉近了现实交际与网络社交的距离，为满足人们即时沟通的交流需求提供了便利。

（二）特点

1. 表义直观性

与文字表达不同，图像表情符号的使用基本不受教育水平、语言背景、语言表达能力等因素的影响。图像符号的视觉冲击性使得听话者可以直接将表情符号与现实交际中的表情、姿态等具象的情感表达形式建立联系，从而能够更加准确、真切地感受到说话人的情绪和语气。因此，即使是不同国家、不同母语背景的人，也无须通过语言对表情符号内容进行转译，仅仅通过图像符号即可大体了解说话者想要表达的含义，这在跨文化交际中也是十分有意义的。

2. 意义动态性

网络表情符号是随语境和时间不断变化的一个动态的符号系统，其意义并非一成不变。美国语言哲学家 Grice 首次提出“会话含义”理论，指出理解会话含义，仅着眼于对语言系统内部各个层面的讨论是不够的，还必须依赖语境因素才能理解话语的真正含义，才能理解话语的言外之意。从共时的角度来看，同一个表情符号在不同的语境中表义可能不同，必须结合具体语境对表情符号所表示的具体意义进行具体分析；从历时角度来看，同一个表情符号的含义也是随社会发展和人们语言习惯改变而不断发展变化的。如“😬”原指露齿笑，现在却用来表示尴尬。[①]

3. 约定俗成性

语言具有约定俗成性，是使用该语言的社会集团自然而然形成的习惯。现实交际中，前人长期使用的语言经权威机构规范，逐渐具有了十分稳定的意义，并为后人代代相传，这即所谓约定俗成性的体现。然而在网络环境下，更为年轻的新一代网络语言社团成员善于结合时下的社会文化与热点话题对原有表情符号进行“再创新”，赋予表情符号新的内涵。这种“旧符新义”的使用规范在其传播与扩散的过程中逐渐被明确，并对其他代际网络语言社团成员产生影响，继而约定俗成为一种短期内相对固定的意义。由此可见，语言规范的部分权利已然让渡给了更为年轻的新一代网络语言社团，网络表情符号的意义也随新生网络语言社团的语言使用习惯发生变化。然而，由于网络语言社团成员人数庞大，这种不同代际

① 本文中涉及的 emoji 符号原义均提取自微信 App 中的表情意义标注。微信中，将“😬”定义为“露齿笑”。然而，据我们调查发现，近年来较为年轻的网络语言社团成员更倾向于将该符号理解为“尴尬”义，用于缓解不知如何回应对方言语行为时的尴尬局面。

网络语言社团[①]之间的语用同化需要在相当长的一段时间内才能完成。因此，在整个网络语言社团内部尚未对某些表情符号的意义形成统一的认知时，就常常会造成语义理解上的偏差，进而造成交际误解。此类情况常常是在按照年龄划分的不同代际网络语言社团成员之间发生的。

4. 现实投射性

人们之间以语言为工具的交流不仅仅是客观的信息交流，还有主观的心理状态表达。网络交际是对现实交际的一种投射，网络表情符号也是如此，作为网络语言交际的一种辅助手段，试图人为地表达说话者在说话时的主观心理状态，以表现更加丰富的情感意义。现实交际中，这部分意义往往可以通过手势、眼神、表情、体态等身势语实现自然流露。网络表情符号恰恰是在对人类身势语模仿的基础上逐步形成的，因此能够在一定程度上反映说话人当下想要表达的感情色彩，从而弥补网络社交中缺失的部分附加意义。

二　合作原则在网络表情符号运用中的应用

格赖斯提出，在日常交际中，交际双方似乎遵循某一原则，以求顺利完成交际任务，此即“合作原则”。具体来说，合作原则包含四条准则。首先，量的准则（Quantity Maxim）要求交际双方在进行会话时提供足量的信息，所说的话应仅包含为实现当前交际目的所需要的信息。其次，质的准则（Quality Maxim）要求交际双方所说的话力求真实，不要说自知是虚假的话，不要说缺乏证据的话。再次，关系准则（Relevant Maxim）要求交际双方所说的话是

---

① 语言社团是指由许多人形成的、使用某一种共同的语言或语言变体的团体（参见湖南教育出版社 1988 年出版的，王宗炎编著的《英汉应用语言学词典》）。因此，利用网络进行语言交际的个体共同归属于网络语言社团。据中国互联网络信息中心（CNNIC）调查，不同年龄网络使用者的互联网使用行为存在显著差异，所以，网络语言社团也必然存在内部不同质性，因此网络语言社团内部可按照年龄进行下位划分，对不同代际网络语言社团成员进行再归类。

与交际内容相关的。最后，方式准则（Manner Maxim）要求交际双方清楚明白地表达要说的话，避免晦涩、歧义，要简练、有条理。无论在现实交际还是网络交际中，交谈双方都有必要严格遵循“合作原则”，以便顺利达成交际目标。如果交际一方故意违反合作原则中的某一准则，另一方就需要去理解对方的真实意图和言外之意。

网络表情符号随其呈现形式的日益多元化，逐渐承载了更为复杂的意义，其表现形式与题材内容，也越来越贴近日常生活，在网络交际中起到越来越重要的作用。网络表情符号的运用是网络交际对现实社交的进一步投射，对交际任务的顺利达成起到至关重要的作用，因此同样需要通过遵循一系列的语用原则来保证交际的顺利进行。但是在实际交际中，人们为了达成交际目标，可能有意遵守或违反语用规则。下面结合网络会话实例，对其中使用的网络表情符号进行语用分析。

（一）量的准则的顺应与违反

量的准则要求说话者向听话人提供足量的、为实现当前交谈目的所需要的信息。包括两个原则：第一，所提供的话语包括交际所需要的信息；第二，所提供的话语不应超出所需要的信息。

（1）

甲：下午三点我在公司门口等你。

乙：

然而，表情符号不同于纯文字表达，除其本身具有的真值意义外，在不同语境中还蕴含着较为复杂的附加意义。在此例句中，说话人甲发起交际行为，交际意图是告知乙明天见面的时间和地点，听话人能够领会说话人的交际意图，并直接回复“”的手势，利用其真值意义为“好的，OK”示意甲自己收到并且同意上述信息，符合量的准则。此外，手势符号模仿了人的形态，是对现实交际中身势语最为直接的投射，因此该符号的使用情景也与现实交际中“OK”手势的使用情景类似，常用于交谈双方关系亲近、身份相近、地位平等的情况下。因此，在例（1）中该符号除表示其真值意义外，还间接表明了甲乙之间的关系。乙利用该符号反馈甲的言语行为，试图表达友好、亲近，起到了拉近社交距离的作用。

然而，非面对面交谈的网络交际，由于缺少手势姿态等非语言辅助信息，更容易造成交际误解。因此，在面对一些碍于情面而难以正面回答的问题时，使用表情符号委婉作答有时比直接使用文字显得更加得体。但由于表情符号所负载的信息量毕竟不及文字表达，不同语境和交际对象对表情符号的理解也往往存在差异，因此使用表情符号交谈时常常会违反量的准则。例如下面在微信群中的一段对话。

（2）

甲：兄弟们，谁能借我两百块钱？明天还，救急！

乙：

丙：

在例（2）中，说话人甲发起交际行为，交际意图是询问他人的借钱意愿，听话人乙、丙能够领会甲的交际意图，但都没有正面给出“是”或“否”的回应，未能给出交际所需要的足量的信息，而是用表情符号隐晦地表明自己不愿借钱的态度。乙回复“”的表情符号，其真值意义为“眼睛、看”，意在示意甲他已经接收到了信息，但对于是否要满足甲借钱的交际目的，尚处于观望状态，进而从侧面委婉地表明了拒绝借钱的立场，这即是该表情符号在这一语境中的附加意义。此时，附加意义的作用已经超过了其真值意义。丙发送了一个“空钱包”的表情，意在向甲说明自己也没有钱，通过给出过量的交际信息委婉拒绝甲的请求。丙之所以反馈给甲超出交际需要的信息，一方面是为了向甲解释自己拒绝借钱的原因，以求谅解；另一方面，又带有一丝自我调侃的意味，以缓解交际现场的尴尬局面。

（二）质的准则的顺应与违反

质的准则要求说话者的交际话语力求真实，要求交际双方以真实、真诚的态度进行对话。包括两个原则：第一，不要说自知是虚假的话；第二，不要说缺乏足够证据的话。由于网络交际非面对面交谈的特性，听话人可以根据自己的交际需要自由地对说话人的交际行为作出反馈。尤其当交际双方的关系比较疏离时，交际主体可能出于戒备心理或是对个人隐私的保护，故意隐瞒真实信息。因此，我们往往很难对于交际双方在会话时是否遵循了质的准则作出明确的判定。

(3)

甲：你在干什么呢？

乙：

在例（3）中，说话人甲发起交际行为，询问乙当下正在做的事情，乙利用“”（理发）给予甲积极反馈，顺利完成了交际任务。在这一情境中，该表情符号的附加意义需要依据乙在交际时的现实状况来判断。假如现实情况与乙所说的相符，则该符号发挥正向作用，是乙为了拉近甲乙交际距离而采取的模态化的积极表达方式；假如现实情况并非如乙所言，则可将该符号视为乙为终止会话而做出的消极反馈，蕴含“敷衍”的附加意义。若要判定这一会话是否遵循了质的准则，同样需要依据乙在交际时的现实状况来判断。

相比于现实交际，网络社交环境更加宽松、自由，参与网络社交的群体也整体偏向年轻化。因此在网络交际中，常常会通过一些较为夸张的表达来传达说话者的饱满高涨的情绪。

（4）

甲：你买的基金又跌了。

乙：

在例（4）中，说话人甲发起交际行为，交际意图是告知乙“基金下跌”的事实，乙在接收到甲给出的交际信息后，反馈给甲一个意为“手中捧碗接泪水”的表情符号，以此表达自己听到这一消息时极度悲伤的心情。然而，表情符号中所展示的泪水从碗中溢出的场景在现实生活中是不存在的，存在着过分夸大的成分，因此这一符号的运用违背了质的准则。然而，这种有悖于合作原则的表达方式是说话人乙有意而为之，他通过极度夸张的模态化的表现方式，更为直观地呈现了自己此刻极度悲伤的心情。此外，夸张表情符号的运用还调节了谈论该话题时的沉重气氛，在幽默中蕴含一丝自我调侃的意味。在这一交际情境中，尽管交际双方都知道乙的表达存在夸张和虚假的成分，却完全没有影响到交际效果，甚至突出了乙在交际时的悲伤情绪。由此也证明了，语用原则是为形成良好的表达效果服务的，因此在交际中无须一味地遵守原则，可以根据具体交际需要灵活运用语用原则。

（三）关系准则的顺应与违反

关系准则要求交际双方所提供的信息与交际内容关联或相关。

（5）

甲：你生日的时候收到了什么？

乙：

在例（5）中，说话人甲发起交际行为，询问乙收到了什么生日礼物，乙利用“”（鲜花）表情号对甲进行直接回应，满足了甲的交际目的，这是遵循关系原则的表现。

网络社交中，关系准则的违反存在主观和客观两种情况。在客观层面，网络交际不同于日常生活中的即时性交际，需要依赖网络信号、移动终端等交际媒介才能实现，交际双方所具备的客观条件的不同可能造成交际过程中在信息发出、传递、接收、反馈中出现时间上的延迟，这样在客观上就会造成交际主体的信息流在线性序列上出现话论的交叉、平行、错乱等问题。

（6）

甲：东西收到了吗？

乙：

甲：需要放冰箱保存。

甲：

甲：已经发货五天了，要不你去查查物流？

乙：

乙：冷冻还是冷藏？

乙：

甲：－18℃冷冻。

乙：

在由客观原因造成的信息延迟的情况下，出现了例（6）中这种问题与答语错乱的情况。如甲在询问“要不你去查查物流”时，乙并没有给出与之相关的回答，而是通过表情符号“我的快递呢”传递了其等待快递的焦急心情，这显然违背了关系准则。而乙对关于“是否要查询物流”这一问题的所做出的回答在两条与之无关的消息后出现了，即利用“”表情符号，表明自己愿意进行物流查询。由此可见，这种违背关系准则的行为并非说话人有意为之，而是由于信息传递速度差异等客观因素造成的。

在主观层面，说话人也可能为了回避某件事情或者某个问题，故意答非所问。

(7)

深夜

甲：考试成绩出来了，你查了吗？

乙：

甲：我考得不太好。我听说这次压分很严重，只有三个人上 90 分了。你考得怎么样？

乙：

在例（7）中，说话人甲试图询问乙的考试成绩情况，而乙对于甲的两次询问都未给出与之相关的交际信息，而是顾左右而言他，显然这是主观上为了回避话题对相关准则的故意违反。由于对话发生在深夜，因此在甲第一次询问后，乙利用意为“不要熬夜”这个表情符号，向甲展示自己当下的状态，试图以幽默的方式委婉终止会话。在甲第二次询问后，乙再次采取规避话题的策略，以表情符号的形式对甲的交际行为作出反馈，发送意为“我们一起努力”的表情符号，隐晦且委婉地表示了“自己成绩不理想”的意义。乙的态度表明了他主观上不愿与甲交流成绩话题，同时，整段对话均以表情符号的形式反馈也体现了乙希望尽快终止对话的敷衍态度。

（四）方式准则的顺应与违反

方式准则要求交际主体清楚明白地表达要说的话，避免晦涩歧义。包括四个原则：第一，避免晦涩；第二，避免歧义；第三，要简练，避免啰唆；第四，要井井有条。网络语言符号往往随着新的文化资源的出现而迅速迭代，体现出时效性的特点，尤其以影视作品、社会事件、名人逸事为素材的网络表情符号，其背后蕴含着大量的文化信息，一些表义模糊的表情符号只有在听话人对其文化背景有所了解的前提下，才能正确理解其中的含义，否则就不能感知其所要表达的情绪和意义。

（8）

甲：多么希望我们一毕业就能在上海买房！

乙：

甲：

在例（8）中，甲首先表示了他在上海买房的意愿，接下来，乙利用意为“先定一个亿小目标”的表情符号对甲的言语进行了反馈。需要注意的是，“一个亿小目标”这个词条出自万达集团董事长王健林之口，这一说法在网络上走红后，被人们创作各种形式的表情符号，所表达的意思刚好与本义相反，指的是普通人难以达到的“大目标”，多含讥讽和自嘲的意味。[①] 如果甲不了解其中的因缘，就可能将这一表情符号简单理解为“定目标”的字面意义，也就难以感受到乙所表达的自嘲和讥讽意味。类似的表情符号（尤其没有文字解释的纯图像表情符号）对于不具备相关文化背景的人而言是较为晦涩难懂的，听话人在不了解相关背景知识的情况下很难

---

① “一个亿小目标”词条释义源自百度百科，https：//baike. so. com/doc/24058444 - 24641994. html。

准确理解其中的意味。

网络表情符号具有动态多义性，同一表情符号在不同时期、不同语境可能表示完全不同甚至相反的意义，这就容易使听话人造成混淆，产生歧义，从而误解说话人的态度。

（9）

甲：PPT 做好了吗？

乙：正在改，马上。

甲：辛苦了。

在例（9）中，说话人甲首先发起交际行为，目的是询问乙的工作进度。当甲得知乙此刻尚未完成工作任务时，随即回复“辛苦了”，并在话语末尾添加“”符号以表明自己说话时的语气。而这一符号就是典型的多义表情符号，蕴含“友善”和“讽刺”双重含义。如果会话到这里戛然而止，乙便很难明确甲的表达意图，这就有可能造成交际上的误解。而这种理解偏差在不同代际网络语言社团成员之间是十分普遍的。

这种代际的明显差异可能是受到了首因效应的影响。美国心理学家洛钦斯（A. S. Lochins）提出，事物出现顺序的先后会影响人们对事物的认知，人们对信息的第一印象通常会影响其对事物的后续判断，即所谓的首因效应。早期网络语言社团更多受到 ASCII 码表情的影响，习惯于根据表情符号中“嘴巴”的形态，判断符号传达的情绪意义。通常按照设计者的本意将“”[①] 理解为“微笑”，仅仅用于表达说话人的善意。然而，年轻一代网络社团的成员，由于接触表情符号时间较晚，因此更多受到“颜文字”影响，更倾向于通过表情符号“眼睛”的形态判断符号意义，因此认为其中暗含“戏谑、讽刺”的意味，这也正契合了许多年轻人当下自嘲和戏谑

---

① 微信中将“”定义为“微笑”。然而，据我们调查发现，近年来较为年轻的网络语言社团成员更倾向于将该符号理解为“呵呵”，义为对对方的嘲讽和不屑一顾。

的情绪。与之类似的还有“”“”等。

三　网络表情符号的语用功能

（一）辅助文字表达，补足情绪意义

现实交际是交际双方在同一时空中进行的一种多感官联动的实时信息交互过程，信息来源及类型是复杂多样的。网络交际虽然超越了时空限制，但也失去了表情、手势、姿态等非语言交际手段的帮助。网络交际中的文字表达多数情况下是现实交际中口语语言的文字化呈现，句式简单，多用省略，同时由于网络会话的即时性，缺乏一定的上下文联系，因此容易出现歧义的现象。

此外，由于交际双方所处空间不同，听话人难以根据语气、表情等判断说话人当下的情绪，进而容易导致语义理解偏差，造成交际误解。早期网络交际仅凭文字进行信息传递，失去了非语言语境的支持，交际效果大打折扣。而网络表情符号恰恰能够弥补这一缺陷，通过模态化的语言表达，在一定程度上为网络社交提供了语境信息。它的介入一方面使多义的语言符号趋向单义；另一方面又使语言符号节外生枝，增生出语境意义。

例如，在网络交际中，“请求”言语行为与“命令”言语行为是十分容易混淆的。当说话人以纯文字形式表达“明天请你把那本书带过来”时，听话人更易将其理解为一种居高临下的“命令”语气。而如果说话人在文字表达后附带一个“”等传递善意的表情符号，则更易使听话人感到双方是在地位平等的前提下交谈，给人以亲切之感。尽管文字仍然是网络交际最主要的信息传递方式，但表情符号的添加与选择，却可能影响甚至改变同一文字表达的表意效果。

当表情符号与文字共同表达话语意义时，言内意义的传递任务主要由文字承担，此时表情符号的真值意义弱化，附加意义更加显著，强调通过提供语境信息表达言外之意。如例（7）中，说话人乙采用图文配合的多模态表情符号“

”对甲的言语行为作出反

馈。在该语境中，“不要熬夜”的文字表达可理解为对甲的善意提醒，是一种委婉的劝诫。这一图像符号的真值意义是传达说话人此时的困倦状态，而说话人乙使用该符号的目的却是岔开话题或终止对话，是一种婉拒回答的言外行为。因此在该会话中，表情符号的附加意义已然超越其本身的真值意义，附加意义中所蕴含的言外之意才是说话人真正的交际意图。可见，在网络社交环境中，表情符号对于帮助补足说话人的情绪意义是十分重要的，只有综合运用文字、图像等多模态的表达方式，才能在网络环境中更加准确地表情达意。

（二）拉近社交距离，缓解社交尴尬

在网络交际中，使用表情符号不仅能够帮助展现说话人言语行为所附带的情绪意义，同时能够拉近交际各方的社交距离，打破交际时的尴尬局面。

网络社交克服了交际的时空局限性，让人们可以随时随地自由交谈。然而，这种物理距离的变化，会进一步影响到交际各方的心理距离，使交际各方之间产生疏离感。社交应用工具以及各类生活服务应用工具的普及，使得人们更愿意“躲”在自己的空间里，少与人面对面交流，这就导致在人际交往时出现尴尬局面，有时即使是跟熟悉的朋友交流也会成为“尬聊”，变得无话可说。麦克卢汉（Marshall Mcluhan）认为“媒介即人体的延伸”。表情符号的出现为交际个体提供了替代在场式社交的可能。表情符号能够通过模态化的表现形式对现实交际进行模拟，使交际双方逐渐在网络交际与现实交际之间建立联系，进而通过线下交际习惯的线上延续打破疏离。此外，根据六度分隔理论，网络为人们迅速扩大交际圈提供了可能。在网络世界中，人们的交际对象不局限于现实生活中已经熟识的朋友，还可能是未曾谋面的陌生人。在与并不熟悉的社交对象进行交际时，人们往往会通过表情符号表达友善之义以拉近社交距离，以便后续交际活动的顺利进行。

此外，互联网作为一个高效的交际领域，其关键在于能够辨别

现实与幻觉，判断真伪，用平实的言语来进行策略性的交流。网络交际环境为交际策略的运用提供了极大的便利，例如，在交际者表达不满情绪或是交际不能顺利进行时，可以运用表情符号缓和对方情绪，帮助缓解社交尴尬，以保证网络交际始终在轻松愉快的氛围中进行。如例（2）中，说话人丙利用“”（空钱包）这一表情符号，在调侃自己没有钱的同时，婉拒了说话人甲的借钱请求，巧妙化解尴尬局面。再如，交流结束时，交际双方如果直接运用“再见”“拜拜”“下次聊”等话语告别，就显得有些生硬。倘若能够辅之以适当的表情符号，如“”等，以俏皮的方式将告别的情景具象化，就不至于显得会话尴尬收场，反而让对方觉得风趣友善。因此表情符号的正确使用对于交际距离的拉近、交际尴尬的缓解乃至网络交际关系的维护都是十分重要的。

（三）构建语用身份，彰显交际个性

语言具有身份标记作用，现实交际中，交际双方通过对方的言谈举止，即可对对方的“身份”作出大致的判断。网络交际中亦是如此，网络表情符号同样具有身份标记功能。交际双方可以根据对方表情符号的使用习惯对对方的年龄、爱好、性格作出大致判断。例如，类似“”的卡通表情符号的使用者可能为喜爱日本动漫文化的年轻人，而此类“”色彩饱和度极高的表情符号则可能更符合年纪稍长的使用者的审美趣味。网络的虚拟性淡化了现实生活中的阶层差距和身份距离，构建何种身份形象往往取决于个体人为选择的外显信息。越来越多的年轻人倾向于通过朋友圈、QQ 空间等途径塑造个人的积极形象。在这个过程中，表情符号就成为彰显个性的最佳途径。表情符号的选用既增强了文字的意义，同时又彰显了说话人的个性特征与审美情趣，在个体网络身份构建中起到了极为重要的作用，是彰显说话人个性，传递身份信息，塑造个人良好形象的有效手段。

（四）营造交际氛围，丰富娱乐形式

表情符号作为一种特殊的符号，除了能够辅助表达具体话语中的情感色彩，在特定情况下还能为网络世界营造特殊的交际氛围。如在春节时，人们习惯使用“”“”“”等表情符号表达对他人的节日祝福。这是网络对现实的延续，在网络表情符号大量使用的情况下，这种投射作用得到了进一步强化。当大量网络语言社团成员在短时间内密集使用某类表达特定含义的表情符号时，网络世界就在整体上形成了一种特定的氛围。此时，网络社交总是在这一特定氛围中展开。

表情符号作为一种形式多样的模态化表达方式，其内部承载着极为复杂的意义。在特定情况下，交际双方甚至可以完全脱离文字，仅凭表情符号就完成多次话轮转换，这种多人轮流发布表情符号以相互娱乐的行为被称为“斗图”。“斗图”常常发生在群聊中，能够吸引更多成员加入会话，从而实现更为高效的信息交互。由于表情符号的制作素材常来源于社会热点和文化资源，因此，“斗图”一定程度上也扩大了社会热点话题的影响力，同时为加强网络语言社团成员间的相互了解提供了条件。

四　结语

网络表情符号作为一种模态化的语言表达方式，为网络社交创造了更多的可能性，在创设文化语境、缓解社交尴尬、构建语用身份、营造交际氛围等方面都起到十分重要的作用。因此，在网络交际中要注意网络表情符号与合作原则的有机结合，在对网络表情符号的灵活运用中实现网络交际能力的逐步提升。

语用是语言使用的规则，肢体语言是语言使用的重要辅助手段。网络表情符号是肢体语言在网络互动表达中的一种投射，所以网络表情符号的使用须符合语用原则。研究网络语言符号是对语用学的有益补充。

参考文献

安华林、黄丽愿：《2013—2018 年网络流行语浅析——以“汉语盘点”评选的十大网络流行语为例》，载王玉主编《网络文化研究》（第一辑），中国社会科学出版社 2020 年版，第 140—153 页。

孔秀祥：《语境与语用》，《浙江师范大学学报》1990 年第 3 期。

梁燕碧：《日本的网络表情符号“颜文字”及其文化内涵》，《广东外语外贸大学学报》2006 年第 2 期。

刘欢欢：《背反与遵守：网络言语交际的语用规则研究》，硕士学位论文，吉林大学，2019 年。

刘璐迪：《网络表情符号流行原因分析——以 Emoji 网络表情符号为例》，《新闻研究导刊》2017 年第 8 期。

曲高天：《新媒体时代下的表情包》，《新媒体研究》2018 年第 4 期。

谭弘剑、刘绍忠：《近年来国外语境研究综述》，《四川外语学院学报》2002 年第 6 期。

伍静：《新媒体时代表情包发展的传播学解析》，《出版广角》2016 年第 15 期。

余光武、秦云：《语言学视角下的网络表情符号初探》，《中国社会科学院研究生院学报》2011 年第 1 期。

［德］Ole Doering：《“仁德性”能占据互联网及互联网文化的时代优势吗?》，载王玉英主编《网络文化研究》（第一辑），中国社会科学出版社 2020 年版，第 65 页。

Grice H. P. , “Logic and Conversation”, in Cole P. , Morgan J. L. , *Syntax and Semantics* 3: *Speech Acts*, Academic Press, 1975, pp. 45 – 46.

MILLER G. A. , “The Magical Number Seven Plus or Minus Two: Some Limits on our Capacity for Processing Information”, *Psychological Review*, Vol. 101, No. 2, 1994, p. 3.

Weinreich, Labov, Herzog, *Empirical foundations for a theory of language change' Directions for historicallinguistics*, University of Texas Press, 1968, pp. 95 – 195.

Research on the Pragmatic Functions of Emoticons from the Perspective of the Cooperative Principle

Lv Jingyi　Lu Qinning

Abstract: Emoticons is a form of modal language expression. It is a projection of body language in real communication and an important auxiliary means of language communication. The principle of cooperation is a pragmatic principle that both parties must follow in order to effectively cooperate in completing the communicative task. Based on the theoretical support of the principle of cooperation, on the basis of sorting out the origin and characteristics of online emoticons, combined with examples, the application of the principle of cooperation in the use of emoticons is analyzed. It is concluded that emoticons have pragmatic functions such as auxiliary text expression, shortening social distance, constructing pragmatic identity, and creating a social atmosphere.

Keywords: Emoticons; Cooperative Principle; Pragmatic Function

网络会话中的反馈语研究*

路崴崴　牛晓慧**

摘　要：反馈语是会话分析理论关注的一个重要问题，也是推动网络会话顺利进行的重要手段。本文以网络会话中的反馈语为研究对象，以翔实丰富的微信对话为基础语料，归纳了网络反馈语的类型；通过与线下反馈语的对比，分析了网络反馈语的特点；对传统礼貌原则进行改造，提出了适用于网络反馈语的礼貌原则。

关键词：网络反馈语　类型　特点　礼貌原则

网络反馈语应会话需求而产生，在会话中的运用十分广泛，它具有丰富的情感内涵和重要的语用价值，是推动网络会话顺利进行的重要手段。网络语境交际具有非面对面性，聊天双方受网络会话环境的制约，不能借助副语言系统，无法通过表情、神态、动作等方式直观感知对方的态度，诸多非语言信息只能凭借文字进行主观推断，因此网络会话中文本形式的信息沟通有时容易发生误解。网络反馈语不提供新信息，但包含丰富的语用功能，发生误解的可能性大大增加，因此有必要对网络反馈语进行研究，形成普遍性的认

---

* 基金项目：吉林省社会科学基金项目（网络文化研究专项）“新时代大学生网络语言文明现状及对策研究”（2020W06），吉林省教育科学“十三五”规划课题“汉语国际教育专业本科生课堂教学能力提升问题研究”（GH180144）的阶段性研究成果。

** 作者简介：路崴崴，女，博士，长春理工大学讲师，硕士研究生导师，研究方向为现代汉语（本体研究及应用研究）。牛晓慧，女，长春理工大学硕士研究生。

识，为更好地认识网络反馈语作出有益补充。

但目前关于网络反馈语的研究较薄弱。在知网中输入关键词“网络反馈语”，共检索到8篇文献。其中7篇都是以单个反馈语为研究对象，缺乏对网络反馈语的整体认识。本文以在微信中收集到的1227段含有反馈语的对话为语料，对网络反馈语的类型、特点及适用的礼貌原则进行了概括、分析与讨论。需要说明的是，本文仅关注文字形式网络反馈语，语音形式网络反馈语因受网络语境因素限制少，网络特质不明显，故不在讨论范围内。另外，为客观展现网络反馈语的真实情况，对语料中标点使用不规范的情况未作处理。

一 网络反馈语的类型

依据吴平的划分角度，我们将网络反馈语分为以下4种类型：叹词型网络反馈语、实词型网络反馈语、复合型网络反馈语、重复型网络反馈语。其中，叹词型网络反馈语主要表收到和理解，实词型网络反馈语主要表态度，因此我们从语用功能角度考虑，将叹词型网络反馈语单列一类。

（一）叹词型网络反馈语

叹词型网络反馈语是形式最简单的网络反馈语，也是最基本的网络反馈语，在1227段语料中共出现419次，占比34.1%。叹词型网络反馈语可分为单音节叹词反馈语和复合式叹词反馈语两种。

1. 单音节叹词反馈语

单音节叹词反馈语，如“啊”“哇”“噗”“额”“昂”“嗯”“哦”“噢”等，常用于表达听话人的各种情绪。单音节叹词反馈语共出现99次，占比8.1%。

于国栋将反馈语分为一般支持性和高度支持性。“它们的不同之处在于一般支持性言语反馈往往只表示听话人在听取说话人的言谈，或者表示程度较低的同意；而高度支持性言语反馈不但表示听话人在听取说话人的言谈，同时还表示较高程度的同意。”

在网络反馈语中，“啊”“哇”“噗”常用于表示惊喜、感叹或惊讶，属于高度支持性反馈语；“嗯”“额”“昂”常表示听话人在倾听或迟疑、疑惑等，属于一般支持性反馈语。

(1) 慕桉.：我们12号考完

慕桉.：还有，旺仔问要不要和他们一起走

忘羡·肖肖：哇—太好了。

(2) 明：游戏本不充电就卡机

明：不方便

钰钰.：嗯

例（1）中“哇”表达了听话人的惊讶，为高度支持性反馈语；例（2）中“嗯”仅表达说话人在倾听，为一般支持性反馈语。

2. 复合式叹词反馈语

常见的复合式叹词反馈语有两种组合形式：重叠式，如“嗯嗯”“哦哦”“嗯嗯嗯”等；杂糅式，如“嗯呢”“嗯呐”等。复合式叹词反馈语共出现320次，占比26.1%。相比单音节叹词反馈语，该类反馈语更能体现听话者的欣然接受之态，蕴含积极的接受或认同义，属于高度支持性反馈语。

(3) 忘羡·肖肖：今年国庆天气好，不像去年下雨哦—

忘羡·肖肖：你们应该会看到天池

忘羡·肖肖：好风景今年会有

孚米：嗯嗯嗯

(4) 张小苗：先背简单的

Yvonne.：嗯呐

张小苗：欣宇，托福强化明天上午开课了哈，记得带着教材过来上课哈

Yvonne.：嗯呢记着呢

例（3）、例（4）中的“嗯嗯嗯”“嗯呐”都表示对说话人言语的认同和接受，其中蕴含的情感的积极热烈程度是单音节叹词反馈语所不能比拟的，这也是其使用频率更高的原因。

（二）实词型网络反馈语

实词型网络反馈语，如“好”“好的”“对啊”“明白”等，可分为应答允诺类、确定认同类及强烈情绪类三种。实词型在语料中共出现635次，占比51.8%。相比叹词型网络反馈语，实词型网络反馈语能够更直接地表明听话人的态度。

1. 应答允诺类

应答允诺类实词型网络反馈语主要表示对说话人的应答和允诺，从形式上可分为“好”类和“行”类两类，出现次数分别为188次和65次，占比分别为15.3%和5.3%。

（5）亦真亦假：等你回来妹

忘羡·肖肖：好，寒假安排上—

（6）锋：你等会上我们这得了

王成：行

应答允诺类网络反馈语均可后接语气词，组合后表达的情感态度更为丰富。“好”类后接语气词较丰富，常见组合形式有“好的”“好滴”“好哒”“好吧”“好哒呀”等；“行”类后接语气词较少，常见的组合形式有“行啊”“行吧”。

（7）张小苗：你现在的准备就是先用basic背背单词　但是教材要买第五版

Yvonne：嗯呢　教材买完了

张小苗：行　你先看看词汇

Yvonne.：好滴
(8) YX：档案我没问　应该是回头寄到公司地址吧
秘小鱼：好哒　谢谢亲爱的
(9) 小央：今天布置的作业特别多　不知道能不能写完呢
小白：你作业怎么这么多呀
小央：比你低一个年级　老师说基础最重要　所以喽
小白：好吧　那我也不去了
(10) 张晓雅：材质写的是牛皮的，298，啥不多吧
妈妈：行吧，你自个看着吧

例（7）、例（8）中“好滴”“好哒”在表达应答之外附加了乖巧可爱义，例（9）、例（10）中“好吧”“行吧”则附加了不情愿、无奈义。

2. 确定认同类

确定认同类实词型网络反馈语表示听话人对说话人的确定和认同，主要包括“对”类和“是”类，出现次数分别为86次和98次，占比分别为7%和8%。二者常后接语气词，并具有强调形式，传递不同的情绪态度，在网络会话中有重要的表情达意作用。

(11) Blair：她只是短暂地在你头像停留了一下
锤：对
锤：我感觉用不久
锤：就换了
(12) 无：您是不是参加过一个抽奖活动？
薛定谔的电磁炉：是的
(13) 可可：你们终于也快到了
幻化成风：是滴
幻化成风：小冰燕没有消息，4车好像很挤
(14) 魅：你又可以拿到零花钱啦
笑：那是

例（12）、例（13）中“是的”“是滴”在表达确定之外附加了正式或俏皮，例（14）中“那是”为强调形式，表达强烈认同。

3. 强烈情绪类

强烈情绪类实词型网络反馈语是指在网络对话中模仿哭声、笑声或生气声的拟声词网络反馈语，因其具有表达强烈情感的特殊优势而受到网民的青睐，属于高度支持性反馈语。该类反馈语共出现198次，占比16.1%。

笑声类反馈语是对笑声的模拟，在网络会话中经常使用的笑声类拟声词包括“哈哈”“嘻嘻”“嘿嘿”等。作为一种功能性发音，笑声本身除了具有一定含义外，其语义实际上是不固定的，它往往能传达出比言语更丰富的内涵，甚至是一些言语所难以表达的意思，有良好的交互性。比如“哈哈”为开怀大笑，“哈哈哈”是“哈哈”的程度加深，表示一种夸张的笑；“嘻嘻”为可爱的、得意的笑；“嘿嘿”为狡黠或可爱的笑。表哭声和表生气的反馈语也是对现实中哭声和生气发出声音的模仿，主要有“呜呜”“嘤嘤”“哼”“切”等。“呜呜”表示伤心难过，“嘤嘤”表示带有卖萌撒娇意味的委屈，“哼”表示生气或不满，“切”表示不屑。如下面的例子。

（15）77_：不敢染

77_：怕丑

好甜啊：哈哈，不怕，我打算这次还自己染，不好看就再去理发店染

（16）萌萌哒安吉拉：这可不敢摔。

萌萌哒安吉拉：一摔一身泥

Vvvvvvanessa：呜呜

Vvvvvvanessa：我刚刚就像一只笨企鹅

（17）@：我这外卖没到

@：我寻思气气你呢

崔崔：切

崔崔：我吃得饱饱的了

网络反馈语表达的情感态度一定程度上弥补了网络会话中缺失的语调、重音、音强、表情、手势等语境因素，为交际的顺利进行提供了必要的支持。

（三）复合型网络反馈语

复合型网络反馈语由上述两类反馈语复合而成，共出现 168 次，占比 14%，主要有“叹词 + 实词”和“实词 + 实词”两种形式。

“叹词 + 实词”中的叹词有缓和语气的作用，因此与单纯的叹词型或实词型网络反馈语相比，更加礼貌、恭敬，如“嗯，好呀”“嗯嗯，行”“哈哈，好的”等。共出现 95 次，占比 7.7%。“实词 + 实词”实际上是两次反馈，肯定程度加深，相比单纯的叹词型或实词型网络反馈语，该类反馈语支持程度更高，如“好的，知道了”“好的，明白”等。共出现 73 次，占比 5.9%。

（18）好甜啊：我明年六月份好像就要准备实习了

好甜啊：太快了我

77_：嗯嗯行到时候还去帮你整

（19）鞶草儿：你现在才大二上学期，考虑考研的事还有点早，我建议你还是学好专业知识，在这个基础上，跟学长学姐交流一下，问问他们的职业规划，考研规划，有目的地努力。

echo：行知道了。谢谢姐姐

例（18）中的“嗯嗯行”为“叹词 + 实词”型反馈语，语气缓和，态度亲切、诚恳。例（19）中的“行知道了”为“实词 + 实词”型反馈语，肯定程度高于其他形式的网络反馈语。

（四）重复型网络反馈语

重复型网络反馈语指的是听话人重复说话人之前说出的某个词，表达对该信息的关注、疑虑等。该类反馈语使用较少，在我们的语料中共出现5次，占比0.4%。

（20）流川枫：我建议你写30个目标，给我看
柠檬萤火虫：30个。
流川枫：对，写给我看

例（20）中第二次出现的“30个”即为重复型反馈语，结合上下文可知，“柠檬萤火虫”对对方所说的“30个目标”感到疑虑、惊讶，从而重复该信息加以确认。

（五）小结

以上我们对网络反馈语进行了较为全面系统的分类及整理，现将所得结果汇总为表1，以期对网络反馈语表现形式进行整体呈现。

表1　**各类型网络反馈语的使用频率**

类型		支持性	出现次数	占比（%）	总次数	总占比（%）
叹词型	单音节叹词	高度/一般	99	8.1		
	复合式叹词	高度	320	26.1		
					419	34.1
实词型	强烈情绪类	高度	198	16.1		
	“好”类	高度/一般	188	15.3		
	“行”类	高度/一般	65	5.3		
	“是”类	高度	98	8		
	“对”类	高度	86	7		
					635	51.8

续表

类型		支持性	出现次数	占比（%）	总次数	总占比（%）
复合型	“叹词＋实词”	高度	95	7.7		
	“实词＋实词”	高度	73	5.9		
					168	13.7
重复型		高度/一般	5	0.4	5	0.4

二　网络反馈语的特点

网络会话中的反馈语来源于现实口语，依托于网络，在全新语境下展现出鲜明特色。

（一）叹词网络反馈语具有明显重叠倾向

叹词反馈语无论在现实会话还是在网络会话中都是最简单、最基本的反馈语形式。叹词数量丰富，形式短小，感情色彩丰富，因此得到广泛使用。我们发现叹词反馈语在网络会话和现实会话中存在差异性：现实反馈语中，单音节叹词出现频率高于叹词的重叠形式；网络反馈语正好相反。

现实反馈语中，单音节叹词出现频率高于叹词的重叠形式。王晓谦的研究数据显示，反馈语中出现最多的叹词是“嗯”的单音节形式，占比35.7%；其次是“嗯”的叠用形式，占比为22.3%；然后是“哦”的单用形式，占比18.7%；而“哦”的叠用形式占比为13.4%。如图1所示。

网络反馈语中，单音节叹词出现频率明显高于叹词的重叠形式。据表1中的数据显示，重叠式网络反馈语出现320次，占比26.1%；单音节式叹词型网络反馈语出现的99次，占比为8.1%。

网络语境中缺少表情、语调等因素的呈现，这使得单音节叹词反馈语“嗯”“哦”等具有冷漠、敷衍、严肃等消极含义，而重叠式叹词反馈语“哦哦”“嗯嗯”等则具有可爱、乖巧、认真等积极含义。因此，人们在网络会话中为使交际顺利进行，更倾向于使用

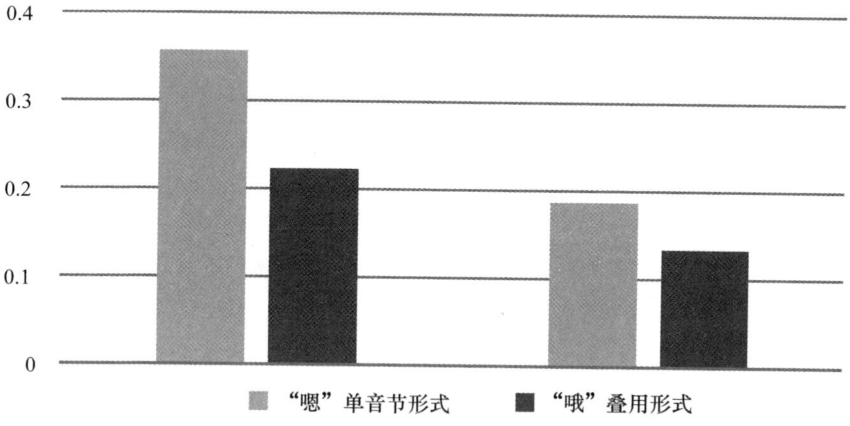

图 1　现实反馈语“嗯”“哦”的出现频率

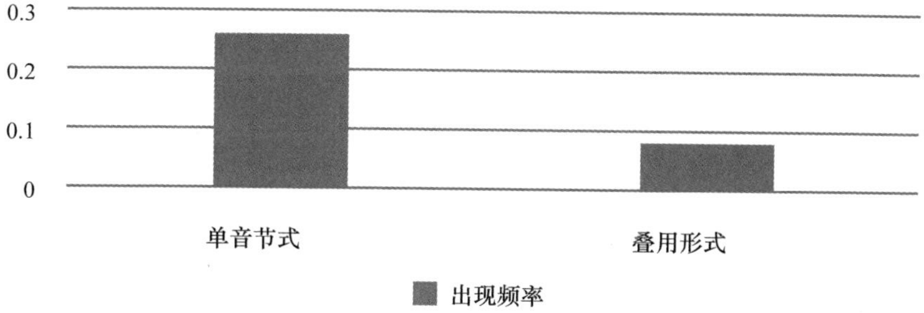

图 2　单音节式与叠用形式网络反馈语出现频率

重叠式叹词反馈语，从而使叹词网络反馈语表现出明显的重叠倾向。

（二）实词型网络反馈语后接语气词丰富

王晓谦指出，现实会话中实词型反馈语主要有“是”“对”“是啊”“对啊”以及“是”和“对”的重叠形式，也就是说，现实会话中实词型反馈语的后接语气词主要是“啊”；吴平的研究数据显示，“绝大部分的实词型反馈语可以归入‘对’类和‘是’类这两大类，‘对’类略多于‘是’类。在‘对’类中，单个的

‘对’出现频率最高，为0.42；其次是‘是啊’和‘是吗’，分别为0.14和0.11”。可见，在其统计的现实会话语料中“对”“是啊”“是吗”是最主要的实词型网络反馈语，其后接语气词主要为“啊”和“吗”。由此可见，现实会话的实词型反馈语的后接语气词较为单一。

网络会话中，实词型网络反馈语后大都有语气词，表达丰富的情感。网络会话和现实会话环境不同，它缺少语调、表情等表达感情的手段，因此才催生了实词型网络反馈语后接语气词丰富这一现象。如“好嘞”“好哒”“好滴”“好吧”等，一字之差，其蕴含的感情色彩却大相径庭。

(21) 朝阳：查自习的来了吗
杰克爱的土家酱香饼：没有
朝阳：好嘞，我到了
(22) Jin. H：我不买了，我还有好多
Jin. H：考拉便宜吗
echo.：好哒
echo.：嗯嗯便宜

例（21）中，因为查自习的没有来，所以不担心，使用“好嘞”表达开心畅快的情感，更符合此时的情绪状态。例（22）中的“好哒”含有乖巧意味，多为女性使用。

由以上分析可知，相比现实会话，实词型网络反馈语后接语气词更丰富。

（三）重复型网络反馈语不具有普遍性

王晓谦的统计结果显示，重复型的支持性言语反馈使用频率最低，仅占全部支持性言语反馈的6.5%，远远低于感叹词类，也低于实词类的支持性言语反馈。由上述数据可知，现实会话中重复型反馈语的使用频率虽然低于其他类型的反馈语，但仍具有一定普

遍性。

我们的数据显示，在1227段网络反馈语语料中，重复型反馈语仅出现5次，使用频率极低，仅为0.4%，基本可以忽略不计。由此，我们认为该类反馈语在网络会话中不具有普遍性。“听话人重复说话人的言语行为，普遍会带有一种偏重于质疑的语气和语用功能。听话人如果采用这种言语形式，会给说话人造成一种一位听话人需要当前发话权，而主动放弃发话的结果。因此为了避免这种误会的发生，汉语母语者在会话中会视语境情况，尽量少地使用重复型反馈语。”除此之外，“网络空间以抽象的符号作为标记，现实空间是以区分度极强的实体形态为标记”。网络会话中声调、表情的表意功能缺失，单纯重复对方话语，无法使对方明确自己的意图，使得重复型网络反馈语的表意十分不明确，因此使用极少。

对比可见，重复型反馈语在现实会话中的使用频率较低，但仍作为一种普遍类型而存在；而在网络会话中重复型网络反馈语几乎不被使用，因此我们认为重复型网络反馈语不具有普遍性。

三　网络反馈语的礼貌性

网络反馈语在基本功能上与现实反馈语基本一致，均为推动话轮转换和进行情感互动，但是其礼貌要求远高于现实会话。在日常面对面交际中，听话人可以通过眼神的接触、点头或微笑向说话人表达专注或尊重，让对方知道是否应该继续说下去。这样的礼貌性回应对于人际交流的顺利进行是十分重要的。然而，在网络会话语境中，传递信息的形式有限。人们主要是凭借屏幕上的文本进行情感和信息的交流，听话人无法通过视觉或听觉上的提示来向说话人提供反馈。而以简短文字形式为主的网络反馈语极易造成人与人之间的距离感和冷漠感，对对方的积极面子造成威胁。那么如何降低网络反馈语的面子威胁，提升其礼貌性呢？我们尝试从表现形式和指导性原则两方面入手解决这个问题。

（一）网络反馈语的礼貌等级序列

如前文所述，网络反馈语有多种表现形式，那么它们在使用中表达出来的礼貌性是否存在差异？怎样的表现形式才是最礼貌的呢？耿有权认为“影响和制约言语礼貌性主要包括以下几个因素，分别为：社会因素、文化因素、心理因素、语言因素”。性别差异与礼貌语言使用问题一直是社会语言学中的热点话题之一，段成钢的研究“验证了在汉语语境下 Brouwer 关于性别与年龄差异对礼貌语言使用论述的有效性”。综上，我们主要考虑性别、社会距离、权势关系这三种社会性因素对网络反馈语礼貌性的影响。

我们采用问卷的方式，调查母语者对不同类型反馈语的礼貌性认知，希望客观展现母语者的使用情况，得出不同类型网络反馈语的礼貌等级序列。问卷中，我们以叹词型、实词型、复合型 3 种形式为选项；重复型反馈语在全部语料中仅出现 5 次，不具有普遍性，因此没有涉及。把性别、社会距离、权势关系 3 种因素作为控制因素，设计不同语境，有针对性地收集调查数据。调查在问卷星平台进行，回收有效问卷 138 份。

根据调查所得数据，我们对不同类型网络反馈语的礼貌性进行等级排序，具体如图 3 所示。

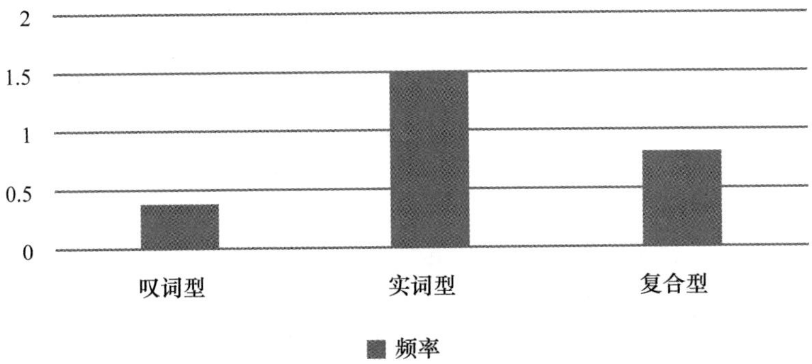

图 3　综合因素影响下网络反馈语礼貌等级序列

由图 3 可知，网络反馈语的礼貌等级排序为：实词型 > 复合型 > 叹词型。实词型网络反馈语的礼貌等级最高，所以在网络会话中使用实词反馈语，给予明确回应是最礼貌的。另外，图中数据还表明，网络反馈语的礼貌性与其表现形式的复杂程度没有显著相关性。

（二）适用于网络反馈语的礼貌原则——对利奇礼貌原则的改造

网络反馈语既是在表示礼貌，又是在寻求合作。网络反馈语的运用本质上也是在表达礼貌，假如对方在谈话中完全没有支持性反馈语的出现，会使人感到傲慢与漫不经心，对方会认为听话者对会话没有兴趣。此外，反馈语的作用是示意听话者继续说，交际双方共同合作完成话轮的转换，从而推动会话完成，达到交际目的。因此，我们认为在探讨适用于网络反馈语的礼貌原则时也应从传统礼貌原则和合作原则两个角度进行思考。

礼貌原则中的得体准则是指减少表达有损他人的观点，慷慨准则是指减少表达利己的观点，二者表现在反馈语中都是尽量表达对对方的支持态度，因此我们将这两个准则改为支持准则。其他准则如赞誉准则、一致准则对于反馈语而言也是如此，尽量表达对对方言谈的支持态度即为网络反馈语的赞誉准则和一致准则。同情准则是指减少自己与他人感情上的对立，表现在反馈语上，则是要表达与他人情感上的共鸣。我们认为将这一准则表述为共情准则更为贴切。

合作原则中的量准则是指在交际中所提供的信息量是交际所需的，且不多也不少；质准则是指所提供的信息应是真实的。这两点都是针对交际过程中交谈内容包含的信息提出的，是对信息的量和质提出的要求，而网络反馈语不包含信息量，因此量和质的准则均无从谈起。关系准则是指所提供的信息要关联或相关。网络反馈语使用过程中往往需要应语境因素而变化，需要保持与语境的合作与关联，才能做到得体与礼貌，我们将这一点表述为关联准则。方式准则是指提供的信息要清晰明白，网络反馈语的使用应遵循这一准则，在反馈时表明态度意图，不迟疑延误、含糊不清，否则影响话轮继续，导致交际无法顺利进行。

另外，从反馈语自身角度看，不包含信息量的言语在会话中更多地承载着情感交互的功能，人们在使用这类言语时应保持情感上的合作，我们将其表述为理性准则。

基于以上思考，我们将适用于网络反馈语的礼貌原则归结为以下六条。

第一，支持准则。是指尽可能地给予对方高强度支持性反馈语。当需要使用低度支持或非支持性反馈时，也应尽量选用礼貌程度高的表现形式，使言语更加婉转，避免威胁对方的积极面子。

第二，共情准则。是指在会话中应根据会话双方的情绪状态选择合适的反馈语进行反馈。在网络会话中反馈语的情感表达功能突显，因此在网络会话中我们应尽量选择礼貌程度高的表现形式，从而更好地表达对听话人言语的理解与认同。

第三，慷慨准则。这里的慷慨准则是指在谈话的过程中除了使用反馈语之外，可适当增加一些辅助性表达，比如表达感谢，使用称谓语等。一方面使表意更加完善；另一方面也能提高会话参与度。

第四，方式准则。是指在反馈的过程中要讲求方式，根据语境选用适当形式的反馈语，简洁明了，灵活恰当。

第五，关联准则。是指要与语境相关联，且语义上也要形成关联，比如在对实词型网络反馈语“是”“对”“好”的选择上就需要与引发语的语义进行关联，进行合理选用。

第六，理性准则。网络反馈语的使用极其容易受到使用者情绪和性格的影响，所以我们应当避免情绪化地使用反馈语，要考虑语境，遵循礼貌等级，理性选用恰当形式的反馈语，达到情绪上的合作。

网络反馈语是网络会话中重要的语用因素。长期以来人们主要关注会话中说话人的言语行为，而忽略了听话人的反馈行为，事实上听话人的反馈行为对于会话能否顺利进行十分重要。希望我们的研究能够为人们合理使用网络反馈语，顺利进行网络交际提供一定参考。

参考文献

段成钢：《汉语礼貌语言使用的性别与年龄差异研究》，《语言教学与研究》2008 年第 3 期。

耿有权：《影响言语礼貌性的语用因素》，《世界汉语教学》1998 年第 2 期。

关彦庆、宋献群：《偏离型网络言语行为与国家安全问题》，载王玉英主编《网络文化研究》（第一辑），中国社会科学出版社 2020 年版，第 134 页。

王晓谦：《汉语自然会话中的支持性反馈研究》，博士学位论文，中央民族大学，2015 年。

吴平：《汉语会话中的反馈信号》，《当代语言学》2001 年第 2 期。

于国栋：《支持性言语反馈的会话分析》，《外国语》2003 年第 5 期。

The Study of Back-channels in Online Chat Conversations

Lu Weiwei　Niu Xiaohui

Abstract: This paper takes the feedback in the network conversation as the research object, based on the detailed and rich Wechat conversation corpus, with the help of sociolinguistic theory and politeness principle, and makes reasonable use of quantitative analysis, questionnaire survey and contrastive analysis. This paper classifies the structure of network feedback, compares the real feedback, analyzes the characteristics of network feedback, and modifies the traditional politeness principle. This paper puts forward the politeness principle which is suitable for network feedback.

Keywords: Internet Based Conversation Back-channels; Structure; Characteristic; Politeness Principle

网络文学

“网络文艺学”论纲
——以网络文化及其发展为思维视域*

焦明甲 齐开泰**

摘 要：网络文艺学立足于对网络文化与网络文学发生发展历史及其未来变化情况的梳理、对网络文学发生发展情况的回顾与未来展望，追求网络文学理论的当代建构，力求描绘网络文学理论道路、方式、模式的新变，致力于何谓网络文学、网络文学的特征、网络文学的审美取向、网络文学的内在逻辑、网络文学的未来走向、网络文学理论的思想特征等一系列学科问题的哲学阐释与科学回答。从其主要精神架构看，网络文艺学属于全新的学科理论。从载体、话语、倾向、思想、趋势等方面审视网络文学，能真切地体会其以“生命的释放”为本真追求，流露出来既往历史未有之自由自在、全民参与、消费为本、异彩纷呈、融合创新等崭新特征。与网络文学的特征相对，致力于网络文学理论建设的网络文艺学必将表现出区隔既往理论的新时代性、网络文学理论的体系化建设特点与新学科建构性特征。在这样的意义上，从本质上讲，可以说网络

* 基金项目：吉林省教育厅“十三五”社会科学项目“新世纪网络IP文学本体论研究”（JJKH20180966SK）和吉林省社会科学基金项目“网络文艺学研究”（2019jd43）阶段性成果。

** 作者简介：焦明甲，男，博士，长春大学文学院教授，硕士研究生导师，长春大学中国语言文学学科带头人，吉林省网络文化研究基地副主任，主要研究方向为文艺学、中国新时期文学、文化产业、网络与新媒体文化与文学等。齐开泰，长春大学网络空间安全学院硕士研究生。

文艺学属于文学理论的新时态。

关键词： 网络文艺学　网络文学　网络文化

一　生命的释放：网络文学的主要特征

网络文学伴随互联网发展而发展，伴随网络文化创生而变化。区别既往，网络文学发展呈现出以下几个较为鲜明的精神特征。

（一）载体：从“板着面孔的纸质媒介”到“自由自在的网络媒体”

网络文学与互联网密切联系在一起，即与今天我们一般所说的互联网以及新媒体相连。网络文学在形式上最大的特点就是文学的互联网化，或者说以互联网为基础创造与发展文学。以前，没有互联网就没有网络文学；以后，没有网络新媒体就没有网络文学更加多样的繁荣发展。在互联网上发表与传播，甚至写作，借助互联网的媒介与形式表达作者内心的渴望，描绘作者心中的“真实”，是网络文学最主要的表现形式与最大的特征。我国学者很早就开始关注网络文学的这一特征。早在 2002 年就有人指出：“超文本、超媒体和虚拟现实空间将是今后网络上主要的文学媒体形态。”如今网络文学已经出现 IP 化热潮。伴随商业资本的不断推动，网络文学产业化大发展时代已经来临，在某种意义上，可以说网络文学已经成为今天文学发展的主流。

（二）话语：从“单一严肃的说教世界”到“自在心声的尽情流露”

网络文学是个人自由表达的新事物，不仅仅属于成年人或者人们眼中的好孩子。日本出现得比较早的影响较大的手机小说《恋空》表现的是日本中学生的恋情，描绘的是日本中学生的现实生活、学习状态，是一个日本中学生在网络上尝试发表自己日常的思想与情感。虽然说一方水土养一方人，中国网络文学与日本网络文学有很大不同，但是，最开始，中国网络文学总体上也几乎属于“未成年人”的灵魂自由勾兑之物。中国最初的网络写手也是一些少年，创造出来的是深受中国中学生喜爱的具有独特民族心灵特征的幻想类小说。例如：中国最早的著名网络文学网站起点文学的创造者宝剑锋（林庭锋）、藏剑江南（商学松）、黑暗之心（吴文辉）、意者（侯庆辰）、黑暗左手（罗立）等人最早都是爱好玄幻文学的玄幻文学会（成立于 2001 年）成员。值得一提的是，中国这种富于想象力的玄幻小说已经在海外广泛传播，北美爱仙侠，东南亚爱盗墓，与当初的发展基础密切相关。今天，除了那些较为纯粹的网络文学写手在较为固定的网络文学网站发表自己的作品之外，很多人也自发加入网络文学写作阵营，不自觉地在博客、微博、微信、QQ 等互联网空间自由自在地发表、传递着自己的心声。伴随网络信息传输技术的不断进步、网络新媒体技术的不断进步，更有网络剧、网络游戏、网络短视频等多样化的网络新文学样式不断推出，网络文学世界已经成为全民离不开的重要文化生活场域之一。

（三）倾向：从“精神之药”到“消费之汤”

20 世纪 80 年代，中国逐渐进入商品经济时代。20 世纪 90 年代，中国又开始一步步迈入社会主义市场经济时代。与这些社会变化一同成长起来的是中国人的消费向往。那个年代，春节联欢晚会最吸引人的是赵本山、范伟等人极具消费主义风格特点的小品演出。这些小品最大的特征与其说是很高的艺术品质，莫如说契合了人们内心的消费主义精神向往。中国人无论物质还是精神都贫穷太久，太渴望成为物质与精神的消费者。互联网络文学的出现最大限度地满足了中国人那种迫切的精神消费之需。中国很多学者也比较早地看到了网络文学的消费主义特征，如《试论网络文学的消费主义历史观》一文便比较客观地揭示了网络文学的消费主义特征。文学原本是鲁迅文学的样子，以救国救人的面目而存在。伴随社会主义建设事业的大发展，伴随中国逐渐成为国泰民安的大国，伴随物质生活条件的不断改善，中国人对精神文化的需要，尤其是对精神文化的消费需要日益旺盛。21 世纪以来，文化产业伴随互联网的发展而不断获得新生，本质上讲是中国普罗大众对精神文化的消费需求导致的。网络文学的独特创作形式与传播方式，尤其是商业创作与传播目的，注定推动中国文学从鲁迅文学式的“精神之药”转变为“消费之汤”。

（四）思想：从“老生常谈”到“迥异一片”

网络文学已经声势浩大，其最大的成功之处在于满足了中国人对于精神产品——小说阅读、戏剧与影视欣赏、游戏娱乐等方面较为迫切的消费需要。从本质上讲，这与小品化的中国文学流露出的消费主义特征一致，也可以说是异曲同工。玄幻、仙侠与盗墓、宫斗、穿越等，哪个能与我们的现实密切相关呢？唯有消费的满足。因此，我们可以说，网络文学在思想教育与精神启迪方面，完全不同于传统的“说教文学”。传统的“说教文学”，即救人与救国文学，可以看作中国几十年如一日的“老生常谈”。网络文学与其相比较，本质上可以归纳为“迥异一片”。今天的中国已经日渐强大，中国文化也在全方位走向世界。中国网络文学是中国文学的一个重要构成，也是中国文化一个最重要的组成部分，也正在走向世界。老生常谈的“说教文学”中国不需要，世界其他各国也不需要。中国网络文学以其独特的玄幻、盗墓等内容与形式征服了北美、东南亚等地区的读者，今后还将以更加广阔的思维视域，以更加丰富的精神内容，来满足中国人乃至世界各国人民的需要。当然，此“迥异一片”也不能停留在简单的题材猎奇上，一定要清楚，在科学时代，“知识才是王道”。近年出现的《网络文学需要知识界引导》等批评文章已经在今后发展道路方面为中国网络文学提出警示。

（五）趋势：从“稚嫩的小轻爽”到“融合的高大上”

正如著名网络文学批评家邵燕君在文章中反复强调的，“爽”

是网络文学阅读的第一感受。中国网络文学诞生与发展于消费主义观念盛行的20世纪90年代与21世纪。因此，中国网络文学不可避免地沾染了消费主义理念，也不自觉地走上满足人民现实普遍性的心灵需要——“自由自在与爽”的道路。爽的理想与追求已经成为玄幻、穿越、仙侠等网络文学创作的最大精神表现。网络文学中“爽”的表现形式不一，但是实质几近相同，即不追求深度，不追求反思，超越现实，超然世外，游离生活。面对“小清爽”愈发成为网络文学一个主要的精神表现，近年网络文学批评与研究中出现《网络文学生产中的“游戏感”及其辩证分析》《网络文学转型需要破解三大命题》等文章。这些文章不仅从不同侧面指出了网络文学“爽”的特点与追求，表现出对网络文学创作取向的担忧，而且深入反思并提出了未来网络文学应有的创作战略理想与美好向往。时也，势也。任何事物都不可能离开时代。传统文学如此，网络文学也如此。近年，伴随中国经济、文化、政治等各方面在世界的崛起，经过近20年的迅疾发展、大浪淘沙，今天的“中国网络文学”也逐渐表现为群雄逐鹿、高端胜出。除了《甄嬛传》《三生三世十里桃花》《琅琊榜》《扶摇》等有影响力的IP作品，“科幻小说网”等先进网络文学平台也成为大众喜闻乐见之所。中国网络文学正以其自然而然的“融合的高大上”之势，即整合网上网下的所有先锋文学内容与形式，阔步迈向一个崭新的网络文学时代。

二　网络文学理论：文学理论的新时态

与互联网以及互联网文化建设发展一道，中国网络文学自20世纪90年代开始不断创生发展，在今天已经成为一片蔚为壮观、引人瞩目的浩瀚文化之海。区别于传统文学理论，与网络文学发生发展及本体特点相一致，网络文艺学的发生发展与建设也呈现出诸多前所未有的特点。

（一）新学科建构的特点

经过近20年的发展，中国网络文学蔚为壮观、形势喜人。互联网文化正在深刻改变中国文化，互联网文学也在深刻改变中国文学的生存发展状态。中国当下的网络文学在形式与形态、内容与题材、精神与逻辑、伦理与价值、理想与追求等方面均存在着这样那样的问题。正如黄鸣奋在《2017年网络文学发展动态》一文中所总结的，“2017年度，网络文学呈现出强劲的发展势头”，“网络文学‘出海’形势喜人；泛娱乐浪潮席卷各个文学网站”，“作为互联网文化场域中诞生的精神产品，网络文学正在对我国社会生活发挥着深刻影响，同时也存在着一些值得我们重视的问题，表明新的网络文学生态亟待构建”。这些问题直接关乎中国网络文化的健康发展，也直接关乎中国文学的繁荣进步。

中国学人很早就对网络文学现象展开一般性理论批评。近年，已经开始较全面地关注网络文学动态，对网络文学展开较深层次的理论研究，关于网络文学批评与网络文学理论的反思性研究也渐渐兴盛。综观网络文学理论研究的历史，能够看到，关于网络文学理论的研究从互联网诞生之际就已经出现。伴随互联网科技、经济迅猛发展，互联网文化生活日益丰富，互联网文学日益繁荣，有关网络文学理论的研究也日益兴盛。

时下，世界已经进入以网络科技、网络经济发展为主要载体的网络文明新时代。因为网络文学伴随互联网的诞生而诞生，其自身一直伴随网络科技，甚至开始伴随世界前沿科学技术的发展而不断发生迅速、巨大的变化。因此，区别于以往文学理论研究，网络文学理论研究在本真意义上应该属于一种跨学科甚至是新学科的建构研究。很显然，这样的文学理论研究有较大难度。正因如此，我们看到，当下，网络文学的发展日新月异，但是，对网络文学进行比较详细而系统的深层次把握却显得很困难，很多研究趑趄不前，直到目前，还没有人对网络文学的控制要素、协同要素及其相互关系与运行机制展开较深入系统的理论探讨、原理发现，也没有人对网络文学进行有机的、系统的、深层次的理论探讨与性质把握。一直以来，网络文学理论研究界，没有人对网络文学内在独特而深刻的原理本身进行结构性的揭示，关于网络文学原理的建构性思考还很不发达。即当下网络文学理论还没有由一般性质的，尤其是传统方式的理论探讨，上升为较高级别的哲学性、未来性、体系化思想把握。

（二）区隔既往理论的新时代特点

网络文学诞生于信息科技日益崛起、世界互联互通的数字互联网成为现实的新信息时代，网络文学发展于新信息科技迅猛发展、信息化浪潮席卷全球的新时期，在不久的将来，人类还将进入区别于以往任何时代的全新信息时代——人工智能时代。网络文学自诞生之日起，一直都在发生着迅疾而巨大的变化，还将发生更大的变化。正如当下的社会与可预计的未来社会区别于任何传统时代，网络文学也区别于任何传统时代的文学。网络文学诞生的历史语境、发展的社会条件有别于一切传统文学。信息化与全球化交织而行，世界性的和平与动荡、全球性的发展与安全并列存在，这个时代极其特殊而复杂。因为依附于信息化且不断创生发展，网络文学表现出新颖且不断翻新的样式特点，流露出源于传统文学又绝对区别于一切传统文学的独特信息精神特点。未来，伴随生物科技与量子通信、人工智能等领域迅速发展变化，人类社会还将出现更大的变化；人文精神与科技发展一道，也将发生区别于传统时代的崭新裂变。因此，网络文学也将越来越不同于传统文学，网络文学将出现更大变化。

从本质上讲，网络文学不同于传统文学。从表层来看，网络文学是人们较为普遍化的网络文化生活的真实反映；从深层次上看，网络文学是信息文化生活、信息社会及其发生发展变化，尤其是信息文明精神的根本表征。单单依靠传统文学理论研究方式审视崭新的网络文学现象，进行网络文学讨论与网络文学理论研究，如同依照传统文化理论进行网络文化研究一样，等同于盲人摸象、管中窥豹，难免会有隔靴搔痒的嫌疑。网络文学研究，尤其是深入的、科学的、体系化的网络文学理论研究，急需新的视角、新的思维，甚至亟须新的学术道路的开创、新的学术方式的树立、新的学术模式的探索。从这个意义上，可以说，真正的网络文学研究与网络文学理论研究其本身一定是一项区别于传统文学与文学理论研究的全新学术活动。

此外，网络文学理论研究一定要于较为广阔的精神坐标、较为深入的网络时代的社会新变、文化新变、思维新变、精神新变探讨中，在清晰勾勒网络文学新变的同时，致力于区别传统文学研究与传统文学理论研究的网络文学原理的发掘研究，崭新网络文学研究重要概念、范畴的概括与建构，独特网络文学精神、本质的理解与阐释；开展较新颖的网络文学理论研究，较现代的网络文学学科的建设；并在这一过程中，努力开辟崭新的理论研究道路，树立崭新的理论研究方式，开创崭新的理论研究模式。

（三）体系化建设特点

伴随信息科技划时代的发展变化，网络社会不断生成并且迅速走向成熟，网络文学还将迎来更大变革。当下，网络文学研究虽很繁盛，但是，受复杂人类历史变革与民族国家社会语境变迁、全球化发展，以及网络科技不断迅猛进步、网络经济日益繁荣等多重要素影响，当下，即使从世界范围来看，对于澎湃发展着的网络文学思潮的发生原因、发展情况及其未来变化，也还没人来进行系统的理论思考，尤其是原理性的概念、范畴把握与精神、本质理解。因此，当下的网络文学研究，尤其是区别于传统文学理论研究的网络文学原理研究空间巨大。

我们可以从广阔的时空维度，以人类历史与未来发展为纵轴，以当下中国与世界的全面变化为横轴，在最为开阔的精神坐标上，于网络时代社会新变、文化新变、思维新变、精神新变的深入探讨中，清晰勾勒网络文学新变与网络文学理论新变的历史图景。同时，我们也看到，伴随网络科技、网络经济日益发展，网络时代普遍来临，网络文学日益兴盛，对网络文学原理的发掘，对网络文学研究重要概念、范畴的建构，以及对网络文学精神、本质进行比较充分的理解与有效的阐释，即时下网络文学理论学科的体系化建设亟待进行。

刨除学科建设任务来看，时下，伴随网络文学日益繁荣、不断变化，网络文学研究，尤其是努力捕捉时代新变、文学新变，比较深入、充分的网络文学理论研究，不仅可以让人们清晰地看到崭新的文学时代变化景观，还可以让人们在感受时代文化新变之余，真切地体味到人类思维的崭新变化。在这个意义上，全面深入、科学系统的网络文学理论研究，即体系化的网络文学原理揭示，网络文学理论重要概念、范畴的建立，网络文学存在本质及其精神实质的有效阐释，已经愈发成为一项迫切而重要的时代精神任务。

三 全新的学科理论：网络文艺学的主要精神架构

网络文艺学由网络文学与网络文化发生发展历史及其未来变化的情况、网络文学发生发展回顾与未来展望、网络文学理论的当代建构、网络文学理论道路、方式、模式的新变，共四个部分有机组成。

（一）网络文化与网络文学发生发展历史及其未来变化

在网络文化与网络文学发生发展历史及其未来变化情况中，努力介绍网络文化发生发展历史及其未来变化情况的内在精神主线，总结并阐述网络文化主要内容，归纳并深刻阐释网络文化的主要含义，准确把握网络文化主要精神内核，清晰勾勒网络文化发生发展历史以及未来变化图景，力图在为人们展示正在蓬勃发展的网络文化现实状况的同时，揭示网络文学产生的真实前提与本来面目。其中主要内容应该包括以下诸多方面。

第一，何谓网络文化。包括对数字化技术与网络文化之间究竟是什么关系、互联网社会与网络文化发展之间有何关联、网络文化的主要内容及其根本含义等问题的揭示。第二，网络文学的出现与网络文化的发生状况。包括对新信息技术的兴起与数字时代的来临、互联网的形成与网络文化的诞生、互联网文化中的网络文学等方面问题的思考。第三，网络文化的发展与网络文学的发展情况。包括对从万维网到移动互联网时代的网络文学、物联网的建设与网络文学的新变化、人工智能时代的来临及其网络文学的新发展等问题的回答。第四，网络文化的新发展。包括对基础科技的新发展——5G与量子计算机的新发展，服务方式的新变化——大数据与云服务，社会发展的新取向——智慧建设与智能管理等方面进行较全面总结探析。第五，网络文学的新状况。包括对网络化创作日益兴盛（新形式）、IP化发展渐成常态（新道路）、强人工智能（科幻）、文学异军突起（新内容）、网络文学的信息革新性质、文学的社会化发展道路与理念的树立（即从人类社会学视角审视，文学在用脚投票，围绕“社会”的建构而创生发展）、文学的国际化融合发展（世界一体化）、思维视野的形成（从人类社会学视角审视）、文学与科学的融合创新发展本质（从人类社会学视角看，第一次真正意义上的文学科学转折）等内容展开充分解析。第六，何谓网络文学。包括对互联网的出现与网络文学的诞生（网络文学是人类社会书写与发表方式等信息载体变化的一个结果）、网络文学与网络文化的交相辩证发展、网络文学的主要内容与含义等理论进行总结探讨。第七，网络文学的审美取向（形式与内容）。包括对网络文学的主要精神表现（人类理想向往与内心真实夙愿），网络文学的社会转向（科学、技术的产业化发展），网络文学的根本趋势（国际化与世界一体化融合发展、网络文学的内在机制），网络文学以科学发明为中心，网络文学以技术创生、产业发展为手段，网络文学以人类理想化追求与社会化建设水平的提升为精神基石，网络文学以国际化、世界化的快速融合为根本途径等问题进行总体性体悟。

（二）网络文学发生发展回顾与未来展望

在网络文学发生、发展、回顾与未来展望中，要较清晰具体地描述网络文学发生发展历史及其未来变化情况，发掘网络文学独特的审美取向，探讨总结网络文学内在规律原理，努力为人们揭示网络文学真实面目。其中主要内容不可避免地要涉及以下诸多方面。

第一，网络文学发生发展的逻辑。包括对网络文学发生的内在需求、文学的社会化本质与网络文学的发生、文学的人文理想情怀与网络文学的繁荣、文学的科学属性与网络文学的不断变化发展等问题的应答。第二，网络文学发展的时代契机。包括对信息技术的不断变革（互联网、物联网、智慧社会）、信息社会的诞生（信息技术成为经济发展主要形式）、信息科学及其关联学科的飞速发展（数学、物理学、生物科学、宇宙科学）等状况的反思。第三，网络文学蓬勃发展的历史（网络社会日益成熟）必然。包括对网络文化生活的兴盛发达、网络科技的不断进步、网络经济的日益繁荣等现象的思考。第四，网络文学的未来走向。包括对网络文学的信息媒介状态、计算机写作与多媒体发表、手机阅读与新媒体转化、物联网获取与智能化选择、网络文学的新精神追求（与科学同体、与社会同往、与人心同步）、网络文学的多种样貌（社会化写作与 IP 化建设、技术化形态与科学化走向、智能化发展与理想化追求）等问题的探究。第五，人工智能时代正在降临。包括对 5G 传输、量子计算与传输及其存储、生物科学等技术不断发展，无人驾驶、生物识别、智慧音箱等智慧经济产业产品不断升级，大数据、云计算、VR 购物以及智能机器服务等别开生面的网络文化生活的总结概括。第六，人工智能时代的文学。包含对与智慧生活同步的科学想象文学时代来临（将取代传统意义上的科幻文学）、与智慧技术同步的智慧文学产业逐渐诞生、人文与科技融会贯通的智慧生活文学时代到来等问题的深入理解。第七，文学与科学的同一化发展。包括对科学生活时代（智慧时代）的真正来临（文学的科学化发展问题）、科学技术创新成为智能时代人们最重要的精神活动（即传统哲学、历史等精神科学将成为与文学关联的次级学科）、科技服务与科技产业及科技经济不断改造传统产业且蔚为大观（即文学将融汇于科技服务）等重要命题的拓展探究。

（三）网络文学理论的当代建构

在网络文学理论的当代建构中，有必要提炼网络文学的主要精神概念，归纳阐释网络文学理论的主要学科范畴，努力建构网络文学基础理论，而这些一定离不开对下面一些问题的思考。

第一，人之为人的“无上追求”。包括对网络文学蕴含的美好爱情、自由探索等人性需要的满足，从受限美好与自由到无限美好与自由的渴望的满足，从匍匐的“人行”到高贵的“神往”等精神内容的发掘。第二，开放自由的创作者与自由开放的网络文学。包括对互联网社会的自由开放本质、开放自由的网络文学创造者、自由开放的网络文学等方面的属性分析。第三，网络文学的兴盛不已与生生不息精神之道的回归。包括对网络社会的不断迭新与网络文化的不断变革，网络文学已枝繁叶茂、网络文学将无限变化与创生发展等方面的深入讨论。第四，思维解放与网络文学。包括对网络文明日渐形成，万物互联——网络文明的主要内容，智慧发展——网络文明的主要形式，本质一体化——网络文明的主要精神等实质性问题的深刻探讨。第五，超越传统文明思维方式。包括对社会核心精神理念的转换——从资本到人心，社会发展核心动力能量的转变——从人力到科技，社会发展核心活动形式的转变——从劳动到创造等方面的具体探究。第六，文学根性的回归与融化了的网络文学。包含对文学根性的回归——从一般性审美表现与社会现实生活再现演变为真正满足人性的审美想象，网络文学的实质从文明的依附到文明的创生，融化了的网络文学——失去个性的文学与文学个性的张扬等问题的深刻领悟。第七，文学科学话语时代来临。包含对现代文学话语的科学属性、当代文学话语的科学表现、网络文学话语的科学性等问题的恰当回答。第八，追求自由幸福的“社会”文学。包括对文学即“人学”的现代理论表述、文学的幸福社会生活追求、文学的社会化特征与社会化的网络文学等方面的整全理解。第九，“想象”的网络文学。包括对网络文学的未来世界想象——科学对传统社会及伦理的僭越，网络文学的玄幻世界想象——浪漫的生活、残酷的争斗，网络文学的生活世界想象——美好的恋爱、幸福的生活等方面的充分概括探析。

（四）网络文学理论道路、方式、模式的新变

在网络文学理论道路、方式、模式的新变中，要高度概括并精准阐释网络文学理论研究的全息性思想道路特征，全面总结并清晰描绘网络文学理论研究的新学科交叉体系方式特点，整合提出并深刻阐述网络文学理论的未来人类学知识建构模式观点。主要应该涉及对以下诸多内容的思考。

第一，网络文化的全息性。包括对信息科技、信息化与网络时代、与纷繁复杂的网络文化生活“息息相关”的网络文化本质等方面的思考。第二，网络文学的信息化特点。包括对与技术为伍、不断迭新，与网络为伴、持续扩张，与科学同道、创生发展等方面含义的回答。第三，网络文学理论的全息思想透视特征。应该包括对以信息学为主干的多学科融合审视，对以信息科学与信息化技术为依托的当代社会现实生活的思考，以及觉己、觉他、觉天、觉地、觉世界的觉悟精神呈现。第四，后工业信息时代社会主要思维方式。包括对工业文明物性思维（单一工具理性或者目的理性）的超越，从形而上学的对立竞争到后形而上学的融合发展，工具理性与目的理性相互融合的精神嬗变等问题的应答。第五，网络文明思维方式的诞生。应当包括对科技的融合创新、社会的融合发展、国际与世界一体化存在意识的生成等方面的深入探讨。第六，“融化”的网络文学理论。应该包括对审美的“无处不在”与“原初文学”讨论的复兴，多学科融合探索信息论化文学理论研究的兴盛，网络文学与科学、技术、经济、社会、生活的关系等进行世界文学理论路线的崭新探索。第七，科学话语时代来临。包括要拓深对人文终将被科学吞没、技术伦理终将统治一切、科学理论终将成为唯一的

人文话语等论题的探究。第八，追求自由幸福的人的文学理论。包括对文学理论将只关乎自由的人性、文学理论将只关乎幸福的生活、文学理论将成为真正意义上的为人之学等方面性质的发掘。第九，“想象”的网络文学理论。包括对放飞想象的精神翅膀（真正的科学时代，文学将真正去除一切精神负累）、文学理论将随智慧技术起舞成为自由自在发展的表征社会变化之学、文学理论将成为真正意义上推动人类新发展的强有力动能等涉及理论变化实质的问题的回答。

四 结语

正如许子东所言，“互联网和手机使得每个人都能发表，从这个意义上，它大大拓展了文学的天地……文学获得了新生命……对于传统的文学形态，包括传统的文学观念形成很多挑战……靠自己辨别，等于每个人自己建立一套审查机制……某种程度上……等于是国家把审查机制放给每个公民自己……所以文学生态会变化，传统的文学观念会淘汰，但文学绝对不会衰亡……照样会生长，因为只要人在人性在它是不会衰落的……（在这个互联网时代）（文学）会扩展定义”。这个时代，“（比如）写博客出名了，写微信公众号出名了，但另一个程度，所有这些畅销的新的文学的实验定义，其实在另一个角度来讲，都值得研究，对于我们做研究的人来说这些东西都值得关注。作品可以不要看了，但是，它的这个现象要看，它为什么会这样……成功”。网络文化表面上是碎片化的，其实是更大的统一化的。当我们从一个相对开阔的互联网时代、网络文化发生发展变化的这样一个较大的思维视野，去审视网络文学，去思考网络文学理论，去建构网络文艺学的时候，我们遇到了各种各样的思想难题，也将遇到更鲜活、更进步的文学及其人类自身。

参考文献

凤凰网：《舍得智慧讲堂》第二季“胡玲对话许子东”，2019 年 1 月 3 日。

黄鸣奋：《2017 年网络文学发展动态》，《人民论坛》2018 年第 1 期（下）。

梁岩：《网络文学生产中的“游戏感”及其辩证分析》，《当代电视》2019 年第 2 期。

刘中锦、马立新：《网络文学转型升级需要破解三大命题》，《中国社会科学报》2019 年 1 月 21 日。

巫汉祥：《网络文学的媒体特征》，《厦门大学学报》2002 年第 7 期。

夏烈：《网络文学需要知识界引导》，《人民日报》2015 年 3 月 24 日。

张跣：《试论网络文学的消费主义历史观》，《中国青年政治学院学报》2014 年第 7 期。

Outline of "Network Literature and Art": Take the Network Culture and its Development as the Horizon of Thinking

Jiao Mingjia　Qi Kaitai

Abstract: Network literature and art is based on combing the history and future changes of network culture and network literature, reviewing and looking forward to the development of network literature, pursuing the contemporary construction of network literature theory, and attempting to describe the path, method and mode of network literature theory. The new changes are devoted to what is meant by network literature, the characteristics of network literature, the aesthetic orientation of network literature, the internal logic of network literature, the future trend of network literature, the ideological characteristics of network literature theory, etc., and a series of philosophical interpretations of disciplinary issues. Scientific answer. From the perspective of its main spiritual structure, network literature and art is a brand-new subject theory. Examining online literature from the perspectives of carrier, discourse, tendencies, thoughts, trends, etc., one can truly appreciate its true pursuit of "release of life", revealing freedom, participation by the whole people, consumption-oriented, and splendor that have not been in the past. New features such as emergence, integration and innovation. In contrast to the unique characteristics of network literature, network literature and art, which is dedicated to the construction of network literature theory, will certainly show the new era of distinguishing theories from the past, the systemic construction characteristics of network literature theories, and the construction characteristics of new sciences. In this sense, in essence, it can be said that network literature and art belongs to the new tense of literary theory.

Keywords: Network Literature and Art; Network Literature; Network Culture

“网文排行榜”与网络文学生产
——从国图典藏百部网文经典说起

李　振　王　震*

摘　要： 网络文学体量惊人，目前已然成为当代文学生产中的一种巨大存在。面对浩如烟海的网络文学作家作品，如何建立一种较为合理的网络文学引导、评价机制，已然成为目前网络文学研究的热点问题。本文拟以国家图书馆典藏百部网文入馆事件为引，从网络文学排行榜的源起、影响、作用机制、运行逻辑等方面探究网络文学排行榜引导及评价机制的利弊。在此过程中，网络文学排行榜背后暴露出的网络文学评价体系匮乏、评价标准不统一等问题也可为网络文学评价体系的建立提供某种新思路。

关键词： 网络文学　排行榜单　生产机制　作用机制　评价标准

2020年8月31日，国家图书馆与阅文集团达成战略合作协议，来自阅文平台的百部作品被典藏入馆，一时间引起大众对于网络文学已经“登堂入室”的讨论。面对浩如烟海的网络文学作品，百部佳作评选的背后隐藏的却是纷繁复杂的网络文学评价体系。本文拟从“网文排行榜”入手，分析网络文学排行榜的起源及作用机制，

---

* 作者简介：李振，男，吉林大学文学院教授，博士生导师，研究方向为中国现当代文学史与当代文学批评。王震，男，吉林大学文学院硕士研究生，研究方向为网络文学历史与现状。

探究网络文学排行榜对于网络文学生产的巨大影响。

一 网文排行榜的出现及其影响

（一）网文排行榜的源起

国图典藏的百部佳作，几乎都是各大“网文排行榜”上的常客。从《诡秘之主》《庆余年》《斗破苍穹》到《赘婿》《鬼吹灯》《全职高手》，再到《复兴之路》《大国重工》《朝阳警事》，此类作品频繁出现于“中国网络小说排行榜（中国作协）”“中国年度网络文学作品榜（北京大学网络文学研究团队）”“中国原创文学风云榜（阅文集团）”“艾瑞网络小说榜（艾瑞咨询）”等众多榜单之上。按照当今学界对于网络文学的溯源，以“榕树下”为代表的文学网站以及痞子蔡创作的《第一次的亲密接触》使得1998年被定义为“网络文学元年”。因此如果要去探索网络文学排行榜单的起源，我们不免要把目光移向网络文学元年。1999年11月11日由榕树下举办的“首届网络原创文学作品奖”无疑是最早也是最具有权威性的网络文学评选。评选活动延续了三届，其评选的结果形成了网络文学排行榜的雏形。素有“网络文学第一书”之称的《悟空传》便是在第二届评选中脱颖而出的。“首届网络原创文学作品奖”以评奖的方式，开启了中国网络小说排行榜单的先河。伴随着2003年起点VIP付费制度的建立，商业类型小说成为中国网络小说的主流，各类网文作品、作家排行榜便层出不穷。正如欧阳友权回忆道：“中国网络文学排行榜老早就有，记得十几年前，每当年末岁尾，网络上就会出现一些网络作家排名、优秀作品几十强、类型小说榜什么的，但影响力和权威性都很有限。”这种状况直到2015年前后，开始得到改观。一些具有较强影响力与权威性的网络文学榜单开始建立。如2015年由中国作协联合国家新闻出版广电总局联合发行的“中国网络小说排行榜”，采用上下年榜的方式，结合网站推荐与专家点评，对于完结与未完结的网络小说进行年度排名。2015年由中国移动和浙江省作家协会、龙的天空等合办的首届“网文之王”活动，由网文行业内顶尖人士评选出过去一年最受欢迎的网络文学作家，授予“网文之王”“五大至尊”“十二主神”等称号。2017年由艾瑞咨询发布的“艾瑞网络小说榜”，通过数据分析，展示网络文学IP潜力榜等榜单。此外也有2015年由北京大学网络文学研究团队发布的“网络文学年度作品榜”，以文学性为主，兼顾专业性，旨在发现具有“经典性”指向的网络文学作品。面对动辄百万字的网络文学作品，在有限的阅读时间里，一份权威的网络文学排行榜单可以最大限度地满足读者的阅读需求。这也是绝大多数网络文学排行榜出现的根本原因。

除此之外，网络文学榜单的确立与盛行还有一些其他方面的原因。如由中国作协和国家新闻出版广电总局发行的“中国网络小说排行榜”实质上是国家文学管理机构试图通过网络文学排行榜单的形式来对网络文学整体创作进行指导。特别是中国作协2020年将“网络小说排行榜”的名称调整为“网络文学排行榜”，其目的是顺应网络文学发展的新趋势，以便更好地对于网络文学创作、传播、阅读等状况进行整体性把握。而2020年1月6日由“2019阅文原创文学风云盛典”发布的“原创文学男频、女频风云榜”以及“2020TOP影游改编书单”等榜单则更多以“月票”为衡量依据，结合小说的IP改编价值进行排列，其注重的是网络小说的商业价值。除此之外，北京大学网络文学研究论坛推出的“网络文学年度作品榜”则以文学性为旨归，主张“为网文立法”，通过“网文排行榜单”从学术角度探究网络文学经典化的可能性。

（二）网文排行榜的影响

如此之多的网络文学排行榜无疑会对网络文学生产起到不同程度的影响。而不同的网络文学排行榜单实际上蕴含着评价者不同的“引导”意图，网络文学生产的主体是作家，生产的平台则是文学网站，网络文学排行榜对于网络文学生产的引导主要是通过对网络文学生产主体和平台的影响来实现的。

这种影响首先体现在作家的创作之上。由中国作协等机构发布的“官方榜单”和阅文集团、艾瑞咨询等企业发布的“商业化榜单”在网络文学排行榜单中具有极其强大的影响力和广大的受众群体。以“经济利益”为原则的“商业榜单”造成的巨大影响往往会使中下层网文作家向“大神”作家看齐。根据有关学者的研究，目前中国网络文学形成了“金字塔生态系统”，“大神”便处于金字塔的塔尖。“大神”是网文圈知名作家的统称，但在阅文集团的作家制度中，是一个确定的作家级别。在2020年阅文集团公布的大神作家名单里，阅文集团名下的大神作家仅有188位，不超过阅文集团写手总人数的万分之三。大神作家通常是作家富豪榜上的常客，2018年发布的作家富豪排行榜中网络作家唐家三少、天蚕土豆版税便超亿元。这也导致了中下层作家对于网络文学排行榜单上名列前茅的作家的争相模仿。如对于某些作家开创的“固定情节”的模仿，《斗破苍穹》中“退婚”的情节被广泛应用于其他玄幻、仙侠、都市、历史题材小说中，而2020年火爆全网的《诡秘之主》所设定的“克苏鲁”体系也被此后诸多作家所借鉴。这种模仿往往由于网络作家水平的良莠不齐导致大量情节、设定流于烂俗，而大量生产的文字泡沫也影响了网文创作的长远发展。

以“审美引领”为原则的“官方榜单”则从网络小说题材方面影响网络作家的创作，如近年来崛起的网络文学现实主义题材导向。中国作协推出的“中国网络小说排行榜”始终坚持以全局视野、大众审美、网络特质为原则，提倡现实主义题材创作，导致了一大批优秀的现实主义题材网络小说的出现。如2018年的《大国重工》《学霸的黑科技系统》，2019年的《上海繁华》《旷世烟火》，以及2020年11月完结的《朝阳警事》等作品。现实主义题材网络小说的崛起，进一步丰富了网络文学的内涵，并且提升了网络作家群体的责任感。正如唯一入选中国作协举办的“讴歌新时代、庆祝改革开放40周年、庆祝中华人民共和国成立70周年主题专项”的网络作家何常在所言：“带着对时代的敬意，我萌发了要创作一部记录时代的网络小说（的想法），也是为了证明网络作家其实也是一个有时代感、责任感，有担任的作家群体。”① 权威“官方榜单”的发布是为了倡导网络作家们更好地感知新时代，从而利用网络文学的方式对于现实生活进行反馈。

网络文学排行榜也通过影响文学网站来引导网络文学生产。由于“商业榜单”在网文消费市场中的巨大影响力，为了能够更好地促进网文平台发展，许多中小文学网站会以排行榜上流行的特定题材作品来规划网站的创作导向。如专注于女性读者的晋江文学网，专注于二次元题材的刺猬猫、SF 轻小说，专注于玄幻、历史的咕咕小说网，等等。除此之外，“官方榜单”对于文学网站的影响主要在于厘清网络文学创作的界限。从 2011 年开始，由全国扫黄打非办公室以及公安部等部门开展的“净网”活动，对于各大文学网站进行排查，针对初期网络文学色情、低俗、违背社会主义价值观等现象进行专项整治，该活动延续至今。此前起点中文网、17K 小说网、晋江文学城等文学网站遭受处罚也使得“官方榜单”再一次被各大网站重视，成为有关文学网站创作的标准与典范。

网络文学排行榜对网络文学生产的引导是多种多样的，但是总体来看都可归为对“创作观念”的引导，网络文学排行榜以其评选标准、趣味和惯例建构出的文学观念影响了网络文学作品的创作、评价、传播。正如接受美学中所强调的：“这些观念在人们对那些供出版的书稿进行选择时已经在发挥其影响了。同样这些观念也在影响着批评界的评论工作。……最后，读者在拿到一部作品时，也正是根据这些文学观念才形成了应用何种方式阅读这部作品的想法。”网络文学排行榜正是以这种文学观念的形式出现，并且影响到网络文学的创作、传播和阅读活动。而以“中国网络小说排行榜”“网文之王”排行榜为代表的官方榜和商业榜因其巨大的影响力与权威性在网络文学生产过程中起着举足轻重的作用。它们居于网络文学评价等级的高端并影响着其他评价主体的活动，它们引导

① 2018 年 7 月 2 日，橙瓜网文专访何常在。相关内容见“橙瓜网文”微信公众号文章《橙瓜专访丨何常在：我是被周运忽悠来的阿里文学》。

着网文作家的写作，影响着原创网站等文学生产机构的活动。这使得网络文学排行榜及其评选活动成为网络文学生产运行机制中的一个重要连接点。

二 排行榜的作用机制及影响

通过上文对于网文排行榜的溯源以及影响的考察，我们可以发现网文排行榜在网络文学生产、传播、阅读过程中发挥的显著作用。与此同时，我们可以发现，“官方榜”“商业榜”“学院榜”虽然评选的标准侧重不同，但是就结果而言，不约而同地达到了相同的效果（发现作品、满足读者需求）。在不同的排行榜背后实际上有着一种内在的机制发挥着影响，从而导致各大排行榜具有一种共同的作用方式。这种共同的作用方式是由排行榜单的内在规律所决定的。因此除却对于网络文学排行榜的外部影响之外，我们应该借此深入网络文学排行榜的内部，探索网络文学排行榜的内在机制。根据“商业榜”“官方榜”“学院榜”等对于网络文学的创作模式、题材趋向、创作标准的影响，本文提炼出网络文学排行榜的两种基本作用机制：“发现”与“倡导”。

（一）发现机制

根据《2019中国网络文学发展报告》显示，2019年，我国网络文学作者达1936万人，网络文学平台日均更新1042.1万字。[①]仅以阅文集团为例，如今阅文旗下已有超过890万名作者，1340万部作品。要在如此多的作品中挑选出读者所需要的作品，无疑是一件难事。“商业榜”的解决方式是通过自身特有的遴选作品机制，对于网络文学作品进行排序。如分布在各大文学网站的“月票榜”“推荐榜”“点击榜”“收藏榜”，通过读者订阅的数据，对于

① 《2019中国网络文学发展报告》，中国作家网，http：//www. chinawriter. com. cn/n1/2020/0220/c404027 -31595926. html。

网络文学作品进行量化排名；艾瑞小说排行榜则根据网络小说的 IP 改编价值进行量化排名；除此之外也有综合各项指标，以作品阅读指数排序[①]的榜单，如起点的四大新书排行榜，晋江的积分排行榜，等等。但是归根结底“商业榜”始终是以某种“算法”[②] 为依据，以满足市场需求为主要目的进行排序。实质上“商业网站通过一系列貌似客观但实质是基于商业逻辑法则的文学评价体系，将文学作品变成了纯粹的商业消费品”。而本节所强调的“发现”机制，特指官方榜与学院榜从海量的网络文学作品以及商业化榜单中将一些规避市场导向，注重艺术品质、价值导向的作品选拔出来，从而引起文坛对这些作品及其作者的关注。主要表现为：对某些不属于商业网站主流题材作品的发现与引导；以及以“文学性”“经典性”为标准，对于引发网文新类型、新潮流以及有利于引渡网络文学与传统文学合流的网文作品的发掘。

官方榜将“发现”的重心首先对准现实主义题材，根据中国作协最新发布的“2019 年中国网络文学排行榜”，上榜的 10 部作品中，《浩荡》《天下网安：缚苍龙》《朝阳警事》《传国功臣》《星辉落尽风沙里》5 部作品均属于现实主义题材。而由中国作协、上海新闻出版总局等官方机构评选的“中国网络文学 20 年 20 部优秀作品”中也充分体现了现实主义导向[③]。正如中国作协网络文学委员会主任陈崎嵘所言，这份名单表明了中国作协等主流文学团体对于网络文学的态度，就是要倡导网络作家们感知新时代、把握新时代和反映新时代，倡导他们创作现实主义题材作品，致力于现实生活的网络表达。从具体的官方榜单来看，这些榜单虽然对于“算法”中“玄幻”“仙侠”等数据排名靠前的作品类型有所重视，但

---

① 阅读指数综合了用户阅读、互动、订阅、打赏、投票等多种行为指数，能够全面反映作品受欢迎程度。

② 算法（Algorithm）是指解题方案的准确而完整的描述，是一系列解决问题的清晰指令，算法代表着用系统的方法描述解决问题的策略机制。

③ 其中《第一次的亲密接触》《复兴之路》《大江东去》等 6 部现实主义题材作品入选。

也不忽视发掘数据排行较靠后的现实主义作品。因为对于官方榜而言，虽然网络文学作品的订阅、月票等数据具有很高的参考价值，但是作品的审美效果、现实意义才是其首要看重的。因此，官方榜的排列，基本上都有一条隐性的标准，现实主义题材作品优先上榜，然后符合核心价值观的其他题材作品才可以上榜。以“中国网络文学20年20部优秀作品”为例，2015年度由各大网站推荐，并由中国作家协会发布的“2015年度中国网络小说排行榜”中《奥术神座》《木兰无长兄》《从前有座灵剑山》等作品数据排名靠前。但当选2015年度优秀作品的《复兴之路》却不在此名单以及各大网站的排行榜之上。除此之外，2016年度优秀作品最后选定为《大江东去》，实际上也是综合考虑了其现实主义题材的标准。官方榜对于现实主义潮流的引导实质上取得了很好的效果。自2014年以来，网络文学现实主义题材开始崛起，陆续涌现出《大江东去》《上海繁华》《浩荡》《大国航空》等优秀作品，2019年，第四届全国现实主义网络文学征文大赛、连尚文学2019首届网络文学现实题材征文大赛等比赛参与作者过万人，参赛作品过万部。2020年以来《大江大河2》《小欢喜》《隐秘的角落》等现实主义题材IP影视改编也取得了很大的效果。现实主义逐渐有成为网络文学主潮的趋势。

学院榜则将发现的重点转向网络文学作品“经典性”的可能之上。在这方面具有代表意义的是，北京大学网络文学研究论坛2015年推出的“网络文学年度作品榜”，该榜单基于网站数据与粉丝圈口碑，筛选能够体现网络文学发展新趋势、新潮流，且具有较强文学性，具备经典化可能的作品。如首届推出的网络文学年度作品榜，王恺文对于《一世之尊》的分析，表明其以“轮回”与“因果”对于传统“无限流”类型进行了突破，其中蕴含的“求道”与“求我”的观念也反映了现实思潮。王玉王对于《从前有座灵剑山》的分析则展现了网络文学中“吐槽流”对于宏大叙事的解构，以此引发了2019年来对于“梗文”“未来网文”的思考。与此同时，学院榜单还侧重于对女频小说的观察，网络文学年度排行榜的设定解读一般都是选取男频、女频作品各10部，其官方媒介“媒后台”也设置了“女性向·耽美”专栏，并且对于一些知名女性网络作家进行采访等。如2019年对于晋江文学网Priest的专访，专访内容发表在《文艺报》专栏以及相关平台之上。

在网络文学海量的生产机制下，如果没有一些好的“发现”机制，很多优秀的作品将会被淹没在诸多同质化的作品当中。如《复兴之路》《大江东去》《木兰无长兄》等网络文学作品在以数据为标准的商业榜单中很难找到自己的定位，但是经由官方榜与学院榜发现之后，此类网络文学作品引起了文学界的重视与讨论。以《大江东去》为例，由《大江东去》改编的影视剧《大江大河》全网播放量超74亿次，2020年热播的《大江大河2》上线8天播放量已达4.9亿次。由此可见“发现机制”的重要性。

（二）倡导机制

每一个“排行榜”的发布都蕴含着评选者（组织）的标准与意愿。中国作协书记处书记胡邦胜在2019年度中国网络文学排行榜发布仪式上的发言指出：“举办中国网络文学排行榜，就是要树立一种导向，推动网络文学高质量发展。”① 由邵燕君等人主编的《2018—2019年中国网络文学双年选》沿袭首届年度排行榜的评选标准，其目的是“搭建一座从传统媒体进入网络文学的坚固桥梁”。所谓倡导实际上包含提倡与引导两个层面的含义。首先是对于网络文学创作题材、创作技巧、创作思潮的提倡，比如网络小说近年来兴起的“现实主义题材”以及对于“共和国70年”“改革开放40年”等宏大叙事的提倡。其次，在提倡的同时，进一步引导网络作家的具体创作，引导网络作家对于“类型”的突破。这种意图在学院榜中体现得尤为明显。

排行榜在发挥其倡导作用时，主要运用了两方面的手段，一是文本手段，包括“选”（选择标准、比重）、“评”（文学评论、研

① 2020年9月30日，《文艺报》记者丛子钰报道《中国网络文学排行榜》。

讨会）等；二是文本之外的手段，如炒作宣传，扩大文学的影响力等。

排行榜单中作品类型的比重可以体现其倡导意图。一般来说，排行榜如果想要提倡某种文学题材、主张，便会相应大比重地选择该类作品上榜。从上文我们可以了解到，官方排行榜在促进网络文学现实主义转向之时，便大幅度选取现实主义题材作品上榜。如刚刚公布的2019年网络文学排行榜，上榜作品半数皆为现实主义题材作品，而从2016年开始国家新闻出版广电总局每年公布的“年度优秀网络文学原创作品推介名单”中现实主义题材作品也频频上榜。然而现实主义题材小说比重的不断增加也反映出官方对于相关现实主义题材的网络文学上榜作品的选拔标准有所降低。当下现实主义题材作品，只关注数量的积累，却缺乏质量上的提升。学术界对此也颇多讨论，虽然也有论者肯定优秀的现实主义题材网络小说“不但生活面广、真实感强，而且艺术性较高、网络人气旺”，然而黄发有、夏烈等人对现实主义题材的网络小说创作现状饱含隐忧，闫海田在写作《寻找现实主义的网络形式——2019年现实题材网络小说创作综述》时也发出了“寻找现实主义的网络形式”的呼吁。

而在学院榜中，年度排行榜的作品选取上便采取男频、女频各10部的做法，背后蕴含着学院榜对于女性网络文学的关注，特别是年度排行榜单之后附录的文学评论，更可见学院榜独特的倡导意图。从2015年开始，截至2020年，北京大学网络文学研究中心共发表具体文学评论文章100篇，以2015年网络文学年度作品榜单为例，其中以媒介角度探究网络文学生产机制与作品类型特征的文章共有8篇，而以传统文学理论探究网络文学作品人物、主题等的文章有12篇，文章类别的分布也体现了学院榜独特的倡导意图。无独有偶，这种分类在2016年、2017年、2018—2019年双年选排行榜中也有所体现。无论是排行榜作品的选择，还是其后附带评论文章的选择，实际上都显示出学院榜为“网络文学立法”的观念。无论是此前对于具体作品新类型、潮流的分析，还是此后运用数字人文观念对于网络文学生产机制的思考，都体现了学院派将网络文学纳入文学秩序的愿望。

除却文本之内的手段，排行榜对于网络文学的倡导作用也常常体现在文本之外。自20世纪90年代之后，传统文学逐渐边缘化。按照王蒙的说法，“文学失却了轰动效应”，然而网络文学因其依托于媒介变革的现实，使得它有机会被更多人所熟知。而排行榜往往通过大众传媒炒作榜单上的某些作品，以便引起学术界以及其他人对于作家作品的关注。上文提及的“优秀网络文学原创作品推介”“中国网络小说榜”“中国网络文学20年20部优秀作品”，以及“中国年度网络文学作品榜”都试图通过媒体宣传来扩大网络文学的影响力。让·鲍德里亚将媚俗定义为一个文化范畴，认为“媚俗的激增，是由工业备份、平民化导致的”。面对网络文学生产、传播的媚俗化倾向，官方排行榜和学院榜倡导的最终目的就是通过种种方式来引导网络文学朝主流化、精品化方向发展。

综上所述，排行榜所体现的“发现”“倡导”机制类似于传播学中的“议程设置”，而在议程设置中，“媒介议程设置了公共议程”，在中国当代网络文学场域之中，排行榜便是媒介议程的倡导者和设置者。排行榜依靠其影响力，通过自己的各种运作，从而形成媒介议程，影响广大受众，形成社会受众的话题——公共议程就此产生。排行榜所推荐的作家作品和文学思潮就这样进入公共议程，引起较大范围的注意和反响。通过发现和倡导机制，排行榜有力地推介了作家作品，有效地改善了网络文学评价体系匮乏的状况，为网络文学朝主流化、精品化方向发展提供了动力。

三　排行榜的影响力及运行逻辑

通过对于排行榜的影响力以及作用机制的分析，我们可以发现排行榜对于扩大网络文学影响，引领网络文学发展导向具有重要作用。但是到此我们必须进一步追问，排行榜的影响力究竟生发于何处，它的作用机制又是如何获得并且被成功运用的。要想解决这个问题，我们必须分析网络文学排行榜在当代网络文学生产场域中的“占位”。布迪厄《艺术的法则：文学场的生成与结构》中提倡运用一种关系思维分析文学场内部各成员的占位及相互之间的关系，借此揭示文学生产活动的奥秘。毫无疑问，排行榜与其关系方（官方机构、学院、商业网站、作家、读者）所构成的文学空间是一个小型的文学场，通过对于场内部结构状况的分析，我们可以探究网络文学排行榜影响力及作用机制的真相。

（一）排行榜在文学场中的占位

在围绕网络文学排行榜所构成的文学场中，大众读者、精英读者、作家是几个主要的占位，我们首先要了解这几位成员在所处文学场内的位置及其相互关系。

中国如今拥有世界上最为庞大的网络文学市场，根据《2019中国网络文学发展报告》显示，2019 年，我国网络文学作者达1936 万人，网络文学平台日均更新 1042.1 万字，每年创作的网络文学作品多如繁星。由于作品数量的庞杂，不论普通的社会读者还是专业的文学研究者，因其时间、精力所限，对于网络文学很难有一个准确地把握。因此，面对不同读者的选择性阅读需求，不同种类的排行榜便应运而生。

普通读者是商业排行榜最主要的受众，由于普通读者的文学鉴赏能力有限，加之阅读网文的目的只是消闲娱乐，这时候满足大众娱乐需求的商业排行榜开始为人所重视。通过文学网站内部的“算法规则”，普通读者可以通过文学网站提供的各个榜单或者其他机构基于数据统计的榜单选择自己所喜爱的作品。这种状况下，所谓的“推荐榜”“月票榜”“收藏榜”“订阅榜”“人气榜”开始出现于各大文学网站或其他统计机构。表面上看，基于数据的商业排行榜具有很强的说服力，然而商业网站通过商业逻辑法则塑造的文学评价榜单使得网络文学成为一种消费品，读者只是单纯的消费者。商业榜单的盛行使得网络文学发展走向类型化、同质化、媚俗化。除此之外，商业网站也将自己的运营理念隐藏在由数据构成的排行榜单之中，网站公布的排行榜数据往往是由文学网站自身进行计算统计发布的，文学网站可以通过调整算法规则来实现自己的商业目的。如起点中文网对于"月票"数据的看重，以及2016年晋江文学城对于作者签约年限和版权授权状况积分公式的修改。

作为精英读者的文学评论家与当代文学研究者，构成了官方榜和学院榜的第二类受众。同广大普通读者一样，面对数量巨大的网络文学作品，他们也需要排行榜为其筛选出可供研究的网络文学作家作品。但是基于商业运行逻辑的商业榜单自然与追求文学性、学术性的文学研究相差甚远。因此官方榜与学院榜在这种背景下逐渐诞生。官方榜与学院榜的主要读者实际上就分为两类，一类是希望自己的作品得到官方认可的网络文学作家；另一类便是从事专业文学批评工作的文学研究者。纵观近些年的网络文学作品评论，被评论的网络文学作品大都选自各大官方榜或学院榜，许多网络文学研究者因为阅读量有限，也只能够通过官方榜与学院榜了解网络文学的最新动态。

作家是排行榜的第三类关联方。网络文学生产如今呈现的最大趋势便是类型化与模式化。自2003年起点制定VIP付费制度要求之后，作家们必须完成每日几更，每更几章的任务。例如2017年，位列"十二主神"之一的网文作家风青阳曾经有过日更50章15万字，月更70万字等记录[①]。面对此类网络文学生产现状，要在汗牛充栋的网络文学作品中筛选出可读的精品，排行榜的作用不言而喻。因此，网络文学作家特别希望自己的网络文学作品上榜，得到更多人的认可和支持。排行榜不仅为希望得到承认的网络文学作家提供了一个机会，同时也为许多网络文学爱好者和写作者提供了学习创作的范本。如此前提到的《诡秘之主》对于"克苏鲁"体系的运用，引发了一系列的跟风之作。

传播学中的"使用—满足—依附"理论认为，媒介能够满足人们的需求越多，给人们提供的东西越是重要，人们对它的需要程度

① 2018年1月10日，17K看书专访风青阳，相关内容见"17K看书"微信公众号文章《17K专访丨风青阳：新作首发，日更15万神话有望再续》。

就越高。而不论是普通作者还是精英读者，都需要排行榜为其进行筛选，提供可以阅读的作品。作家们也需要排行榜提高他们作品的关注度，使得他更加为人所知。上述各方越是需要排行榜，就越容易被排行榜所影响，从而导致排行榜在网络文学场中成为读者看重、评价家依赖、作家追随的一种重要机制。

（二）实质：信任与诱惑

传播学者法兰奇和雷门提出，“传播影响力是一种权力运用的形式”，这种形式依赖于传播者的特定资源和属性。例如，“中国网络小说排行榜”是由中国作协评选的网络文学排行榜，很大程度上代表了官方话语对于网络文学的态度。而中国作协所具有的官方身份与权力使得“中国网络小说排行榜”也具有了权威性。排行榜的影响力还源于学术资源的支持，具有影响力的排行榜大多由众多知名文学研究者、业内人员、编辑等共同推选而成。与此同时，诸多文学研究者也围绕榜单发表了一系列有关具体作品的学术文章。当今比较活跃的文学评论家有黄鸣奋、欧阳友权、王祥、陈定家、周志雄、邵燕君、夏烈、何平等人，他们的参与使得排行榜的权威性和影响力进一步提高。此外，庞大的读者资源也扩展了排行榜的影响力。商业排行榜的运行需要基于既定的算法规则，而每一个商业榜都是读者通过自己的实质性参与而构建的（订阅、月票、点击、收藏、评论），而以上所分析的排行榜在网络文学场中的地位，以及它们所享用的官方资源、学术资源和读者资源共同构成了一种“象征资本”。布迪厄认为，“象征资本是一种信誉”，他认为文学场中某些占位所拥有的影响、控制他人的能量来自一种以信誉为基础的信任关系。所以表面来看，排行榜的权威性来源于读者资源、学术资源、官方资源的多方整合。但是深入分析我们会发现排行榜的影响力以及作用机制实际上来源于受众对于排行榜的信任和认可。这点在精英读者、大众读者身上体现得十分明显。精英批评家以文学性与学术性为标准，所以偏重于相信官方榜和学院榜；但是对于寻求“爽感”“娱乐”的普通读者而言，数据为王的商业榜更加符合他们的审美趋向。由此可见，基于这种信任的逻辑才是网络文学排行榜能够有效运作的真正奥秘。

在以排行榜为中心的网络文学生产场域中，除却受众与其建立的信任逻辑之外，受众对于排行榜的认可和服从，也赋予了排行榜极强的影响力和权威性，排行榜于是进一步通过“权威效应来控制和影响受众”。布迪厄《艺术的法则：文学场的生成与结构》中曾经指出，在文学场内部某些“占位比较强势”，能够支配其他占位，构成场内部的支配权系统。在网络文学生产场域中，排行榜就是这种支配者，它对普通读者、评论家、作家都具有支配力。对于网络文学作家而言，即便是已经成名的大神作家，其创作风格也受排行榜单的影响。比如网文出海代表作家横扫天涯，他的作品《天道图书馆》在起点国际长期占据海外点击榜、推荐榜双榜第一，但是对于这样一位已经卓有成就的网络文学作家而言，能够入选2019 年网络文学排行榜也是一件十分重要的事，因此他说道：“网络小说要更长远地走下去，成为经典作品，就要向着精品化方向发展。”表达了他对于榜单评选标准的认可。中下层作家则比这些大神作家更加看重网络文学排行榜，因为他们自身缺乏一定的文学资本，上榜则意味着作品会引起社会和文学研究界的关注。例如，何常在的《浩荡》在入选官方榜之后，《浩荡》因此成为文学界认可的现实主义题材网络文学代表作品之一。

由于看重排行榜，这些“新”作家很容易从榜单中获得鼓舞，因此也通常参考榜单确立自己的创作风格和方向。如针对当今网络文学快节奏、水字数的创作现状，网络作家小神在创作《无字江山》之时，“单是写作之前的人物小传和大纲，小神就写了两个多月，整理出超过 8 万字的 10 个文档，到现在，《无字江山》已经修改到第七个版本，废稿已经累积了 40 余万字”[①]。而针对现实主义题材网络小说中出现的真实感、细节不足的问题，《大医凌然》的

① 青海新闻网：《网络小说要向精品化方向发展——访青海省网络文学委员会副主任、知名网络作家横扫天涯》，https：//3g. 163. com/dy/article/FRHUUOHB05149KRV. html。

作者志鸟村在接受中国作家网专访时也曾谈到，为了写作小说，“他在医院现场观摩了一些手术，前前后后大概总共看了几十台，小的有伤口缝合、胆囊切除，大的甚至有开颅手术”。总而言之，网络文学排行榜在网络文学生产场域中占有十分重要的地位。而网络文学排行榜能够运行的根本原因便是在以网络文学排行榜为中心的网络文学场域中与读者、作者等构建的信任机制。这种“信任”反过来又加强了网络文学排行榜的权威性，使得它通过一种诱导的方式来有效地发挥作用。鲍德里亚曾将“诱惑”视作消费社会运行的最基本动力，认为“诱惑从不属于力的秩序或属于力的关系，但又比权力更强大”。而排行榜正是通过诱惑作者、读者、平台等来实现其影响力的。

网络文学排行榜的出现与盛行意味着网络文学逐渐开始引起公众的关注。而国家图书馆典藏百部佳作的行为则意味着网络文学不仅仅是普通读者娱乐消遣的读物，更能够同经典文学作品一般传播精神价值。根据《第 46 次中国互联网络发展状况统计报告》显示，截至 2020 年 6 月，我国网络文学用户规模达 4. 67 亿人。[①] 过多的受众必然要求网络文学提供更多的文学作品，如何满足读者的阅读需求便成为网络文学生产体系迫切需要解决的问题。本文通过对网络文学排行榜的溯源、分类、影响机制以及影响产生的内在原因进行研究，表明了网络文学排行榜在当代网络文学生产中的重要作用。在中国网络文学生产过剩以及同质化的背景之下，排行榜起到筛选引导作用。然而国图典藏百部网文作品行为的背后折射出的却是网络文学评价体系的匮乏以及评价标准的不统一。国图典藏作为一种示范性的行为，意味着引导青少年对此经典进行阅读，传播正确的价值观。但事实上国图典藏的百部作品中包含官方榜、学院榜、商业榜等不同评价体系的作品，部分作品所包含的价值观导向也不足为训。这个情形大概与德国学者 Ole Doering 在讨论互联网文

① 中共中央网络安全和信息化委员会办公室、中华人民共和国国家互联网信息办公室：《第 46 次中国互联网络发展状况统计报告》，http：//www. cac. gov. cn/sjfw/hysj/A091601index_ 1. htm。

化“人文性”（Humanity）时指出的“管理具有不确定风险的技术的发展时在任务范围内的结构性上存在的不可避免的冲突”有关。或许我们由此可提出推论，网络文学排行榜在某种意义上是网络文学发展的“指向标”，而这种指向标能否发挥正确的引导作用还需要网络文学评价体系的完善和评价标准的建立。

参考文献

陈奇佳：《网络时代的文学生产》，《江苏社会科学》2009 年第 4 期。

高亚春：《符号与象征——波德里亚消费社会批判理论研究》，人民出版社 2007 年版，第 223 页。

赫灵华：《IP 背景下网络文学的价值探析》，载王玉英主编《网络文化研究》（第一辑），中国社会科学出版社 2020 年版，第 198 页。

罗执廷：《文选运作与当代文学生产——以文学选刊与小说发展为中心》，暨南大学出版社 2012 年版，第 174 页。

欧阳友权：《漫说网络文学排行榜》，《长江文艺》2018 年第 7 期。

邵燕君：《网络文学的“断代史”与“传统网文”的经典化》，《中国现代文学丛刊》2019 年第 2 期。

邵燕君、肖映萱主编：《中国网络文学双年选（2018—2019）》，漓江出版社 2020 年版，第 2 页。

王蒙：《文学：失却轰动效应以后》，载《王蒙文存》第 23 卷，人民出版社 2003 年版，第 178—185 页。

吴鸿瑶：《小神：网络文学创作需要依托现实》，《中国青年作家报》2019 年 9 月 27 日。

闫海田：《寻找现实主义的网络形式——2019 年现实题材网络小说创作综述》，《当代作家评论》2020 年第 4 期。

朱国华：《文学场的逻辑：布迪厄的文学观》，《文学研究》第 4 辑，中央编译出版社 2003 年版，第 55 页。

［德］Ole Doering：《“仁德性”能占据互联网及互联网文化的时代优势吗?》，梁琳译，载王玉英主编《网络文化研究》（第一辑），中国社会科学出版社 2020 年版，第 63 页。

［德］曼弗烈德·纳乌曼：《从历史、社会角度看文学接受》，载张廷琛编《接受理论》，四川文艺出版社 1989 年版，第 75 页。

［法］皮埃尔·布尔迪厄：《艺术的法则：文学场的生成与结构》，刘晖译，中央编译出版社 2001 年版，第 210 页。

［法］让·鲍德里亚：《消费社会》，刘成富、全志钢译，南京大学出版社 2020 年版，第 98 页。

［美］丹尼斯·麦奎尔：《麦奎尔大众传播理论》，崔保国、李琨译，清华大学出版社 2006 年版，第 367 页。

"Leaderboard" and Network Literature Production: Starting with the National Library's Collection of a Hundred of Network Literature Pieces

Li Zhen　Wang Zhen

Abstract: The volume of network literature is amazing, and it has become a huge existence in the production of contemporary literature. How to establish a reasonable guidance and evaluation mechanism for network literature has become a hot issue in the current network literature research in the face of the vast amount of works of network literature writers. Based on the event of the collection of hundreds of online literature works in the National Library of China, this paper explores the advantages and disadvantages of the guidance and evaluation mechanism of online literature ranking from the aspects of the origin, influence, mechanism of action and operational logic of online literature ranking. In this process, the lack of network literature evaluation system and the inconsistency of evaluation standards exposed behind the network literature ranking list can also provide some new ideas for the establishment of network literature evaluation system.

Keywords: Network Literature; Leaderboard; Production Mechanism; Mechanism of Action; Evaluation Standard

中国台湾网络文学发展脉络探析
——兼论作家九把刀的成功

林文玉*

摘　要：本文以1997年迄今的中国台湾网络文学为观察对象，网络开始蓬勃发展之后，网络小说有别于传统纸本作品的书写、出版与被阅读，网络的书写与阅读为作者与读者提供了实时交流与互动的机会。本文亦针对中国台湾网络小说的代表作家九把刀及其作品《那些年，我们一起追的女孩》的成功作进一步探析。网络小说《那些年，我们一起追的女孩》得到很大的成功，并被翻拍成影视作品，在韩、日等多国上映，亦得到很好的反响。近年来许多网络小说都被改编成为影视作品，也令众多的年轻作家加入网络文学的行列，使得热爱网络小说的读者有了更多的选择。

关键词：网络小说　九把刀　商品化网络效应

绪　论

“网络文学”是20世纪末出现的一种文学形式，从80年代开始出现“计算机诗”等各种前卫书写，随后在90年代初“电子布告栏系统”（Bulletin Boards System，BBS）出现后，引发新一代作

* 作者简介：林文玉，女，中国文化大学韩国语文学系兼任助理教授，比较文学博士，研究方向为中国台湾与韩国比较文学、中国台湾与韩国文化比较、中韩翻译。

家构筑网络书写社群的风潮；乃至 90 年代中期，大量出现在全球信息网的各种多向文本、多媒体、互动、立体乃至于虚拟实境式的数位文学作品。[①]

因此，可归纳“网络文学”为以网络为载体发表的创作，内容有连载小说、现代诗、散文等文类。每个网络使用者可以是作者，也可以是读者。这种形式的作品，就理论上而言，因文学作品的焦点已从“作者中心”“评论者中心”，移到“读者中心”“文本中心”而大受瞩目。须文蔚认为，网络世界让每个人既是读者也是作者，可以说是“读写者”的时代到来。

因网络传媒，非常容易透过对话性的便捷，而达到共同创作的共识，譬如针对同一主题，若干网络族群交织创作、彼此的文本突发无预期地影响对方的文本，而达到出人意料的结局。这样的文学作品，通常已融会贯通“网络文化”现象，诸如“匿名”“虚拟”“断裂”，而在文学作品中呈现这种新时代文化下的人性。这样的文学作品，可能作品中完全没有出现“网络”二字，却处处可见网络文化中的新时代现象。而这篇文学作品的内容涵盖网络传媒引发的特殊生活、人际、思考方式等特点。并且，在网络发表后，大量

---

① 中文学界在 1999 年 7 月之前，除了《歧路花园》的尝试，没有其他人对网络文学这一中文词发表过较正式的定义。1999 年 6 月“网络文学座谈会”中，以“网络文本”泛称超文本文学及其他数位文本。此处的“网络”一词，似乎兼含 Internet 及 network 的意味。须文蔚则把“网络”一词视为传播工具，认为“网络文学”一词不妥，建议以“电子文学”代之。向阳《迷幻的虚拟之城》中的“网络文学”一词，所指称的对象主要是 BBS 上的文学作品。林淇瀁《流动中的缪思》，梳理过去一些定义相关说法，将超文本作品纳入范围，但基本上仍无重大修正的企图。相较于“网络文学”一词，须文蔚认为“数位文学”是较为周延的说法。因“网络文学”一词有其局限性：第一，早在网络盛行以前，已经有作者运用/模仿数位语言形式进行书写，其努力与启发性不容忽略；第二，网络是新形态的传播工具，而利用 BBS 所发布的诗文，绝大多数是文字形式的，与平面媒体并无太大的区别，其在文学史上重要的意涵应当在于虚拟文学社群的建构上，尚难称为一种新文类；第三，目前出现在全球信息网上含有非平面印刷成分并以数位方式发表的文学作品，事实上不见得只能在网络上展现，同样可以以光盘形式出版，或以离线计算机陈列之。早在网络普及前，现代诗的作者便开始使用仿数位语言形式进行创作，而目前出现在网络上的数位文学作品不仅能在网络上发表，亦可以以多媒体形式出版，以“网络文学”称之似乎过于狭隘，而应以数位为核心，以“数位文学”称之。参见须文蔚《文学@台湾》，台湾文学馆 2008 年版，第 281—282 页。

网络读者以各种方式参与讨论，以至于继续增殖文本。

1998 年 8 月在《歧路花园》中，将网络文学简单定义为“网络文学，或称电子文学，大略分为一将传统‘平面印刷’文学作品数位化，而后发表于 WWW 网站或张贴于 BBS 文学创作版上；二指含有‘非平面印刷’成分并以数位方式发表的新型文学，学术上惯称超文本文学（Hypertext Literature）。非平面印刷成分的明显例子包括动态影像或文字、超级链接设计（Hyperlink）、交互式（Interactivity）读写功能等”。由于不依赖传统纸面系统，不需占用资源，对现有文化资源配置体系是一种突破，开辟了一条完全不同于以往方向的文学战线。网络文学在网上文学期刊、个人网页、讨论区张贴，并通过电子邮件传播等，其中绝大多数都不需要编辑、主编的审查。这样也代表着无人审定的文学，在网络上所见文学的质量无人把关，在众多文章中挑选比较有水平的作品，相对纸面文学变得困难。

同时，网络文学的传播也和纸面文学的传递方式不一样，纸面文学依靠刊物和报纸的发行，发行环节多，依靠人工，且速度慢，费用高，发行范围受限。但网络文学则在网上自由地输送，可以在瞬间传遍世界，传遍网上的每个角落。

一　中国台湾网络文学概述

在中国台湾，“网络文学”一词第一次被正式采用，应是在《中国时报〈信息周报〉》1996—1997 年所推出的几次网络文学争议专栏。缘由是杨照于《人间副刊》的《三少四壮集》陆续刊出“身份与故事”“老狗”，文中指出张贴于 BBS 上的作品质量不佳，结果引来 BBS 作家们的围剿。几次争论焦点均集中在纸媒与网络的传播差异、垄断与开放的权力议题，唯独不见网络文学的“质量”切磋。

而网络文学平台，开启了不同于以往的文体和文学形式，网络的出现模糊了作者与读者的传统界线。网络世界无远弗届，创作题材丰富多元，创作者拥有了更大自由，并与读者互动与激荡。[①]网络文学本身是多元创作，任何人都能以网络作为平台，发表自己的作品，免费供大众欣赏、阅读。在网络发表，满足发表欲，当发现有人来点阅时，心中泛起知己的共鸣与安慰，此即网络的互动性与实时性。九把刀曾针对此写道，“网络小说的创作者各有创作历程，而创作动机并非自始至终都是相同的，随着创作者的写作、发表、与读者互动等过程不断更演，但这些动机都有一个共同性，就是希望自己被看见”。

越来越多人在尝试着进入网络世界，人群的网络聚集已经构成社会性活动，而网络一旦成为人类社会性的活动场所，就必然相应产生了依附于网络之上的技术、艺术和哲学。现代的年轻人对于文学作品总是兴趣缺乏，但网络文学为最平民化的艺术形式，是网络艺术活动中规模最大、影响最深的。这种充满便利性及讨论性的全新发表方式将改变未来的文学潮流，尤其它的推广速度将会使文学掀起一股全新的风潮；借由网络的便利也更加带动读者与作者的进步，使作者与读者一同成长、讨论、学习、体会文学的美丽。以下，简述中国台湾网络文学分期。

（一）萌芽期（1998 年）

此阶段比较重要的发展在于透过纸本进行前卫的实验，体现数位创作之精神。原本习惯于纸本创作的诗人、作家，开始在传统作品中，尝试类似数位形式、前卫的创新可能。随后，BBS 站台成立，网络诗、小说创作出现，电子文本与数位典藏计划开始推行，文学社群与作家网络零星出现，而多媒体与新素材的尝试（如“妙缪庙”[②]）

---

① 包括：a. 由 BBS 演变而来的文学论坛，成了网络作家最初的登场舞台，作家之间相互交流，带动彼此进步。b. 个人博客，不只是文章的发表，也是对个人信心的培养，发表网络小说的出版社，也是利用博客来进行发表。

② 1996 年姚大钧（响葫芦）、曹志涟（涩柿子）设置的“妙缪庙”网站，收录前卫数位艺术诗共四十一首，开启华文网络文学的新时代。“妙缪庙”作品利用数位技术，融合文学、音乐、影像等元素，进行实验性的创作。稍后曹志涟构建的“涩柿子的世界”，收录文化评论、亲历纪事，以及数位文学、艺术的作品，文学性比“妙缪庙”更高。参见张政伟《网络/数位文学论》，慈济大学出版社 2013 年版，第 66—67。

也引发关注。

1996 年后，逐渐出现具有规模的文学专业性网站，创作者利用多媒体技术，让作品除了文字外，更充满绚丽夺目的声光效果，也具有多向性与互动性，至此进入一个新的境界，即当代文学理论中的超文本文学或“非平面印刷”文学，文学创作的工具已不仅限于笔墨，HTML 动画、JAVA、FLASH 等技术，也成为文学创作的元素。网络普及，被广泛使用于各个领域，文学的创作与出版也受到影响与冲击，开始注重文学作品的互动性与参与性，开放分享，注重读者反映与回馈，进一步取得更多文学创作的可能性与活力。

（二）发展期（1998—2005 年）

此时期是网络文学蓬勃发展的一年，除《中外文学》推出“科幻与网络”专题外，痞子蔡于成功大学猫乐园 BBS 连载《第一次的亲密接触》，向阳、李顺兴、须文蔚、苏绍连先后成立作家个人文学网站。另外，文学社群网站，如优秀文学网、中国台湾诗学“吹鼓吹诗论坛”、华文网创作平台陆续成立。除了 BBS 网络小说、恶搞（Kuso）文学，以及 2000 年后出现的博客文学，都吸引了大量的人气，也引起出版社的注意。红色文化出版社、商周出版社开始将网络文学导回传统出版，建立网络发表，纸本出版的产业链。此外，第一代免费电子书店（如炽天使书城、未来书城）也相继出现。

另外，个人电子报、新闻台的出现，特别是 1999—2004 年，BBS 作家大举转战新闻台，让网络文学创作又掀起了新的浪潮。而中华、远传电信也于此一阶段，投入短信小说市场。与此同时，台北诗歌节出现数位作品，并且，成功大学、台北大学、“中华电信”等亦举办数位文学奖。相较于网络文学创作的小众与前卫，电信业者针对大众文学读者推出“手机文学”系列活动。无论是“中华电信”emome 发报台“7301 手机文学馆”推出的手机文学奖，还是远传电信推出的“行动文学”，都将文学加以行动化。①

（三）深化期（2005—2012年后）

在2005年最具话题性的议题，应是文学博客的大量兴起与应用。在2005年年底时全球有超过5340万个博客，台湾地区最受欢迎的“无名小站”在2005年年底的使用者已经超过170万人。短短一年间，博客快速崛起，有博客（Blogger）将2005年称为中国“台湾博客元年”②，在网络文学社群的发展上，原本在个人新闻台

---

① “中华电信”推出行动加值服务emome发报台，其中主力“手机文学馆”，在创办试用期推出两部免费的作品，分别是方文山的《你传来的文字有表情》与吴淡如的《解读男人的眼泪》。其后为了让读者与作家接受此一新的创作形态，“中华电信”举办了“第一届手机文学春季赏征文活动”，题目为“爱情合约”，作品规定以20—30则，每则最多70字的格式完成作品，吸引了近650件文学作品报名参赛，同时更有来自中国大陆、澳门，甚至是日本、加拿大地区华人投稿。接着春季活动，由“中华电信”赞助，中国台湾文学馆主办，印刻文学生活志承办的“2005全国台湾文学营”，分别在台南成功大学与台北辅仁大学举办。其中“2005全国台湾文学营创作奖”征选优秀作品之外，还配合手机的流行风，增加“‘中华电信’手机文学类”活动。在冬季“中华电信”赞助“台北国际诗歌节”，举办“诗情话意”短信传情活动，用户可以于“2005台北诗歌节”活动期间以敌人或情人为对象撰写或抄录诗作一首，以手机短信方式上传，可在第一时间同时显示在诗歌节活动现场大屏幕上。远传电信也相当积极地推动手机文学，邀请彭树君、蔡小雀等作家发表作品，同时也举办“你也是名作家”征稿活动，希望长期征求手机文学创作，规格为30则短信，全部文字含标点符号共约两千字，入选者同时安排出版公司签约推广作品。中国台湾手机文学的推广并不如周边国家的火热，相较于日本“携带短歌”已经有诗集出版、全国性电台固定的携带短歌节目以及携带短歌杂志，也有手机小说出版并改编为电影，以及大陆地区短信文学高价售出版权，台湾地区的手机文学还处于草创的阶段，无论是作者与读者都还在摸索。如今，消费者已习惯以手机作为新的阅读工具，手机文学将成为生活化的全民书写运动。

② 由于：a. 使用与维护更为简便，只要具备撰写E. mail的功力，就能轻松上手。b. 更能呈现个人风格，作家可以透过文字或图像，自行设计页面，比个人新闻台有弹性。c. 具有强大的社群功能，作家可以在平台发表文章，通过链接还可以读取他人文章，如果开放文章的响应，则可以实时的地交流与回复，使博客增进了文学社群的互动聚集。d. 具有强大的信息交换功能，让作家可以形成串联社群。在同一文学社群中，不但个人可保有个人特色网站，亦可以横跨网站进行联播分享，同时也可针对同一议题发表个人看法，点阅某篇文章便能借由回响串联阅读到各使用者不同的观点和看法，这是个人新闻台所无法提供的功能。e. 提供作者更多查询与读者阅读信息的查询功能，当作者在文章中引用他文时，也可以回送信息给原文，留下原文被引用记录，所以阅读文章时也可以知道这篇文章被谁引用过，或引用来自谁的文章，进而阅读相同主题的延伸文章，这种发表模式使文学创作成为公共分享程度更高的文本，相形之下，个人新闻台就如同一座座孤岛，彼此之间是无法互通有无和分享的。参见陈征蔚《电子网络科技与文学创意——台湾数位文学史（1992—2012）》，中国台湾文学馆2013年版，第155—161页。

的作家纷纷外移，加上媒体邀约作家成立社群网站，以及文学数据库博客化，均使得博客现象有多元的表现。

随着2005年YouTube与2008年Facebook繁体中文版引进中国台湾地区，网络文学不再只有文字，且创作模式也不再仅限于前卫的多向互动。此时期的发展重点并非形式与内容创新，而是整体数位创作与出版产业链日趋成熟。

在文学社群建构上，《中时电子报》“编辑博客”中，聚集了张系国、陈雨航、柯裕棻、纪大伟、颜忠贤、季季、刘克襄、张大春等作家，形成一个互动频繁的社群，并善用《中时电子报》的媒体平台，将文学作品与评论实时与大众分享、讨论。这个文学博客社群由于能够和大型电子报整合，作品信息能够实时在《中时电子报》的首页显示，因此将过去小众的文艺阅读社群，与大众网络媒体整合，确实发挥了新闻媒体效益的最大化，将广告带进文学书写的社群中，也让“网络副刊”的理想往前迈进了一步。

在2005年，从过去数据库形态建构的网络文学社群，改博客形式者，当以“诗路”的更新计划最具代表性。在文建会指导下，重新设计的“诗路”网站首页，能够实时反映网站内容，典藏诗人博客的内容增加与改变，以及连播诗人博客的即时信息，使“诗路”成为一个更为活泼的文学社群，不但具有文学史料数位数据库的性质，又兼能强化现代诗人互动的功能，成为更吸引中国台湾现代诗作者、读者与研究者的入口网站。另一个颇具规模的网络社群“喜菡文学网”，也增加了博客的功能，成为让会员能更个性化地经营发表的园地，使人数众多的文学网络社群，更具有丰富的文字与视觉风貌。

从2009年起，电子书产业链成熟，数位版权、数位阅读平台逐渐成熟，电子书买卖、租赁都已成形，2009年城邦POPO原创网、2010年城邦随身e册等阅读平台成立，各大电信业者推出电子书阅读服务（如“中华电信”Hami书城）等，都带动了数位阅读风气。最后，“微文学”的出现，包括微小说、微童话，以及微电影等，也是本时期发展的重要特征。

二 中国台湾网络小说概述

网络小说是从20世纪90年代初各大专院校的BBS开始的。多年来，在各BBS的故事版中，许多人抒发情绪或想法，进而累积不少连载作品，回应人数也越来越多，使这种文本成为潮流，形成新兴的文学样态，这也是网络小说的兴起。

随着计算机普及、网络发达，网络使用者和BBS站迅速增加，越来越多的人喜欢看网络小说，读网络小说主要为消遣，可以不用花太多心思，也不需要深入思考。[①] 很多网友可以同时追好几部小说，网络小说产量大，随时都有新作品可以读。每个创作者的文字质量不同，读者如果不喜欢，可以马上换下一个作品。另外，读网络小说还有个好处，就是因为连载的关系，可以一直看下去，有连续剧的感觉；文笔流畅又平易近人，与读者距离较近；网络小说内容天马行空，充满想象空间，也是体验不同世界、人生的好机会。

谈到网络小说，不能忽略的一个人，即痞子蔡[②]（蔡智恒），作为网络文学第一人，他的《第一次的亲密接触》红极一时，一夜之间，所有人都知道了“痞子蔡”和“轻舞飞扬”。小说中的经典话语，更成为时髦男女的口头禅，造成华文地区痞子蔡热潮，开启了网络小说的先河。网络小说创作开始热闹起来，痞子蔡从此被誉为“汉语网络文学旗手”“华人网络小说家第一人”。

《第一次的亲密接触》是中国台湾地区因网络发表连载造成高

---

① 喜欢网络小说的原因大致可分为：a. 网络小说有以男生为主角的，也有以女生为主角的，因此不管男女皆适合。且小说趋于生活化，记录生活周遭发生的事情，读起来也较能得到共鸣，产生浓厚的兴趣。b. 方便、省时、省钱，又省力。只要搜寻一下就会有一大堆的小说等着观看，或者在信箱里也会收到网络小说的转寄信。当然，在作者的网站上阅读小说是最好的方式。要阅读到作者花了几百天写了几万字的小说，是绝对容易办到的事情。只需带着快乐的心情，轻轻点击移动鼠标即可，这些小说通常是免费的，对于书迷来说，真的是很方便的一点。

② 笔名，是蔡智恒的缩写。1986年，中国台湾国音二式的拼音法，蔡 = tsai，智 = jr，恒 = heng。第一次上BBS时，用jht当ID，一直使用至此。

浏览效应，进而结集出版的第一本网络爱情小说，因改变一般先采纸本出版的传统模式而具有代表意义。而后续藤井树、九把刀等在痞子蔡的影响下，更强化自身与出版社的合作，善用媒体效应，具有承前启后之代表意义。

从1996年痞子蔡《第一次的亲密接触》成为畅销书后，许多想写、能写的人都上网，开始出现一批网络小说作者，像是2000年藤井树《我们不结婚，好吗?》、2001年橘子《PM11：50不见不散》、2002年敷米浆《你转身，我下楼》、2001年九把刀《语言》等，皆为承袭痞子蔡成功模式的作家。

另外，九把刀因“网络成因之文化学与社会学”的学术研究，从先前痞子蔡与几位网络小说作家与作品发现网络的媒体效应与其运作模式，开始着手进行网络小说的连载与发表。九把刀于2006年发表的《那些年，我们一起追的女孩》取材于自身故事，以年少学生纯爱为叙事，不只当时在网络连载反响热烈，更于2011年改编为电影作品上映，在华人圈缔造了高票房与话题的热潮。而这本爱情小说不只成为作者的代表作，也有效地将网络小说的纸本出版、影视音乐呈现、偶像塑造与读者粉丝社群等进行多元联结。以下，以痞子蔡、藤井树、九把刀为例，来探讨中国台湾网络小说的情形，

（一）1996年痞子蔡《第一次的亲密接触》

痞子蔡，原名蔡智恒（1969—　），嘉义县布袋镇人，成功大学水利系、水研所毕业，2000年取得成大水利系博士学位。曾任成功大学研究员、教授，2016年辞职，专事写作。

1998年时，在BBS以痞子蔡为名连载《第一次的亲密接触》，反响热烈，就连中国大陆地区BBS上都有简体字版本，两个月后实体书出版，台湾地区销量超过50万本，3个月就为“痞子蔡”赚进百万版税，也是台湾地区第一部正式从网络连载到实体出版的小说。其后，又先后推出了《爱尔兰咖啡》《夜玫瑰》等书，也都深受欢迎。

2007年诚品、联经举办“（中国）台湾最爱一百小说大选”，以《槲寄生》《第一次的亲密接触》入榜，皆在前五名。痞子蔡的作品，其行文清新、自然，多用第一人称，着重情绪表达。以“纯爱”为主题的网络小说中，类似这样清新浪漫的写作风格者甚多，影响甚深，是台湾地区该世代的共同回忆。出版圈将他与金庸、三毛并列华语版权销售三雄。

《第一次的亲密接触》以网络恋情为题，在成功大学的BBS连载，内容描述男主角“痞子蔡”和女主角“轻舞飞扬”通过网络聊天认识，进而相恋的故事。该作行文诙谐有趣，写作方式生活化，题材新颖，广受欢迎。

《第一次的亲密接触》和《夜玫瑰》已被拍成电影《第一次的亲密接触》[①] 和《夜玫瑰》。主要作品有《第一次的亲密接触》《雨衣》《7－11之恋》《爱尔兰咖啡》《槲寄生》《夜玫瑰》《亦恕与珂雪》《孔雀森林》《暖暖》《回眸》《鲸鱼女孩·池塘男孩》《蝙蝠》《阿尼玛》《不换》。

他的作品有以下特色。

第一，呈现网络族生活。作者掌握了网络生活的脉动，让每一个上网者都有亲切感；掌握理工科男生长期处在科技氛围下，生活被限制的枯燥烦闷，突显了上网，尤其是上网聊天的重要性。创作者将男主角的网络昵称取为“痞子蔡”，来突显他生命的无聊烦闷，没有重心的无奈感。这样的理工科男生，遇上了昵称为“轻舞飞扬”得了不治之症的女孩。作者深刻描绘出二人渴望生命感动的心情，一篇美丽的故事就此展开。

第二，表现网络文化的特点。作品抓准了网络文化虚拟与真实之间的吊诡特质。他用“阿泰”突显真实生活中的虚假爱情。由阿泰显出男主角的木愣笨拙。男女主角一开始上场时也是虚实莫变的。男主角昵称“痞子”，但完全不是痞子。女主角则昵称“轻舞

① 改编后的《第一次的亲密接触》电影，并没有受到观众的喜爱，观众普遍不认可电影中“轻舞飞扬”的扮演者。对此，痞子蔡认为，任何人来扮演这角色都不会成功，因为每个人心里都有自己的“轻舞飞扬”。

飞扬”，显出网络文化中虚拟与真实之间的吊诡。

第三，读者之间出现文本交织。一大群读者把情感大量涉入，甚至为“轻舞飞扬”向作者求情，希望不要死亡结局。读者纷纷在网上表达读后心情，引发读者跟读者的对话。还有读者把自己在网络社交平台的昵称改成“轻舞飞扬”或“痞子”。随后有人根据《第一次轻密的接触》改编的版本，在最重要的文本段落，作出最爆笑的改编，出现了“文本交织”。若要研究“网络文学”，这篇小说的确是个重要范例，也可以据此观察，网络文学世代的出现，已水到渠成。

（二）2000 年藤井树《我们不结婚，好吗?》

随着痞子蔡掀起的网络创作热潮，2000—2002 年网络小说的出版量与日俱增，像是藤井树就发表了《我们不结婚，好吗?》。

藤井树，原名吴子云（1976— ），生于高雄。网络 ID 为 Hiyawu，意思为“嗨呀，吴”，承接痞子蔡刮起的网络小说创作潮，2000 年出版《我们不结婚，好吗?》走红。早期以校园言情小说为主，《猫空爱情故事》《这是我的答案》《有个女孩叫 Feeling》《听笨金鱼唱歌》等一系列创作，[①] 吸引一大批读者。2011 年，首次担任音乐 MV 导演。2016 年出版《你不知道的六弄咖啡馆》，改编自个人小说，并拍摄成《六弄咖啡馆》，正式成为电影导演。2019 年，成为《极道千金》的编剧、导演。

《我们不结婚，好吗?》的男女主角分别为林翰聪与赵馨慧，造成男女主角三角恋的第三者则是女主角的大学同学孝明，另一配角是女性好友兼同学淑卿。故事以正准备考大学的男女主角互看不顺眼开始，但几番磨合后彼此逐渐爱上对方，然而考上南部大学的赵馨慧却因同学孝明的热烈追求，遂陷入对林翰聪与孝明两人的取舍挣扎。

① 自 2000 年《我们不结婚，好吗?》，至 2017 年所出《迫害效应》，每年都有小说出版。

《我们不结婚，好吗?》当初亦是通过政大猫空 BBS 站 Story 版，采以一篇一篇连载的方式，历时约两个月时间。采用纯爱式的“校园风”“高中生到大学生”的青春题材，“三角恋情”的矛盾与挣扎，“远距离恋爱”的考验，“便条小语”的传情与“有情人终成眷属”的圆满结局。

藤井树当初也是把网络文学当作日记一样，每天记录他的心情，慢慢地就受到很多网友的追捧，因而受到出版社注意，最终由出版社出版了他的作品。有些论坛把藤井树、痞子蔡归类成网络小说之祖先，因他们带动了整个网络小说的流行。

（三）2006 年九把刀《那些年，我们一起追的女孩》

九把刀[①]（1978— ），本名柯景腾，彰化县人，被誉为“网络文学经典制造机”。创作的小说最大特点是在有趣的同时，还可以让读者深深地被感动、被启发。九把刀喜欢搞怪，其作品洋溢着黑色喜剧的风格，用词辛辣、突发奇想，好笑又能发人深省，别有寓意。将丰富的历史内容以颠覆的姿态轻松地融入自己的作品之中，这又不同于奇幻小说中那些没有现实基础的幻想。创作量之大，写作幅度之宽，已成为中国台湾文坛特殊的现象。

1999 年，九把刀以小说《语言》成为网络作家；同年，他的小说《功夫》在 KKCITY BBS 站连载。2000 年，创作并演唱了网络歌曲《交大有恐龙》[②]。自从在网上出版第一本书之后，在网络文学界享有知名度。作品被改编成电影、电视剧、舞台剧、网络游戏等，2008 年，代言中华网龙在线游戏“武林群侠传”、味丹“竹炭水”。群星瑞智 StarRitz 所属，制作人柴智屏为九把刀的经纪人。

2011 年，他的小说《猎命师传奇》在中国台湾图书馆借阅十

---

① 九把刀高中就读精诚中学美术班时，写了一首歌《九把刀》，后来成了他的绰号。

② 1999 年交通大学学生彭莘发表网络歌曲《交大无帅哥》爆红后，2000 年柯景腾撰写网络歌曲《交大有恐龙》反击。

大排行榜中取得了文学类借阅率冠军；同年，由其编剧并执导的电影《那些年，我们一起追的女孩》上映，他凭借该片入围第48届中国台湾电影金马奖最佳新导演奖，获得第12届华语电影传媒大奖最佳新导演奖。2012年，凭借歌曲《那些年》获得第12届音乐风云榜最佳作词奖。①

代表作《那些年，我们一起追的女孩》，是作者九把刀的同名自传体小说。九把刀曾表示，这是他写给17岁的自己的情书。柯景腾读初中时本是一个爱玩且顽皮不爱读书的小男生，随着日渐长大开启了少年爱恋的情怀，特别是对同班一位清纯善良的模范生沈佳仪。因为沈佳仪对他的刺激与鼓励，使得柯景腾激起努力读书的斗志，为证明自己的能力，也为得到沈佳仪的芳心与注意。但直到两人考上不同的大学，柯景腾始终没有表露自己对她长久以来的情感，一直到毕业多年后，女方嫁给别人，留给柯景腾的只有伤感与遗憾的回忆。小说采用了从初中、高中到大学的青少年成长青春恋爱题材，是一部洋溢着校园气息的纯爱故事。

三　九把刀的成功特征探析

（一）多产与多样性

说到九把刀的成功，不得不提到他的多产与多样性。自1999年出版第一本网络小说，多年来九把刀创作了50多本书，包括以下类别。

第一，小说作品。“爱九把刀系列”“都市恐怖病系列”“杀手系列”“猎命师传奇系列”“黑暗生活系列”“哈棒系列”“住在黑暗系列”“特别企划系列”“九把刀电影院系列”“都市童话梦系

① 得奖事迹：2002年，中篇小说《凶手》获得第4届彰化县磺溪文学奖小说奖；2003年，中篇小说《绿色的马》获得第5届彰化县磺溪文学奖小说奖；2004年，武侠小说《少林寺第八铜人》获得第1届可米瑞智百万电视小说奖首奖；2005年，中篇小说《浮游》获得第7届彰化县磺溪文学奖小说奖。

列”、中短篇小说杰作等。[①]

第二，电视作品。2007 年，原著小说改编为电视剧《爱情，两好三坏》。2013 年，原著小说改编为电视剧《妈，亲一下》。

第三，音乐作品。《那些年》（胡夏，电影《那些年，我们一起追的女孩》）、《寂寞的咖啡因》（柯震东，电影《那些年，我们一起追的女孩》）、《缺口》（庾澄庆，电影《等一个人咖啡》）、《约定一拳》（柯震东，电影《打喷嚏》）。

第四，舞台剧作品。2011 年，原著小说改编为舞台剧《月老》。2013 年，原著小说改编为舞台剧《上课不要看小说》。

第五，电影作品。2009 年，开始了他的电影导演生涯，拍了短片《爱到底之三声有幸》。2010 年，导演电影《那些年，我们一起追的女孩》。2011 年，原著小说改编为电影《杀手欧阳盆栽》。

---

① 2001 年《阳具森林》《语言》《影子》。2002 年《月老》《红线》。2003 年《跟爱情打勾勾》《恐惧炸弹》（上）（下）、《卧底》《冰箱》《魔力棒球》。2004 年《打喷嚏》《异梦》《等一个人咖啡》《功夫》《狼嚎》《爱情，两好三坏》。2005 年《在冈比亚钓水鬼的男人》《猎命师传奇卷一二三四五六》《杀手，登峰造极的画》《少林寺第八铜人》《恐惧炸弹（新版）》《杀手，风华绝代的正义》《卧底》《妈，亲一下》。2006 年《猎命师传奇卷七八九十》《魔力棒球（修订版）》《那些年，我们一起追的女孩》《打喷嚏（新版）》《哈棒传奇》《杀手，夙兴夜寐的犯罪》。2007 年《月老 COMIC BOOK》《爱情，两好三坏 COMIC BOOK》《转角＊遇到爱珍藏手绘本》《猎命师传奇卷十一、十二》《短鼻子大象小小》《慢慢来，比较快》《月老×红线》（限量精装珍藏版/2 书 + 1CD）。2008 年《杀手，流离寻岸的花》《妈，亲一下（新版）》《猎命师传奇卷十三、十四》《绿色的马》《拼命去死》《大哥大》《后青春期的诗》。2009 年《这些年，二哥哥很想你》《三声有幸——电影创作书》（1 书 + 1 DVD）、《杀手，无与伦比的自由》《猎命师传奇卷十五、十六》。2010 年《等一个人咖啡（新版）》《吃肉的大象》《上课不要看小说》《精准的失控》《猎命师传奇卷十七、十八》。2011 年《杀手，价值连城的幸运》《再一次相遇：那些年，我们一起追的女孩》（电影创作书）（附 DVD）、《后青春期的诗（插画书衣版）》。2012 年《上课不要烤香肠》《在冈比亚钓水鬼的男人（新版）》《上课不要看小说》《最美的，徒劳无功》《在肯亚互相大便的男人》《猎命师传奇卷十九》《妈，亲一下》《恐惧炸弹（全新插画版）》。2013 年《杀手，回光返照的命运》《哈棒传奇之继续哈棒》《猎命师传奇卷二十》。2015 年《杀手，末路花开的美梦》《蝉堡，没有梦的小镇》。2016 年《蝉堡，全世界我们最可怜》。2017 年《杀手，势如破竹的勇气》《杀手，流焰缤纷的奇迹》。其他文学，2007 年《依然九把刀——透视网络文学演化史》（限量精装纪念版/1 书 + 1 DVD）。2009 年《人生就是不停的战斗》《不是尽力，是一定要做到》。2010 年《BUT! 人生最厉害就是这个 BUT!》《1%》。2012 年《我买过最贵的东西，是梦想》。2013 年《失败是一种资格，奖赏你上过擂台》。

2013年，九把刀第二部电影长片《功夫》前导片公开。2013年，监制的纪录片《十二夜》① 上映。2014年，监制电影《我的情敌是超人》。2014年，监制电影《等一个人咖啡》。2014年，原著小说改编为电影《打喷嚏》。2016年，原著小说改编为电影《楼下的房客》。2017年，其执导并编剧的惊悚电影《报告老师！怪怪怪怪物！》上映。2020年，原著小说改编为电影《打喷嚏》。2021年，原著小说改编为电影《月老》。

其中，电影《那些年，我们一起追的女孩》，得到空前的成功，为中国台湾电影史上票房第三名。2012年8月于韩国上映，票房成绩仅次于《不能说的秘密》与《听说》，名列第三。在日本，则于2013年9月上映，并在2018年翻拍。在中国香港，于2011年10月上映，票房成绩为香港地区电影史上华语片冠军，亦被选为2011年香港夏日国际电影节的开幕电影。在中国澳门，于2011年10月上映。新加坡与马来西亚于2011年11月上映，是中国台湾电影在新加坡与马来西亚有史以来的冠军。在中国大陆地区于2012年1月上映，亦是纯中国台湾制作电影在中国大陆地区的票房冠军。2012年7月，在美国纽约州影展，以及加拿大蒙特娄国际奇幻影展上映。

有别于其他网络作家不能以网络写作为正职，不能用来解决温饱。九把刀以多产与多样性证明网络写作可以致富。九把刀与其他网络作家不同的地方在于勇于尝试各种类型，他结合奇幻、推理、爱情等类型，用充满漫画及电玩图像的文字，幽默地说故事。在小说创作和电影制作方面都极具创意并取得了骄人成绩，他的作品多产，多样，风格多变，跨足小说、自传及励志书籍等，还与漫画家、插画家合作推出童书绘本及功夫漫画。此外，他填词的歌曲《那些年》亦展现了他在各种艺术文化上的成就。

---

① 2013年12月，九把刀监制并出资出品电影《十二夜》，为一部呼吁善待流浪动物的纪录片，上映后获得6000万票房，为中国台湾电影纪录片票房史上第二名。

（二）作品的商业性——影视成功

通常只要网络作家受欢迎到一定程度时，就会有出版社来谈出书的计划。网络作家通过论坛、留言板、文学网站、电子邮件，以及建立个人的作品网站等方式与读者交流，进而发表文学创作。以现今网络的发达程度，创作的作品尽量以当下年轻人为前提，才有机会受年轻人的推广，只要是受年轻人喜爱的作品，几乎可以一传十、十传百，年轻人是很重要的宣传媒介，尤其他们还会帮笔者转帖以及讨论笔者的作品。一般新手发表一些文学作品会先去一些网站贴文章，因为网络优势就在于宣传性，看大家风评如何，如果笔者的作品在网络上受到网友热烈回响，又能常在年轻人口中听到笔者的作品，自然笔者的知名度倍增，若是受到市场需求，将会变成畅销作家。而九把刀就是其中的佼佼者。

像九把刀一样，专职写作，写作速度快，产量大、风格多变，又符合市场需求；且又与名制作人合作，以他的作品拍许多受欢迎的电视剧与电影；也做一些代言活动。这些创作与多角度经营，都让他迈向成功，使他能够名利双收。很显然，网络就是一个行销的传播站，能将笔者的作品一传再传。网络文学的商业化，势必是另一种转型。毕竟当个人的作品受到大家的喜爱时，将会为作者带来无限的商机。

在台湾地区，网络世界是能出版，也能写作的人的美好园地。众声喧哗的美好年代，创作者只要累积过往经验，提出掷地有声的文字，或许也能在辉煌的文学盛世，创造一些新的文学典范。

看网络文学的未来，须文蔚认为，科技发展一定是朝向可视化。但对于任何创作而言，核心精神还是得回归故事架构与叙事能力，作家的挑战在于广度和深度。但网络文学作家在九把刀的积极耕耘下，成为令人称羡的职业，名利双收。后辈作家前仆后继地加入网络作家的行列，是一件足以使人振奋的事情。在已得到广大网络读者认可的前提下，出版传统纸本读物，再改编为影视作品，以及文化周边产品，可以产生双赢的结果。

相较于痞子蔡与藤井树，九把刀的成名与成功，其当初上网发表网络小说恐怕已非单纯“与他人分享”那么简单，而更是因为九把刀对自身才能的体认，发现自己很适合从事写作。九把刀曾提道，“我是第一位与知名戏剧公司订立全经纪约的网络小说家，我从一个卖得很烂的一刷作者到年度畅销作家，漫长的七年过程中，所接触到的出版社态度的转变与商业经营乃至种种影音娱乐合作的加力，也非其他网络小说作家所能经历”。他不只全力投入小说创作，后又因与戏剧公司签订全经纪约，全力向多角发展的缘故，不只是他的小说作品，他本身亦成为一个举足轻重的畅销产品。

四　结语

在数位时代，网络文学创作形态、文学社群的聚合理念仍然不断变迁，不难发现 BBS 与文学网站等比较接近传统平面媒体的“大媒体”，日益随着个人新闻台、电子报与博客的流行，渐渐受到更个人化的“小媒体”冲击，显得日益冷清。博客已经成为最受欢迎的文学社群平台，过去颇受质疑的网络文学创作、手机文学、电子书等观念，由于创作者不断推出质量兼具的作品，加上商业环境与科学技术的成熟，业者积极推动在行动装置上进行文学传播，并展开电子书交易平台的建构，均勾勒出崭新的文学传播新环境。

九把刀相较于其他网络作家，他的成功，是更进一步的进化，从一开始在网络上发表网络小说起，就已对自身才能有了清晰体认，并下定决心专职从事网络写作，与其他想单纯与他人分享作品的作家，在心态上是全然不同的。就如同九把刀与戏剧公司所订立的经纪约一样，确定了目标，让自己全方位发展。当然，这也得归功于他作品的多样性与多产，能力支持着决心，再辅以外在环境的助力，成就了他的商业性成功，达到许多网络作家不容易企及的高度。无论是他的小说作品或他本身所代表的品牌，成为许多年轻作家前仆后继想要进入网络文学界的极大诱因。

但也有必须注意与亟待解决的抄袭①与版权不能受到保护②的现实问题。很多人随意地将作品转载出去，收到信件任意地转寄，这事实上是侵权的。未经作者同意，随意转载等于侵犯了他的著作权，长此以往，我们可能无法读到作者的作品。这就好比盗版的音乐 CD，如果大家都支持盗版而没人肯支持真正用心制作的正版，这样只会让好听的音乐愈来愈少。网络小说亦是如此。如何进一步解决问题，改变读者的阅读与消费习惯，相信仍是业界亟待努力的课题。

参考文献

陈征蔚：《电子网络科技与文学创意——台湾数位文学史（1992—2012）》，台湾文学馆 2013 年版，第 38—47 页。

陈政伟：《回望网络文学这些年——须文蔚专访》，中国台湾“中央”通讯社，2019 年 9 月 22 日。

九把刀：《研究动机与问题意识——依然九把刀：透视网络文学演化史》，盖亚出版社 2007 年版，第 55 页。

九把刀：《研究方法与问题意识——依然九把刀：透视网络文学演化史》，中国台亚出版社 2007 年版，第 64 页。

柯品文：《网络文学的题材塑造与媒体影响》，《高应科大人文社会科学学报》2013 年第 10 期。

林淇瀁：《超文本，跨媒介与全球化：网络科技冲击下的台湾文学传播》，《中外文学》2004 年第 33 期。

苏绍连：《与超文本经验链结》，（中国）《台湾诗学季刊》2002 年第 39 期。

---

① 因九把刀写作速度快、产量大，风格多变吸引大众，但他的作品却遭受到几次的抄袭，后来他都以不追究结束。文学，本然就是自由发挥的，你所表现的作品是好还是坏，须本身的努力，但若一直去抄袭他人的作品，而不能用心创作自己的作品，这就是已有抹杀文学自由发挥创作的基本根源。

② 在网络上发表文章，通常是以免费阅读的方式，供大众欣赏评论。但若未经过作者本身同意，随意将文章内容转载，这已造成侵权。目前大多数网络作家的作品仍然只是在网络上供人免费阅读，均未能以其作品取得版权收入和稿费。

须文蔚：《台湾数位文学论：数位美学、传播与教学之理论与实际》，二鱼文化2003年版。

须文蔚：《台湾网络文学社群特质之初探——以〈晨曦诗刊〉为例》，《东华人文学报》2002年第4期。

须文蔚：《文学@台湾》，台湾文学馆2008年版，第290—295页。

China Taiwan Internet Literature: On the Success of Giddens Ko

Lin Wenyu

Abstract: This article takes China Taiwan internet literature from 1997 to the present as the object of observation. After the internet has begun to flourish, it is different from the process of writing, publication and being read, writing and reading on the internet provides authors and readers more immediate exchange and interaction. Giddens *You Are the Apple of My Eye* was a huge success and has been remade into a movie that has been shown in South Korea, Japan and other countries. In recent years, most China Taiwan movies and dramas have been adapted from internet novels, which can be said to attract more and more new writers. This has raised the development of Taiwan internet novels to another stage. It brings more convenience and choices to readers who love internet novels.

Keywords: Internet Literature; Giddens; Commercialization; Internet Effects

葆其元气，琢其形质
——《白猿客栈》编辑手记

李贺来*

摘　要：本文是长篇网络小说《白猿客栈》纸质版的编辑手记，全文共分为四个部分：一是归纳这部作品的文学价值与承载传统文化的价值；二是介绍编辑在面对《白猿客栈》这样引用史料繁多、内容跨越多个知识领域的小说时，在知识层面上的“储备”工作，主要以涉及古代建筑方面的内容举例；三是针对小说的纵向（时间）和横向（文字和文献）两个方面，从编辑角度阐述对网络小说文本的打磨过程；四是结合在审校过程中的“误改”，总结编辑对于网络小说文本进行“加工”时的尺度和标准。

关键词：《白猿客栈》　网络小说　纸质出版　编辑

《白猿客栈》是一套融合了悬疑、推理、武侠、民俗等多种元素的系列长篇小说作品，它以三部书（《黄河龙宫》《诡戏金陵》《敦煌沙窟》）、近百万字的篇幅，以民国初年（1916—1931）为时代背景，以江湖上一家存在了两千年的客栈——白猿客栈为主线，在抽丝剥茧、扣人心弦的情节推动中，塑造了掌灯张寒、佛烟唐驹、鬼手陆龟年、水袖李青眉、蓑衣梁战、不老生聂树峰，以及公

---

* 作者简介：李贺来，男，时代文艺出版社编辑，文学硕士，研究方向为古代文学与版本文献学。

输门家主鲁绛等一众有血有肉的江湖人形象。

小说从投稿，至进入编辑流程，直至完成出版，前后历时一年零八个月，远远大于一般文艺类作品的出版周期——现即以之为例，就本人在小说文本编辑过程中的一些做法，略谈网络小说的纸质化编辑工作，以求方家批评指正。

一　文本的价值判断

于编辑的眼光而言，文学作品的价值判断，一般要综合三个因素来考虑。一是作品本身的文学价值（或艺术价值），二是文本蕴含的文化价值，三是作品的经济价值。作为编辑，在这里重点谈一下前两条。

（一）文学价值

文本本身的文学价值，一般从两个层面来考虑：一是文字，二是创作技巧。从文字的粗审看，小说《白猿客栈》作者虽然年轻，但文字老辣从顺，能够用各种扎实的资料，撑起书中浓浓的“旧”时代的氛围。比如，书中诸多“地下帮会”街头时的“切口”“黑话”、运营模式、人物对话的语言，都被作者梳理和运用得恰到好处。第一部《黄河龙宫》的第二卷第二章“龙门鬼盗：流水窖老蜂头”，在白猿客栈一行到达洛阳的“黑点一条街”，跟茶馆的伙计对话时，小伙计开场就是一句“黑料”十足的切口：“几位，富海、排龙还是搬浆子啊?”虽然寥寥十二个字，但一下就把小说的江湖氛围“调”起来了；而只有用江湖上的“黑话”，跟这小伙计对上了话，才能跟茶馆中的人接上头，得到想要的消息。书中的鲁绛不明就里，没听明白这“黑话”，那伙计闻言就“神色一冷”，恕不接待。直到张寒用江湖上的话接上了头：“富海不差老头，排龙挂足了萝卜片，跟头蔓问海叶子，不搬浆子!”（大概意思就是“喝茶，不差钱，跟张老板问消息，不喝酒”）这才被小伙计请了进去。这样的情节设定，是符合当时江湖上的行事规矩的。连阔如先生《江湖丛谈》就提到，江湖人行事，是“吃搁念”的，这个“吃搁念”，就是江湖人的“侃儿”，“凡是江湖人，若能按照这句话（侃儿）去做事，事事都能成，按着这句话去创练，什么地方都走得通”。又如，在第二部《诡戏金陵》中，作者用恢宏的笔法，构架了民国时期江湖上诸多黑白两道的组织，如天师会、挑山帮、米行，甚至政府机构中的官员，等等，他们的组织架构、运营模式等，都“散落”在行文的各个角落，形成了书中独特的江湖。书中，中央银行的行长费学岐，因为要跟黑白两道的各色人等打交道，就有一本记载了满满“坎子话”的小账本。作者在书中这样解释道：“所谓坎子话，就是米粮业内部同行的一种行话，类似江湖上的‘春点’，大多用语计数、还价、谈判、分成。”作者在书中所说“坎子话”，其实就是米粮业同行内部的“黑话”，跟所谓的“春点”含义类似。“春点”，也就是江湖人互相之间特殊的秘密称谓或术语，不为外人所道，也是旧时江湖人独立于滚滚红尘的“秘技”。“江湖之人，不论是哪行，先得学会了春点，才能够吃生意饭儿。”“这春点只许江湖人知道，若叫外行人都知道了，能把他们各行买卖毁喽，治不了‘杵儿’。”当然，作者的行文、情节等处，如一些句法用字、情节推进上的细节上尚欠火候，需要调整。

在创作技巧上，作者善于用丰满生动的人物塑造和离奇曲折的情节设置来打动作者。小说塑造的一系列人物，都让人印象深刻。如作者自己所说：“‘已诺必诚，赴士之厄困’的张九陵，‘空室蓬户、褐衣疏食’却依旧扶危济难、不堕傲气的敏贝勒，‘危身奉上，险不辞难’的蓑衣梁战；执念深重、机关算尽的嬴号，情根深种、蹉跎半生的唐驹，竭诚守身、披肝沥胆的聂树峰……”其实远远不止这些，比如为情所困、执念深重的鲁胥。在第一部《黄河龙宫》中，他在情窦初开时遇到了娇憨可爱的少女红豆，从此便一生无法忘怀，甚至终身不娶。后来，他为自己用公输门祖传技艺制成的武器取名“红豆”，以示不能相忘之意；又如，白猿客栈的当代佛烟唐驹，医术出神入化，却一直治不好阴阳家家主须弥——须弥因为“基因”的病症，发病时像个几岁的孩童，身体机能和智力逐渐退化，直至成为植物人，乃至死亡，只能依靠唐驹的针续命……同时，小说的人物设定也突破了一般意义上的“非黑即白”模式，而是以更为“人性化”的方式完成。作者在《白猿客栈·写在前面》中提到的、挑山帮的大当家窦万通，就是这样一个复杂的人物。他对手下人狠辣，为了黑道生意甚至不顾道义，但对救他一命的姜雁儿却能一诺千金。诚如作者自己所说：“历来成大事者每多薄情，窦万通这一跪，在他好勇斗狠、酷烈狠辣的帮派魁首身份之外，顿时竖起了一层重信守诺、不负女子的形象。”如果说小说中一干“正面人物”用的是白猿客栈家传的“生死相托两不负，吉凶福祸一肩担”完成对自身形象的“刻画”，小说中诸多如窦万通一样的“反面人物”，则更多的占了一个“痴”字，他们对目标执着，对要完成的“事业”执着，也往往令人感慨。如第一部《黄河龙宫》中的嬴号、第二部《诡戏金陵》中号称“千年不死”的苍梧道人“麻叔谋”，以及第三部《敦煌沙窟》中天师会的神秘掌门人李罗睺，他们都可以为了达成各自的目标，而不惜苦心经营十几年甚至是几十年，甚至采用凶狠毒辣的方式去实现——用作家蒋子龙先生的话说，作者是用这种方式，“将人物的贪嗔痴妄写到了极致”。

在情节设定上，小说《白猿客栈》充分体现了网络文学“靠着扣人心弦、一波三折、动人心魄的故事情节，让读者欲罢不能、食不甘味”的特质，其中的凶案、迷案，环环相扣，甚至充满了悬疑色彩——比如长白山天池之下突然出现的神物“蛟”、黄河古楼上的申家连环而起的命案、神秘消失的佛国古城、死而复生的苍梧道人“麻叔谋”、古画上神秘消失的人像……可无论这些事件、人物出现的过程多么不可思议，最后都能由作者妥善地“安排”上合理的解释。案件和谜题解开的过程犹如抽丝剥茧，让人无法释卷。同时，在情节推动和细节中，作者也非常注意用人物关系的变化和细节描写，完成对人物形象的塑造。比如主人公张寒和鲁绛，因人物关系的变化而产生的“地位”变化；辛亥革命前后，第二卷中登场人物杨惊雷的人生态度和行状变化，就描写得非常有生活，或符合在当时环境下很多政治人物的变化轨迹。又如，嘉靖皇帝的妃子阎庭芳，在最终告别自己青梅竹马却最终没能在一起的初恋——白猿客栈的明代佛烟悬智时，书中用了这样一句话交代："眼见悬智跟着黑衫男子和蒋离渐行渐远，阎妃嗫嚅了一下嘴唇，终究没有说出一个字。"这一个小小的细节，便把"阎妃"这个人物对悬智的感情和在当下情景中无奈的抉择表现得淋漓尽致。情人之间的悲欢离合，隐藏下多少无法用语言表达的遗憾，都在这"嗫嚅了一下嘴唇"的小动作中，缓缓而出了……

而除了这些精彩的推理、破案和情节，在各卷在文字铺陈展开之时，还会适时地插入一些笑点，比如在诸多情节紧要处"适时地"插科打诨的白猿鬼手陆龟年——"丧心病狂"之时，连自家的掌灯都不曾"放过"，竟为了讨好跟前美貌的小姐姐——白猿客栈的水袖李青眉，向她学起了自家掌灯"两口子"吵架时的狼狈之状；自诩"硬核吃软饭"的掌灯张寒，向天师会的头陀说起当掌灯的"种种"苛刻条件，倒了一肚子的"苦水"……又比如，在第二部《诡戏金陵》中，有这样一个情节：掌灯张寒因呛水受了风寒，陆龟年本来在为他熬药。这时，鲁胥进来，扔给陆龟年一卷钞票，让他出去置办酒席，给妹妹鲁绛补补身子。书中这样描写陆龟年离去的过程："陆龟年接过那卷钞票，炉子上的药也不管了，嘴巴都咧到耳朵根子后面去了，直接推开窗子，跃了出去。"这一句中的"炉子上的药也不管了"便是一句非常精妙的"戏笔"。虽然不写这一句，于情节上无甚大碍，可加上这一句，陆龟年在书中一贯负责"抖包袱"的形象，便瞬间立起来了！而这一"戏笔"的交代，颇有些细大不捐的味道，跟施耐庵《水浒传》中在景阳冈前反复描写武松的哨棒，《射雕英雄传》中江南七怪和丘处机酒楼大战中反复"出现"的围观群众一样，都有异曲同工之妙。这些情节节奏上有张有弛的处理，缓解了小说在诸多谜题、案件笼罩下的紧张范围，增强了可读性。

（二）文化价值

文艺作品本身，是承载了一定文化价值的，诚如有论者所言，好的网络小说“带给人们不只是快乐，更是一种精神世界的愉悦”，而文化价值正是能带给读者精神世界愉悦的重要元素。

如《白猿客栈》这样的文艺作品，虽然本身发生的时代背景在民国，但当时毕竟去“古”未远，书中人物的知识结构和行事风格、江湖组织的构架和运作方式都带着很深的传统文化印记。从这个角度讲，《白猿客栈》本身，可以作为连接读者和传统文化的一座桥梁。

比如白猿客栈的“掌灯”张寒，在人物设定上，就是一个传统文化印记极浓的人物：他有着天生重瞳（也就是小说中所说的三眼），智商极高，是一个能把家藏古籍倒背如流的、“做局”“解密”的高手。先说说“重瞳”，这是张寒所在的白猿客栈在书中重要的人物设定。而中国历史上也确实有着许多“重瞳”的人物，且多是天赋异禀的“异人”。如小说中所说：“古人认为，重瞳乃是‘圣人之相’，等闲人不可求。故而史书上记载的重瞳拥有者无不是震古烁今的人物，例如造字的仓颉、三皇中的虞和舜、春秋五霸之一的晋文公、旷古绝今的楚霸王项羽、隋唐第一好汉李元霸、一代词宗李后主等。”另外，白猿客栈两千年的“家学渊源”，客栈藏书库中丰富的史料和图书资源——从书中的表述上看，甚至有很多不记载于正史中的独家“秘本”，让他耳濡目染，积累了相当丰厚的知识储备。他智商高到可以跟大反派用现存最早的围棋棋谱——《忘忧清乐集》中记载的古法口诀①，在想象中的棋盘隔空

---

① 隔空对弈围棋的桥段，出现在《白猿客栈·黄河龙宫》第四卷之第十八章“九幽秘境（上）”。其行棋之法记载在李逸民《忘忧清乐集》下卷“图法”一节，具体文字被征引在《白猿客栈》的相关章节。现今整理本为1987年巴蜀棋艺出版社出版的。据该书《前言》，《忘忧清乐集》在成书不久后散佚，清末徐乃昌影刻出版。1982年，中华书局根据丁福保捐赠的宋刻本，“精工影印为线装书出版”。巴蜀棋艺出版社的整理本，在标点上与小说《白猿客栈·黄河龙宫》的略有不同，其中，“从角顺行，起一为首，顺行至十逆之，止九”一句，结尾两句疑有误，小说中调整为“顺行至十，逆之止九”。

对弈；学问和记忆力好到可以在破解客栈伙计传来的密码信时，连《说文解字》一类的解码“母本”古籍都不用。——那么，这种小说中虚构的情节，在古代可不可能是真实存在的呢？笔者认为，是可以实现的。据笔者有限的阅读范围来看，类似的例子，可以举出著名词人李清照和赵明诚，在李清照的名作《金石录后序》中，李清照曾经写道：“余性偶强记，每饭罢，坐归来堂，烹茶，指堆积书史，言某事在某书、某卷、第几页、第几行，以中否角胜负，为饮茶先后。”仅仅是在游戏之间，就能明确地指出某事在某书，在某卷，在某行，古人于文献的记忆之功，可见一斑。其实，古人于经典文献，多自童蒙时学起，其后往往是涵泳温习，终生不废，故天赋佳者，多在少年时便已有很高的造诣。如清代文人兼学者朱彝尊，十二岁村居读书时，便“精读时艺，每发一题，千言立就，尤工诗艺”。同样是文人兼学者的洪亮吉，四岁开始，便由伯祖开蒙识字，是年识七八百字；五岁，从季父希李先生读《大学》《中庸》；六岁家塾读《论语》；八岁读《孟子》；九岁读《孟子》及《毛诗·国风》；十岁，读《毛诗》毕；十一岁，从旁舍师读《尚书》；十二岁，从岳介锡读《礼记》；十三岁，从表兄读《礼记》《周易》；十四岁，从董舒传读《春秋左氏传》，并学举文；十五岁，从唐为垣读《左传》《史记》《汉书》；十六岁，从缪谦受学唐宋文及制举义；十七岁，学春秋公羊、穀梁传及制举义，开始作古文；十八岁，学制举义；十九岁，从余丰学唐宋古文……①以上这些幼年开始的甚至是要求全本背诵读物，于今人来说，即使对于很多专业院校的学生、老师来说，也是艰涩难读，但对古代的读书人来说，却是一生阅读的起点和基础。因此，小说《白猿客栈》的主人公，在人物设定上，既然是一家传承了两千多年的客栈掌灯——有了这样的积淀和家族血脉，才能让他本身在上代掌灯、上很多代的唐代掌灯所做的局中制胜，而且自己也擅长布局，用极高的智商

① 以上整理自严明《洪亮吉评传》后附《洪亮吉年谱简编》，（中国台湾）文津出版社 1993 年版，第 1 版。

和谋略把书中的大反派一步步地逼到绝境！

同时，书中用大量插叙的手法，星星点点，以“白猿客栈”穿插了中国历史上的许多大事。如两千年前的秦始皇派徐福东海求长生药、扶苏之死、楚汉之争、东汉刘秀匡复汉室、隋炀帝开凿京杭大运河、玄奘西行、朱元璋杀沈万三，等等。这些史实，要在基本走向上符合史料记载的同时，通过虚构的方式，插入白猿客栈的诸多“人工干预”，这种叙述模式，其实有一些金庸先生诸多具有历史背景武侠小说的叙事风格，也在一定程度上提升了小说的文化价值。同时，在叙述模式上，用张寒为首的“白猿掌灯”以及书中呈现出的各大门派，构成了一个宏大的江湖！如著名作家蒋子龙先生在推荐序中总结：“能工巧匠之门公输家、墨家，懂得役使鸟兽、通晓鸟语的公冶长之后，还有邹衍传下来的阴阳家、范增传下来的巫贤、为国家占卜的卜门，浮游江海之中的疍人白水郎，范蠡传下来的蠡门，汉代皇室之后传下来的垄断码头和船坞赤门，天下道门之首全真气宗……”这些门派很多已经有了两千多年的传承历史，它们多在中国浩如烟海的史籍、各类笔记中隐隐现现，然后被作者以“拈花妙手”拾掇而出，在《白猿客栈》中集结，同书中的人物一起，共同构成了小说颇有底蕴的叙事和文化氛围。

二　立足于价值判断之上的编辑工作“储备”

如前所述，《白猿客栈》在行文的文化氛围上，呈现出了一派千古源流、百脉至今的特点。那么，在进行文本的编辑工作时，就要注意，让人物的对话、行为、场景，乃至建筑物的颜色、布局等，均符合书中的时代背景。让书中不涉及情节走向的古代事件，符合史籍中的记载。这样做，一方面是要提升小说的文化价值；另一方面，也是为了让读者在阅读中，获得更为准确的信息。在编辑活动中，重点用到的工具书，除了《辞源》《辞海》《汉语大字典》《通用规范汉字表》《古代汉语字典》《民国人物大辞典》《中国地名词典》《中国历史纪年表》《中国建筑图解词典》《中国古代文化常识》《中国历史地图集》《历代职官表》，以及书中引用的文献资料等，也在复核图书情节走向、用典、文献引用和历史史实的过程中，复查了部分断代史、通史、建筑史、文学史资料。

在行文的叙述上，但凡与史料或实物中记载有龃龉的，均做了调整。在这里仅举两个古代建筑中的例子。

比如第一部《黄河龙宫》中，在主人公张寒和鲁绛第一次“造访”本家的“翡翠阁”时，能这样描述：

> 鲁宅后院，一座九层高的木塔拔地而起，塔基以青石垒底，黄泥浇筑，塔身均为木质，六角飞檐，琉璃玉瓦，朱红色的窗棂和塔门，两边各有一行字，只可惜不知道被哪个闲人用凿子一顿乱刨，布满了刨痕，只能够大概分辨出是两句话：巧工绝技称寰宇，端赖斯人有慧心。

其实在初稿中，作者在描述“翡翠阁”的“塔身”时，写的却是“六角飞檐，琉璃玉瓦，黑色的窗棂，朱红的塔门”。与成书时的“朱红色的窗棂和塔门”的描述略有不同。那么，这种调整有没有依据呢？有！中国的木结构建筑，尤其与佛教、皇家相关的宫殿、庙宇等，除了檐下斗拱，多漆红色而非黑色。在现存实物中，与书中之塔最为相近的——也是中国所保存木结构的古塔（不含新建）只有一座——现存于山西应县的佛宫寺释迦塔，建于辽代（公元 1056 年），距今九百六十多年。释迦塔八角五层，塔身均为木结构构件，除塔檐和部分已经剥落漆色的斗拱、匾额外，均漆红色。而书中的鲁家的设定乃为公输班（即鲁班）之后，能工巧匠历代层出不穷，所以作者才敢于在这种设定之上虚构了这么一座在层数上比佛宫寺释迦塔还要高的木塔，用来供奉历代祖先及其作品。按照书中交代，这座塔的建成时间比佛宫寺释迦塔还要早，是在唐代以前就有了的。因此，对它总体形制的描述，目前可以参考的唯一实例，就是应县的佛宫寺释迦塔。

另外一处关于古代佛教寺庙建筑的布局也做了调整。在《白猿客栈·诡戏金陵》中，白猿客栈一行两人与书中的反派苍梧道人及手下一伙在南京的鸡鸣寺对峙。初稿中这样交代：

鸡鸣寺，胭脂井。与唐叔和鲁胥狭路相逢的是苍梧道人手下的北天门铜镜救厄力士白湘尊者。白湘身后，也有一只黑色的铅制棺材，棺材后头就是鸡鸣寺的城墙，五门火炮就架在城墙后头的大雄宝殿门外。十五名炮手，四十名火枪手，严阵以待。

这段描述，于文字上并无问题，但结合当时的情势，却存在一些不合理的地方。首先，从时间顺序上，当时是苍梧、白湘一伙人先而白猿客栈为后；在攻守关系上，就是苍梧、白湘一伙守，而白猿客栈攻。因此，在方位上，应该是白猿客栈自寺外，而苍梧、白湘一伙在寺中。就一般的寺庙布局而言，大雄宝殿居于中轴线总体靠后的位置。而在初稿中，白湘一伙人的站位是比较奇怪的。按照书中描述，他们和一口棺材一起在前面，棺材的后头是城墙，而城墙后头则是大雄宝殿。“十五名炮手，四十名火枪手”的位置暂时无法确定。从“城墙”（按照书中意思推断，其实应该是寺庙的院墙）的位置看，白湘一伙人也应该是在寺外，但从传统寺庙布局上，又断无“城墙”后就是大雄宝殿的道理。从双方都攻守关系上看，白猿客栈一伙人又不可能从鸡鸣寺的后身穿过寺庙向前面山门的方向进攻。因此，在和作者沟通之后，最终定稿的描述变成了这样：

鸡鸣寺，胭脂井。与唐叔和鲁胥狭路相逢的是苍梧道人手下的北天门铜镜救厄力士白湘尊者。白湘尊者身后，也有一口黑色的铅制棺材，棺材后头就是鸡鸣寺的山门，五门火炮就架在山门后头的香炉前面。十五名炮手，四十名火枪手，严阵以待。

这样的站位方式，就变成了苍梧、白湘一伙守在寺庙山门，山门之前是棺材，进入山门，看到的是香炉——这样符合一般寺庙的布局。香炉之后书中没有描述的部分，就是寺庙中轴线上的建筑类。这样的调整，一是符合人物在书中的情节设定，二是符合传统寺庙建筑布局。

三 “忘掉”小说的发表“媒介”，以文学的标准和出版的法度完善文本

《白猿客栈》虽然最初是以网络的形式发表，是传统意义上的网络小说。但于传统纸质出版而言，“网络”，只是小说最初发表的“媒介”，其与小说描写的内容无关，与作家的创作水平无关。完成其由网络小说向纸质出版物的转变，其实在操作层面上，与其他非网络文学作品并无任何区别。编辑——尤其是文字编辑要做的工作，就是以文学的标准和出版的法度完善文本。这一点，也应该是当下诸多网络文学作品向纸质出版物“转化”过程中，“主持”其事的编辑应该注意的。

其实，抛掉背后的文化意义，像《白猿客栈》这样本身靠语言和情节引人的小说，从编辑和校对的角度来说，是一部极其“危险”的作品。编辑和校对在面对稿件时，要“以无厚入有间”，即扎根于文字，游离于情节——既要进得去，又得出得来。只有这样，才能以冷静客观的眼光，核查出书稿中存在的各种疏漏和错误，比如：语法、文字上是否正确，情节走向是否严谨，前后是否存在逻辑漏洞。而在对《白猿客栈》进行编辑工作之时，往往会因为文字实在是太精彩，以致一不留神，就“乖乖地”扎进小说曲折离奇、引人入胜的情节和个性鲜明人物当中。

为了避免掉入这样的“陷阱”，《白猿客栈》的编辑工作，主要是从纵向——时间、横向——文字和文献两个层面，“重新进入”了作者的创作领域。

首先，说说纵向上的时间。白猿客栈的主线故事——也就是掌

灯张寒和鲁绛相遇，发生在民国十七年（1928），至第三部《敦煌沙窟》收尾，完成于民国二十年（1931）。再往前追溯，与书中发生的故事紧密相关的，则是民国五年（1916），其父亲一代白猿客栈六人的一齐失踪。三部小说虽然穿插了中国两千年的历史，但主线故事却均以此为框架“搭设”。也正是基于这种考虑，在稿件三审过程中，也特意让作者提供了小说主要情节发展的时间轴线图。也是作者有心，特意制作了《〈白猿客栈〉“布局”逻辑图》，将《白猿客栈》中涉及的、自书中白猿客栈成立以来参与其中的、中国两千年的历史大事张布其中，为编辑后期对书稿的复核提供了极大的便利。当然，也确实发现了个别由于作者一时疏漏遗留的问题。

其次，在横向——文字和文献上。书中征引的资料，除了相关历史人物在正史中记载的事实，也有诸多的古代笔记、小说，以及兵书，甚至是一些不常见的资料。第二部《诡戏金陵》中提到的，杜锡家的婢女陪葬后死而复生，如书中所言，记载于《晋书·五行志》中；第三部《敦煌沙窟》，天师会李罗睺攻城时用到的头车，记载于宋曾公亮、丁度的《武经总要》中……不仅如此，《白猿客栈》中还有诸多如博物志一般不时出现的各类神兽，如第一部《黄河龙宫》背尸申家中，猫师由霸先的斑蜘大鬼狸（“出自青藏大雪山，形貌绝类雪豹，雌生斑，雄生纹……能寻源渡水，在大河底下能开目视物，迅若雷霆……专克水中妖物”）、第二部《诡戏金陵》中郎将裴虔通在玄武穴中遇到的貔貅、第三部《敦煌沙窟》中，大破“千尸火龙阵”的“滇南云豹”碧眼金睛兽（“它们因战乱出了皇宫禁苑，改变了习性，又‘因以蜥蜴、蛇属为食’，因而能够耐得住尸毒。”）……因此，在稿件编辑的过程中，也需要适当地，甚至是用相当的精力去使用做学术类图书的办法，去核对小说中“引文”的使用。这种核对，一般分为三个层面：一是书中对原有文献的解读是否有误；二是征引文献的原文是否有误；三是所引用的文献，在书中出现的地方，是否符合当时的情节设定。

比如第一部《黄河龙宫》，初稿中原有这样一段话：

> 我顺着眉姐手指的方向，慢慢念出了那行小字："大道五十，天衍其九，人遁其一。"这句话出自《周易·系辞上传》，意思大致说的是：天地大道有五十条，但天地只衍生四十九条，可以推算。唯有这个一，是变数，捉摸不定。

这段话在原稿中，存在这样两个问题，也就是上文提到的要复核三个层面中的前两条：一是文中所说的《周易·系辞》中并没有这句话，而是有类似其意的文字，在王弼《周易注·附系辞上》中，这样写道："大衍之数五十，其用四十有九。"二是对这段话的解释，还不够清晰。最后，修订后的正文，综合了古代学者郑玄等的注释，又结合书中叙述的场景，修订成了下面的样子：

> 这句话原意出自《周易》，原文为"大衍之数五十，其用四十有九"，说的是演天地之数。天地之数原本五十有五，以五行气通。凡五行减五，故曰"大道五十"。而五十之数不可用七八、九六卜筮之占以用，故又减一，则"天衍"之数便为"四十九"。而其中的"一"，不用而用，正是太极，是人堕其中的变化之道，是卜筮无法推算的，往往是定局中之变数！

这样的改动，一是使得书中的文字更为严谨——这句话不是原文在《周易》中的，而是在小说中做了延伸和扩展；二是用更细致地解读，让读者明白它的含义。《白猿客栈》中，诸如此类星星点点在正文中的征引俯拾皆是，它们一方面提升了小说浓厚的"文化"氛围，提升了语言的深度；另一方面，也显示出作者在日常写作过程中对相关资料积累的功夫。在编辑工作进行的过程中，书中绝大部分的人物对话中征引的文献，也按照以上三个层面的"基础要求"，利用权威古籍类出版社的整理本做了核对。

四　编辑的工作须是“锦上添花”：无一字不可改，但一字不滥改

编辑于书稿的工作，永远都是“锦上添花”，而不能喧宾夺主。在对书稿进行编辑加工时，也要一直秉持这样的原则：无一字不可改，但一字不滥改。因为，编辑的个人阅读范围、知识储备毕竟有限，与作者的知识结构、思路等各方面都天差地别。在对《白猿客栈》进行编辑加工的过程中，也确实出现了一些改动，在事后复核时发现作者原来的写法、思路等均无问题，并因此进行了“回改”。

比如第二部《诡戏金陵》，原来在书稿中，对于“姨太太”的称呼出现了“大姨太”的说法。在常识印象中，姨太太属于妾，应该没有“行大”一说，应径从“二姨太”算起，可重新核查时，发现徐珂先生编纂的《清稗类钞》第五册《子部·小说类》“姨太太姨奶奶”条目中，确实记载了“粤人类多姬侍，辄称以大姨太太、二姨太太”的说法；鉴于小说写作上的虚构性和灵活性，便也没有拘泥于记载中“粤人”的限制，将书中的称谓全部按照作者初稿中的写法进行了回改。

又如，第三部《敦煌沙窟》，有一个情节是坐在黄包车上的陆龟年将一枚铜钱弹向并排而行的敏贝勒的脑门上。稿件初审时，原以为按照黄包车的外形，两人乘坐的车辆若并排而行，因两侧车帘的遮挡，陆龟年的这种动作不甚合理，无法实现；但在复核的过程中，查阅到了民国年间美国记者哈里森·福尔曼拍摄的《中国摄影集》。根据摄影集中的黄包车的照片，小说中的情节安排是没有问题的，因此也做了回改。

又如，还是在第三部《敦煌沙窟》中，敏贝勒和陆龟年为救人来到北京。稿件初审时，考虑到故事发生的时代背景是在20世纪30年代初，其时北伐早已完成，国民政府定都南京，并将北京改为北平。所以在书中，将敏贝勒对话中的北京都改成了北平。可在复核时仔细斟酌故事发生的时代背景和人物：敏贝勒作为前清的

“遗老”，在回到从小生活的“故都”时，一时无法改口也很正常，称呼“北京”才更符合人物的设定。

当然，限于编辑个人的阅读量、阅读范围和知识水平，目前出版的小说《白猿客栈》中可能还存在一些没有觉察到的疏漏，这是责任编辑的问题，也希望将来能够收到读者反馈，不断完善小说的文本质量。以上，也只是我个人作为一名文字编辑，在处理类似《白猿客栈》这样历史背景丰富、文献来源庞杂的网络小说的一些经验和做法。一年多的出版周期，虽然就一套小说而言是长了一些，但欣慰的是，这样周期漫长的工作方式，最终能够让小说的文本以一种较为理想的面貌面向读者。这是作者的期待，也是责任编辑的期待，更是从事编辑出版行业“打工人”的文化责任。

参考文献

赫灵华：《IP 背景下网络文学的价值探析》，载王玉英主编《网络文化研究》（第一辑），中国社会科学出版社 2020 年版，第 200 页。

蒋子龙：《白猿客栈·序》，时代文艺出版社 2021 年版。

李清照：《金石录后序》，载王仲闻《李清照集校注》，人民文学出版社 2019 年版，第 196—197 页。

猎衣扬：《白猿客栈·敦煌沙窟》第四卷《万壑雷霆：九攻九拒》（上），时代文艺出版社 2021 年版，第 273 页。

猎衣扬：《白猿客栈·敦煌沙窟》第一卷《猿门断指：塔尔寺》，时代文艺出版社 2021 年版，第 146 页。

猎衣扬：《白猿客栈·诡戏金陵》第二卷《阴兵借道：八百风流》（下），时代文艺出版社 2021 年第 1 版，第 159 页。

猎衣扬：《白猿客栈·诡戏金陵》第一卷《埋骨还魂：埋骨和尚》（上），时代文艺出版社 2021 年第 1 版，第 74 页。

猎衣扬：《白猿客栈·诡戏金陵》第一卷《埋骨还魂：埋骨和尚》（下），时代文艺出版社 2021 年第 1 版，第 80 页。

猎衣扬：《白猿客栈·黄河龙宫》第四卷《黄河龙宫：征帆一片绕蓬壶》，时代文艺出版社 2021 年版，第 294 页。

猎衣扬：《白猿客栈·黄河龙宫》第一卷《猿蛇古画：柯尔特 9009》，时代文艺出版社 2021 年版，第 23 页。

猎衣扬：《白猿客栈·写在前面》，时代文艺出版社 2021 年版，序言 2。

张宗友：《朱彝尊年谱》，凤凰出版社 2014 年版，第 29 页。

赵永旭、韩晓峰、袁延浩、郑秋辰：《韩国网络小说的产生与发展》，载王玉英主编《网络文化研究》（第一辑），中国社会科学出版社 2020 年版，第 220 页。

Keep its Vitality when Process its Shape and Quality: Editor's Note of *White Ape Inn*

Li Helai

Abstract: This paper is the editor's note of the paper version of the network novel *White Ape Inn*. The paper is divided into four parts: one is to summarize the literary value and the value of carrying traditional culture of this work; The second is to introduce the editor's pre-reserve on the knowledge level when facing the novel *White Ape Inn* which quotes many historical materials and spans multiple knowledge fields, mainly taking the content involving ancient architecture as an example. The third is to expatiate on the process of polishing the text of network novels from the perspective of editing about two aspects of longitudinal (time) and horizontal (text and literature) of the novel. Fourthly, combining with the "error correction" in the process of proofreading, this paper summarizes the scale and standard of editing for "processing" the text of network novels.

Keywords: *White Ape Inn*; Network Novel; Paper Published; Edit

浅谈中国台湾网络小说的兴起与发展
——兼论藤井树的《六弄咖啡馆》之成功

张秀蓉　江胜浔　刘彦妤*

摘　要： 现今的科技日新月异，人们接收信息的媒介也逐渐以网络为主，传统的纸本阅读也开始发生了转变，而网络小说便是在这样的背景下产生的。而中国台湾网络小说的发展，随着痞子蔡（原名蔡智恒）在网络上发出《第一次的亲密接触》，其后作品也如雨后春笋般出现在各大平台，开启了网络小说的盛世。而《六弄咖啡馆》便是其中少数的成功案例，不仅出版成书籍，更跃上大银幕并带来不错的票房，而网络小说的发展势必得经过媒体宣传，但网络毕竟没有审核机制，也导致作品鱼龙混杂，如何使其步入正轨，是最大的问题。

关键词： 中国台湾　网络小说　BBS　藤井树　六弄咖啡馆

前　言

随着科技的演变及各式新媒介的发展，人们接收信息的媒介开始变得多元，我们使用的媒介，从过去的纸本、广播，到现在转变为我们熟悉的手机、网络。而这样的改变，也进一步影响到我们生

* 作者简介：张秀蓉，女，中国文化大学国际暨外语学院韩文系助理教授，文学博士，硕士生导师，研究方向为中国台湾与韩国比较文学、韩国现代文学。江胜浔，男，东吴大学人文社会学院政治系学生。刘彦妤，女，铭传大学传播学院新闻系学生。

活中的各处。单从购物形态就可以略知一二，在20年前人们若需采购商品，必须亲临市场或是超市，还需受到营业时间或是交通的限制；但是现在的我们，只要在手机触碰几个按键，不到24小时，物品就会由专人送到府，不需出门一趟。换言之，网络的发展，使得原本各种时间、空间的限制，还有传播的形态皆被打破，而这也影响到我们日常中接触的书本及文字，举例来说，就在去年前的五月底，曾被*TIME*杂志评选为“亚洲最佳书店”的诚品敦南店结束营业，虽然结束营业的原因众说纷纭，但是有一个原因，绝对会是这间已经经营31年的书店选择结束营业的理由，那就是纸本书的没落及传播形态的改变。根据财政部统计处的营利事业家数统计，实体书籍出版业于2018年总计有1198家，到2019年减少为1164家，在2020年则为1151家，可谓是年年降低的趋势；在另一个类别，书籍及杂志零售业中，我们也可以看出相同的结果，书籍及杂志零售业在2018年的统计总数有2106家，2019年为2067家，到了2020年则为2061家，每年皆呈现出逐渐下降的趋势；相较于实体书籍业，数字书籍出版业，则呈现出逐年增加的趋势，2018—2020年，数字书籍出版业的总数从69家增加至85家，虽然其总数比实体书籍业少，但是两者呈现出的却是不一样的风情。[①] 这样的趋势，呈现出的是网络小说的流行，因为阅读习惯及科技的改变，人们不再只依赖纸本阅读，而是开始使用手机，或是计算机阅读各式书籍、小说，甚至因为网络小说的出现，使得创作小说的门槛降低，每个人都可以是网络小说的读者，也可以是网络小说的创作者；更由于各式网络小说平台的出现，让原本内容已贴近大众生活的小说，有了接触更多受众的机会。本文探讨的重点在于，网络小说的定义，以及台湾地区网络小说的发展，文中亦会讨论台湾地区著名网络小说《六弄咖啡馆》能够从众多网络小说中脱颖而出搬上大屏幕的原因。

---

① 中国台湾财政部门统计数据库，http：//web02. mof. gov. tw/njswww/WebMain. aspx? sys = 100&funid = defjspf2。

一 何谓"网络小说"

"网络小说"是大众文学的一环，如果以最基本的文义解释给予其定义，那就是以网络写作并发表的小说。在1998年创作出台湾地区最早受到瞩目的网络小说《第一次的亲密接触》的作者蔡智恒（痞子蔡），其对于网络小说的定义为："网络小说是受网络文化熏陶的网络写手甚至包括平面作家，在网络这新形态的创作环境中，利用网络的特性，独立或与他人通力完成之小说，完成之作品通常亦借由网络，但并不限于网络流传。"由平面媒体跨入网络媒体的自由作家陈韵琳，认为网络小说至少有下列三种不同的定义，分别为：第一，在网络媒体上发表的文学作品，在此定义下的重点在于媒体的变迁，也就是新媒体与传统媒体两者之间的差异；第二，文学作品中涉及网络传媒内容的作品，其定义是在小说中，主角之间是因网络传媒而认识，因而开展一连串接续的故事；第三，透过网络媒体文本交织共同创作的文学作品，此形式下的文学作品焦点，从作者中心移至读者中心，透过网络传媒，利用对话性的便捷，达到共同创作的共识。①《中国时报》中的三少四壮，对于网络小说的定义，则提出小说须拥有网络的时间与空间特性，才能算是网络小说。其中，空间特性是指作者是在虚拟的人际网络关系中写作；时间特性是指作者非一次性发布完整的小说，而是以小章节作为断裂，慢慢延续地发布作品，并且在过程中得到读者大量、迅速的回馈。因为网络小说具备这两个特性，所以三少四壮将网络小说定义为"作者在公开的网络空间中，定期或不定期发表未完成的小说"。综上所述，由于网络小说为新兴的一种写作方式，以及文体形式，所以在定义上可说是各执一词，但是可以看出一个主要的共通点，那就是作者必须是在网络环境中进行其创作，才可以被称为网络小说；因为若非在网络环境中创作，而只是在网络平台上发

① 陈韵琳：《网络文学概述》，http：//sbt. fhl. net/Desert/990209/004. htm。

布，也能称为网络小说，就有人戏称把《红楼梦》上传到网络上，也可以使该书变为网络小说。

二　台湾地区网络小说的发展历程

与网络小说初期发展最密切相关的，是电子布告栏系统（Bulletin Board System，BBS），BBS 系统的雏形于 1973 年在美国出现，直至 1983 年才由外侨引进 RBBS_ PC 系统，但因为是供外侨联络，所以当时只有英文的接口，也因为当时调制解调器昂贵，所以并没有得到广泛使用。直到 1992 年中国台湾中山大学陈年兴教授，为推广台湾地区的计算机网络，便改良原有 BBS 的系统，建构出台湾地区第一个全中文化的 BBS；在 1994 年台湾地区开始大力推行因特网后，BBS 开始被大量地使用，在当时蔚然成风，这也促成台湾地区网络小说的兴起。而一开始作者会聚集在成大“猫咪乐园”BBS 站，每月会举办投票活动，吸引许多优秀作者及读者参与其中；而由于是从学校的网站发展起来的，因此作者及读者多为大学的学生，也大都是第一次进行小说创作，此时期的特色在于：作者年龄偏低，因为历练不足，所以小说的架构不完整，有时也出现没有结尾的小说；而小说内容则较偏重于心情记事，在当时氛围下，写作主题也多半与网络或者是读者的取向有相关，文字也使用较口语的方式，并运用当时社会的流行用语进行写作。

然而在博客的兴起下，原本的 BBS 逐渐因为各项因素走向没落，其中几个主要的原因，既与作者多为学生有关，由于学生的特殊身份，以致许多原本优秀的网络作家，随着毕业或者是出社会工作便停止写作；也因为作者间的同构性逐渐升高，且创作并无特别的门槛，导致作者无法创造出独立性，或者是特殊性以吸引到读者，该平台已产生瓶颈。所以在博客兴起后，大量作者投入其中，或从其中出现，博客的特色在于简单易用，且自主性高，刚好可以解决 BBS 平台的问题，能够为作者打造出属于自己的一片天地；再加上界面的差异，BBS 为纯文本的平台，博客可以加入图片，或者是音乐，增加阅读的趣味性、特殊性，更加吸引作者及读者投入。此时期的特色，在于作者开始打造属于自己的品牌，建立与他人之间的区别性；甚至也开始将创作过程开放给读者讨论，对于读者的意见进行适当采纳，促成了网络小说独有的与读者之间实时、快速的互动联结。

由于因特网的快速发展，各式平台如雨后春笋般出现，当然也有许多专门提供给网络小说的网络接口、平台。近年来广为人知的小说网主要有三个网站，分别为冒险者天堂、鲜网、PoPo 原创市集。此时期平台类别越来越多，具备最大的优点在于，能够帮作者找读者，也能帮读者找作者，达到精准媒介的效果；且平台会设计许多独特的功能，像是投票功能、留言功能；且有些网络平台是由出版社经营，作者要被发掘也更加容易。

三 藤井树的《六弄咖啡馆》之写作特色

藤井树，本名吴子云，同时为台湾地区网络作家、爱情片导演、小说家等多种身份，而《六弄咖啡馆》为他的代表作，讲述一个下着雨的夜晚，梁小姐的车子抛锚后跟着一位老板到一间名为六弄咖啡馆的咖啡厅躲雨，在他们聊天过程中娓娓道出了一段 1996 年夏天发生的故事，此书后来也被翻拍成电影。

而本书主要描述两对男女在求学中发展爱情，直至大考完后因远距离而产生许多爱情问题的故事。

电影前半段就是那样的青春洋溢，描绘着学生时代的美好，在那最无忧无虑的时候，大家上课总是漫不经心，趴着睡觉、偷看漫画、传纸条，人坐在教室心却早已奔向了远方，等到下课打钟了，随口吆喝一声大家球场见，冲福利社的冲福利社，睡觉的睡觉，或是聚在一起讨论班上的八卦、玩起真心话大冒险、拿出扑克牌玩心脏病，输了要弹额头，一到假日就出去玩，约约心仪的对象，一起吃碗剉冰、看场电影，而且一定要是恐怖片，这样才有机会偷牵对方的手，一起念书、考前抱佛脚，岁月静好般的生活一直这样持续着，直到大考将近，总有旁边的同学一起努力，有着人生共同的目标，为的不仅仅是更好的学校，还有想追上心仪对象脚步的心情。而大考的发榜意味着一段学生时期的结束，毕业前夕，男女主角未来的学校一南一北，爱情也受到了距离的挑战。尽管女主角嘴上说非常害怕未知数，但也依然决定要继续走下去；而男主角却靠着自己打工赚来的钱买车票，为的就是和女主角见一面，想凭一己之力打破时空的差距。或许对现在的我们来说，交通的发展使得南北距离早不受限制，尤其是高铁的出现也实现了一日生活圈，但对当时的学生来说，南北只能凭借铁路来连接，一张张火车票背后的傻劲儿是我们无法想象也非常难完成的。而事实上，远距离恋爱中不是只有分隔两地的思念，那种需要另一半陪伴的时候他却不在的心情更是难以承受，无法和对方共渡生活中的难关，一切只能自己应付也成了绊脚石，更难的是延伸出来的问题。随着时间推移，主角情侣吵架次数增加了，多半都是为了未来，一方在大城市获得更好的教育，当然想去国外开阔眼界；而另一方在家乡，求的是平稳生活，在这样的价值观差异下，总不免迎来分手的结局。

书中的对白："我是没看见你的无助，但你又有看见我的努力吗？"最后两人还是败给了未知数，在不同地方做着同样的事，每天通电话都不能弥补距离的差距，两人长大后所发现的差异，更是南辕北辙。总说爱情的味道是最多变的，有时甜如棉花糖般美好，有时却像柠檬般酸涩。一段在学生时期的爱情，总是刻骨铭心的，似乎是老天给的玩笑般，男生和女生成熟的时候总在不同阶段，女主角告诉男主角一句"我们能够一起长大吗"，也让这对情侣的爱情正式结束。

故事的最后，男生失去了爱情，同时也面临母亲的骤逝，失去了亲情，同时失去人生中两种最重要的情感，让他决定结束自己的生命，离开这嘈杂而又令自己心碎的世界。

笔者第一次看这本书的时候正处于高中，那个时候看完总觉得这是一个没有美好结局的爱情故事，不像其他小说一般，男女主角总会一起走到尽头。从爱情的角度中，看到了那情窦初开的烦闷，也看到了许多只属于两个人的小时光和美好片段，也从男主角的举动中，看到了那不顾一切地冲动。唯一可惜的部分，就是这对情侣处在远距离，距离就像颗不定时炸弹，你根本没办法去猜测离你很远的对方，现在是不是觉得寂寞，是不是心情失落，需不需要有人安慰。如果这时刚好出现一个人陪伴他、开导他、安慰他，这炸弹就等于上了引信，爆与不爆好像都要听天由命。不论男主角有多努力，都不如女主角身边的友人，不仅功课、人缘好，还是热门社团的社长。很多人看到的只是因为旁边的人光环过于耀眼，所以才获得芳心，有种近水楼台先得月的既视感，并没有看出其中的问题。从另一个角度中，笔者也看到了友情的可贵，两人的爱情从无到有，靠的是朋友的推波助澜，有的时候跨出那第一步的勇气，便能让关系正常地升温发展，而男主角的朋友就是这样的一个角色，不论是在男主角疑惑时推了他一把，还是在困难时陪他一起解决，仿佛时刻都在他身边，甚至即便男主角离开了这个世间，他都惦记着他的梦想，将它完成。现在能够像这样两肋插刀的好友屈指可数，而且也随着年纪的增长，大家所谓的友情也逐渐走调，总是牵涉着利害关系，像书中那样掏心掏肺的友情，实属难能可贵。

等到过了几年电影版上映，看完电影也再次拿起了书，找回当初的感动，但仅仅这两三年的时光，对这个故事，就有了更深刻的感悟，心境也有了极大的转变。曾经对于这本书的第一次感想，纯粹就是一段学生时期酸甜苦辣的爱情，还有友情的刻画，直至现今再阅读一次才发现，原来那并不只是个爱情故事，而是在描述人生。

首先不同于过去，或许是现实生活中的成熟，能够从亲情的角度思考。男主角小时候不是个懂事的小孩，单亲家庭的他成绩不但不好，也常常在学校作怪闹事，甚至在外面和人家起过冲突、打过架。不过他的妈妈总是用包容的眼光去看待他的这些行为，而不是一味地指责他，和人家打架时也不是认为都是他的问题，只担心他的伤势如何，但是也让他了解事情的严重性。所以在男主角为了自己的爱情，而错过了见母亲最后一面的时候，那种愧疚感，不论是小说中那种紧凑的描写，抑或电影里男主角在雨中号啕大哭的场景，可得知，男主角失去了他部分的人生；回忆中母亲打电话甚至亲自到学校要见上儿子最后一面的心情，更让当时的男主角无地自容。就如同我们每个人一般，从出生的那一刻起，爸妈便开始燃烧自己的生命来呵护我们长大，家这座避风港让我们能够在外遇到困难时有个能够休息、包容自己的地方。像是某篇文章中提到的，岁月静好，不过是有人替你负重前行。往往我们获得了这样的照顾却不自知，等到消失的那一刻才会知道有多重要。因此学生时期的我们有了爱情、友情，总是把亲情抛在一旁，总认为父母亲不了解自己，但他们的关心，其实不过是无法用我们自己的语言来表达，所以在我们听到时才会显得如此刺耳。正所谓“树欲静而风不止，子欲养而亲不待”，亲情是不可取代的，也不可能像爱情、友情那么令人动容。而最后，男主角在失去爱情和亲情的双重打击下选择了自我了断。小说最后解释了“六弄”的含义：“人生，像走在一条小巷中，每一弄都可能是另一个出口，也可能是一条小胡同。生在一个与一般人不同的家庭中，是我人生的第一弄；爱上了你，是我人生的第二弄；注定般的三百六十公里，是我人生的第三弄；失去了你，是我人生的第四弄；母亲的逝去，是我人生的第五弄；在这五弄里，我看不见所谓的出口，出现在我面前的，尽是死胡同。该是结束的时候了，该是说再见的时候。再见，世界，是我人生的第六弄。”这段男主角写给自己的书法，表示出他认为从人生的胡同中找到的唯一出路便是和世界说再见。笔者认为，在这个世界上每个人或多或少都会遭受一些挫折，只有经历了这些，我们才会变得更加坚强，让自己更不容易受到伤害。“那些杀不死你的，便会使你更加强大。”这句尼采的名言，便是个人人生奉行的信条。当看到结局时，心里非常吃惊，对笔者而言，人生的难关，从来都不是放弃生命就代表通过了。让自己解脱，问题却还是存在，那一定不是唯一的路。或许总要彻彻底底绝望一次，才能重新活一次。要努力使每一天都开心而有意义，不为别人，为自己。这才是人生的真正意义，也才是一个负责任的方法。

至此，笔者认为《六弄咖啡馆》这本书真正好看的原因，在于里面情感的交织，藤井树在小说中的文字虽不算华丽，但字里行间能够写进心里，一句我们该长大了的代价，笔者用了二十几年才能够理解其中的意义，可能还只是一小部分，不同时间阅读也能有不同的收获。它不同于一般描写学生时代的电影，它反映了每个人的青春或许十分类似，但人生的差异却是用我们在每一个阶段的十字路口中所做出的选择堆积而成的，如何面对人生的无常——便是人生最重要的价值！

四 结论

“网络小说”的兴起是近十年到二十年，随着因特网发展所产生的趋势，以及一种新的流行。本文讨论了网络小说的发展，然而现今的网络小说，事实上亦面临一个大问题，那就是现今阅读网络小说的人越来越少，许多网络小说网站，亦已经选择关闭，因为各式影视等娱乐形式，提供给人们比文字更多的刺激；再加上前文不断提到，网络小说没有审核机制的问题，使得各式文章良莠不齐，也让人们对网络小说的兴趣逐渐减少，这是网络小说目前须面对的问题。以本文提到的《六弄咖啡馆》为例，其透过撰写男女之间的感情关系，带出深厚的人生价值观，最后成功从网络小说翻拍成电影，可谓网络小说成功之一例。但为数众多的网络小说，如其成功的能有多少个？未来网络小说将会如何发展，我想都是我们值得去关注及了解的。

参考文献

江庭宇:《“文学网络化”研究》，硕士学位论文，佛光大学，2010 年。

吕慧君:《台湾网络小说之呈现与发展》，硕士学位论文，国立彰化师范大学，2009 年。

吴萌菱:《从网络平台发表看台湾当代网络小说创作者发展》，静宜大学，2012 年。

Talking about the Popularity and Development of Online Novel in China Taiwan: On the Success of Hiyawu's At Café *6*

Zhang Xiurong　Jiang Shengde　Liu Yanyu

Abstract: Today's rapid development of science and technology, people received information gradually began to accept the media to the network-based, traditional paper reading has also begun to be transformed, and online novels are produced in this context. The development of Taiwan's novels, with the pen name Pi Zi Cai (formerly known as Cai Zhiheng) on the network issued *Flyin' Dance*, and then the works have sprung up in the major platforms, opening up the online novel's heyday. And At Café 6 is one of the few success stories, not only published into books, but jump on the big screen, and bring a good box office. The development of online novels, have bound to go through the media publicity, but after all, the network has no audit mechanism, but also led to a mix of works, how to put it on track, is the biggest problem.

Keywords: China Taiwan; Online Novels; BBS; Hiyawu; At Café *6*

学术研究的故事化表达
——论《佛兰德镜子》的构建维度

刘　钰[*]

摘　要：留法以及西方文学研究的生命体验使胡葳的小说呈现出鲜明的个人气质，学术研究的底色贯穿了《佛兰德镜子》的创作，不仅呈现为叙事迷宫的建构使文本形成开放性的结构特征，也体现于借助“镜子”与“梦”的意象传达出的后现代主义历史意识，并赋予“讲故事”这一人类最古老的叙述本能以影响现实的力量。胡葳善于将阅读、研究中感兴趣的碎片、想法和念头转变为文学性的思考，以此传达她对时间与空间、历史与现实、残酷与仁爱的深层体悟。

关键词：胡葳　《佛兰德镜子》　学术研究　故事化表达　构建维度

胡葳具有西方文学研究者与虚构写作者的双重身份，《佛兰德镜子》是其脱离以往熟悉的耽美写作领域，以自己的学术研究为底色创作的一部知识型小说。与以往的创作相比，这部作品更为集中地表达了作者对语言文字的纯粹热爱。胡葳的小说创作带有鲜明的个人气质，不仅呈现为叙事迷宫的建构使文本形成开放性的结构特

---

* 作者简介：刘钰，女，山东枣庄师范学院讲师，文学博士，主要研究方向为中国现当代文学。

征，也体现于借助“镜子”与“梦”的意象传达出的后现代主义历史意识，并赋予“讲故事”这一人类最古老的叙述本能以影响现实的力量。胡葳以其偏重学术研究的思维建构起的艺术世界在当下的网络文学空间中成为别具意味的独特存在，拓展了网络文学的可能性，也体现了网络“流量”作家凭借其自身传播力“扩大了文学的号召力，也扩大了文化的影响力”之作用。

一 叙事迷宫的多元建构

在《佛兰德镜子》中，作者把间谍小说的骨架放置在叙事迷宫建构的肉身中，整部作品是“二战”期间纳粹德国入侵比利时之时，一个英国间谍躲过追踪，在执行交接情报任务的过程中，被比利时铁路警察截获后写的一份自白书。通过文本细读我们不难发现，作者对一起间谍活动的叙述，深入到对一个动荡不安、变幻莫测、盘根错节的历史时代洪流的梳理中。无论是对欧洲中世纪神权与王权的争斗、宗教迫害运动还是殖民战争的细致描绘和深入考察，都表明作者倾向于将作品置于某种具体的历史情境之中，但是，这些具有明确叙事时间的历史事件构成的故事在作者的笔下却被营造出一种独特的结构效果，反线性的叙事策略、故事套故事的叙事模式以及在真实与幻想之间交互缠绕的叙事手段共同构筑了一座叙事的迷宫。

詹姆逊的后现代时空论曾一针见血地指出后现代社会时间观念的转变，与现代、前现代历史学家将历史视为一条连续的线性链条不同，后现代历史观瓦解了传统的、一维的、线性的时间观，在后现代历史学者这里时间的连续性消失了，历史的断裂感典型揭露了后现代主义非连续性的时间观。营造历史断裂感的反线性叙事是《佛兰德镜子》一个十分明显的特征，作者将欧洲从公元300年到“二战”千余年的历史拆解开来，在时空交错的反线性叙事中完成了叙事迷宫的建构。小说以“二战”时期一个间谍故事作为骨架情节，却没有遵循传统线性小说可辨认的开端、发展和结局的结构。

故事的开篇讲述的是“现在时空”的故事，前往奥斯坦德的历史学者和携带中世界油画的旅客在凡尔代克站偶然相遇，为了排遣漫漫长夜，携带画的乘客将画的来龙去脉讲给历史学家听。两人的交谈将故事带入“过去时空”中，他们谈论的虽然是过去的历史，但作者却并没有按照线性的时间顺序由前至后地来安排结构情节，而是把近两千年的历史依次切割成几个片段：1566 年低地国家圣像破坏运动；1480 年雨果前往科隆为圣乌尔苏拉教堂绘制祭坛画；14 世纪小修士雷米与圣物“无处安放的心”；3 世纪《信经》形成时期叙达修斯与爱梅卢斯之间的友谊；约 4 世纪，乌尔苏拉与一万一千贞女在科隆被杀；1481 年雨果完成科隆的作画委托，并将“无处安放的心”带回红；1940 年纳粹入侵比利时。如果按照传统的线性叙述的时间逻辑，哪一部分应该放在故事的开端然后如何依次展开情节我们是不必赘述的，然而作者却以跳跃性的叙事打乱了情节的连贯性，偏离线性时间的轨道，采用了反线性的叙事策略。

同时，需要特别指出的是，上述所有故事均在对话中展开，并且在对话中诸多人物不断复制讲故事这一叙事行为，因而整部作品呈现出故事套故事的结构特征。例如，历史学家与携带画的旅客在火车上相遇，后者给前者讲了一个故事 A，而故事 A 的开端是 16 世纪佛兰德修士扬与西班牙征服者堂·迪亚戈相遇，前者为后者讲述了一个故事 B。故事 B 的开端是雨果与“红”修道院的托马斯院长相遇，后者又为前者讲述了一个故事 C……如果说雨果为“红”创作生前最后的祭坛画是故事的主线，那么，在这个故事的开头与结局之间不断套入的各个故事使这一主线一再发生断裂，叙述视角不断发生转变，但故事的叙述结构却是环环相扣、层层递进的。实际上，故事套故事的模式是作者期待已久的叙事结构，胡葳在创作谈中曾提及：“我一直希望创作一个‘故事套故事’性质的‘俄罗斯套娃’模式的故事。故事中许多的主题，都是多年来旅行、阅读、研究中感兴趣的点。”这些点是由中世纪知识汇集而成的，在“无限”的叙事中作家不断为读者制造悬念，强有力地吸引了读者的注意力，令其精神持续不断地投入。

此外，在《佛兰德镜子》中作者还善于借助宗教神秘主义的气息打通真实与幻想之间的壁垒，故事在真实与虚幻间游走并将读者带入“文本迷宫”。作者在描写有据可查的历史事件时，同时嵌入大量虚构、带有神秘色彩的要素，这种浓厚的神秘色彩常常以忧郁画家雨果的视角展现出来。在描述雨果的经历时，作者仍旧打破了线性叙事的传统，先讲雨果是退隐到“红”修道院的患有忧郁症的画家，再追溯他退隐及患病的原因，在追溯中完成对真实历史事件的投射。1477 年，勃艮第查理公爵在与瑞士军队的交战中阵亡于南锡，消息传回国内后不仅没有引起国民的愤怒和反抗，反而掀起了一场关于查理公爵的谣言风波，人们津津有味地谈论着公爵的死法，半猥亵半暧昧地议论着他刚满 20 岁的独生女玛丽，想象着法国人踏进自己国家土地时神气风光的场景……后来，奥地利的马克西米连以政治联姻的方式从法国人那里夺得勃艮第的统治权，在入城仪式上看热闹的人又为马克西米连欢呼万岁，并借此机会“沾沾光大吃大喝”、尽情欢娱。与国家无法主宰自己的命运相比，普通民众由受难者转变为旁观者的自得心态更令雨果痛心，出于对政治现实的彻底失望，他离开曾带给自己无限风光的根特，隐居到一座名字叫作“红”的修道院。在欧洲历史中，勃艮第公爵查理在南锡战死，其女玛丽与马克西米连成婚都是真实存在的，而当故事再次回到“红”修道院时，作家便开始在真实中引入宗教神秘色彩，主要表现在画家雨果与圣徒相遇的体验中。受托马斯院长的委托，雨果离开“红”前往科隆为圣乌尔苏拉教堂绘制祭坛画，途中迷失在苏瓦涅森林，在某位神秘圣徒的指引下才顺利走出森林，在归来的途中又有幸得到圣母使女乌苏拉尔的庇佑才顺利返回“红”。神秘主义非理性的本质虽然超出了人们的理解力和想象力，但是作品中这两位圣徒显然扮演的是保护者和拯救者的角色。荣格从心理学的角度来研究宗教神秘主义，将精神分析法应用到对神秘体验的研究中，他认为：“人在意识中无法成为的东西，潜在地存在于无意识领域中，生命要实现完全而独特的自我这一目标，将通过实现无意识区域中的潜在可能性来完成。”也就是说，神秘主义其实是潜意识的一种反映。每当雨果处在迷失与危难之际，他就会与圣徒相遇，看似是圣徒将自己的博爱与仁慈赐予这个迷路与跌倒的人，实际上这恰恰是雨果寻找继续生存下去的力量这一世俗心理的投射，也是生活在政治、权力、暴力压倒一切，如同人间地狱的欧洲中世纪人们的个人处境与自我精神的一种隐喻。不难发现，作者一方面通过雨果生存的时代来关注外部世界；另一方面，又将宗教神秘主义衍生出的幻想世界插入这一真实的外部世界，以此来探察一代人的内心生活和精神感受。这座消除了真实与幻想间的界限且无法用理性理解、把握的“虚虚实实的迷宫”，时而勾连起作品中听故事人的困惑与好奇，推动情节的不断发展。

在《佛兰德镜子》中，作者在反线性叙事、故事嵌套以及亦真亦幻之间营造出一种迷宫般的审美效果，这座叙事的迷宫以其独具个性的情节编织方式重建了我们关于欧洲千余年历史的记忆。一方面，迷宫般的叙事圈套以及时间与空间的双重跨度产生的陌生化的阅读体验，很容易让我们迷失方向，或许对故事不断解码才是走出这座文本迷宫的一个有效方式；另一方面，这一融入了作家对自由与想象力追求的叙事模式，将不同时空、不同背景、不同国家的人物联系在一起，使作品容纳尽可能多的东西，呈现出一种开放性的结构特征。

二 “镜子”“梦”的意象与后现代历史意识的文学呈现

在《佛兰德镜子》中，“镜子”并不是一个简单的意象，而是整部小说结构设计中一个极具历史意识的象征。作品在谈到《永福之镜》这部作品时指出：“其中描绘至福的境界时，就有那个神秘莫测的句子：‘眼睛挨着眼睛，镜子对着镜子，形象贴着形象……’故事的讲法也受到了这句话的启发：把起先不相干的形象放在两面镜子中间，就得到了互为映照、无限延伸的世界。”一方面，从作品的叙事维度来看，受镜像的启发讲故事的人在情节设置中形成了故事套故事的叙述模式，这也是以往评论者共识性的观点；但是，另一方面，从作品的深层内涵来看，实际上这段话还传达出一种后现代的历史认识论，“把起先不相干的形象放在两面镜子中间”就可以得到一个无限延伸的世界，就如同融入了写作者主观想象的历史一样，我们不可能还原真实的历史，但把并不具有必然逻辑关系的历史碎片随意拼贴在一起就可以进入一个丰富的阐释世界。后现代历史学家对历史真实性持否定态度，怀特从语言学的角度指出，“因为历史写作必须诉诸语言来写作，并采取叙述的形式，而所谓叙述，就是讲故事。而故事就有情节，于是历史学家在写作历史的时候，就自然而然地会设置、安排情节（emplotment）。至于设置什么样的情节（什么时候开始、什么时候结尾、牵涉多少人物）、讲什么样的故事（喜剧的、悲剧的、讽刺剧的等），则与历史学家的爱好、性情、人格等因素有关”。也就是说，从来不存在客观真实的历史，只存在对历史的解释。在历史写作中因写作者主观因素的介入历史事件成为故事，写作者把各种形式的史料文本组成的原始材料，以情节编织的方式联系在一起，组成一个无限延伸的叙述的世界。因为对这些历史事件的组合与建构出于创作主体的自主选择，因此这些原本没有必然逻辑联系的事件在很大程度上体现出作者本人的主观写作意识。在《佛兰德镜子》近两千年的欧洲历史叙事中，作者“抬高和重视”的是乌尔苏拉与一万一千贞女在科隆被杀害、西罗马帝国衰亡，王权与宗教权利争夺、欧洲黑死病肆虐，低地国家的圣像破坏运动、“二战”期间纳粹德国入侵比利时等社会黑暗、动荡时期的历史事件，这些具有动乱性质的真实的历史事件共同组成了一个悲剧性的故事类型。借助后现代的历史观来看，这些历史事件并不能自动构成故事，而是出于写作者的主观编排，正如有研究者针对历史的叙事性所指出的那样：“历史虽然没有目的，但我们能把这些目的加在历史上面，历史虽然没有意义，但我们能给它一种意义。”那么，我们要追问的是作者为何倾向于选择这样一组特定的历史事件纳入叙事性的话语结构；或者说作者选择性强调这些悲剧性的情节结构是为了具体传达一种怎样的历史意识。

在《佛兰德镜子》中，通过对相似历史情境下发生的诸多历史事件的关系分析，我们可以发现动乱时期的历史是人的生命过程中某种极端处境的一种隐喻，它仿佛是一面镜子，可以映照出不同人物的相似命运。作者曾在《未来的影子》中表达过这样一种时空观和历史观：从表面上看，尘世的历史与现实的世界“都呈现为不同时间、不同地点发生的一桩桩事件，还有一个个人物。他们全都存在于时间的川流之中，只有当我们从垂直的方向上把两件事联系起来理解，他们对彼此才有了意义”，可是，如何获得审视历史与现实的垂直视角成为摆在我们面前的难题。在作品中，作者借助可以跨越时空限制的梦境尤其是梦中之梦来俯瞰时间，将历史中相隔遥远的事件、人物联系起来。塑造既非圣徒也非凡人的雨果这一形象是作者表现梦境的重要手段。雨果曾经梦到孕育着世界上所有人的梦的千梦圣母，在她羽翼般宽大的斗篷下有一个梦境引起了雨果的注意：勃艮第女公爵玛丽和西班牙女王储胡安娜在梦中跨越间隔的土地与蜿蜒的时间相识、相交，梦中的玛丽与胡安娜都分别化身为一棵树，虽然两株大树的树根相隔遥远但树枝却互相交缠在一起。实际上，描写梦境是作者表现时空主题的一个重要手段，距离遥远的树根象征两人生活在不同的时空背景下，而延绵的树枝则暗示着时间的分岔与无穷无尽，我们由此看到的是一个无限延伸的世界。探寻梦境深处的意义会发现，“在历史的形象中，她们各自都是自己祖国的某种象征，各自令人唏嘘的命运仿佛互为镜像”。勃艮第女公爵玛丽原本认为自己自由无比，但梦中与另一位公主胡安娜的交谈让她初次意识到自己没有哪一天不是受到父亲、大臣、丈夫的摆布，只有在梦境里她才能实现心灵的真正自由。可清醒之后，作为政治联姻牺牲品的她又重新相信起自己的自由来。在这幅用超现实主义手法描绘的图景中，玛丽在梦境与清醒之间对待自由的态度是极为矛盾的，由此传达出这样一种悖论，人性深处具有对自由的渴望，但这种渴望又总被外在社会所压抑。只有在梦境的神秘世界中才能实现真正的自由，隐喻着个体在历史大潮中建立自我主体性、实现自由的艰难。不仅同样无法把握自己命运的胡安娜与玛丽的命运互为镜像，《佛兰德镜子》中的诸多人物都是如此。16世纪西班牙军人堂·迪亚戈被派往佛兰德这个对他来说陌生、野蛮的地方镇压叛乱；被侵略者扬，为了保护雨果的祭坛画，不得不鼓足勇气冒着生命危险向自己国家的敌人堂·迪亚戈寻求帮助；罗马衰亡时期神学家叙达修斯，被迫舍弃与爱梅卢斯的友谊，四处奔波，与其他的宗教派别唇枪舌剑；14世纪小修士雷米把恩师的心送往科隆以使其成为受人敬奉的圣物，不料自己碎裂的心却在欧洲黑死病大流行时期成了圣物；15世纪向来骑术高超的勃艮第女公爵玛丽却死于一次坠马事件……这些具有不同身份、生活在不同年代的人物在命运上都表现出某种共性，残酷的现实让他们无力与社会既有的权力体系相抗争，无法掌控自己的命运，只能任由自我在风雨飘摇的时代中沉浮，过着身不由己的生活，这是动乱时期所有人一生的写照。极端处境下人类的命运互为镜像不断复现，镜镜相映，映照出人与人相似且不可逃脱的悲剧性宿命，正如作者借助雨果所表达的那样："命数像失控的马，载着惊慌失措的骑手，无可挽回地奔向深渊。"

三　故事的力量：重建人类爱的核心

胡葳在谈论小说创作的动机时说道："恰恰是从小说的古老而基本的诉求出发，那就是讲故事。"她突出了"讲故事"在小说中的重要地位。在《佛兰德镜子》中我们可以明显看到被后世视为"讲故事"典范的《一千零一夜》的深刻影响。尽管《一千零一夜》频频出现在胡葳的小说叙事当中，但当她回归传统时也没有放弃在"讲故事"的模式中传达出自己独特的思考："一切的故事套故事也许都是《一千零一夜》的后代。一切讲故事的人都有意无意受到《一千零一夜》的启发——不一定是故事内容，而是故事的讲法，以及相信故事有影响现实的力量。这种影响可能是潜移默化、不为人知的。"如果说《一千零一夜》中故事的力量在于讲述者山鲁佐德以此种方式来拯救自己及其同胞的生命，那么，胡葳在《佛兰德镜子》中赋予了故事的力量不同的内涵。不同于《一千零一夜》里依靠故事续命的山鲁佐德，《佛兰德镜子》中的讲述者无论是佛兰德教士扬、“红”修道院的托马斯院长、西班牙宗教裁判官胡安，还是传递情报的历史学家，他们都不是在生命岌岌可危的情况下以讲故事的方式使生命得到延伸，而是出于某种信念与爱，来启发和引导听故事的人超越此时此地的想法去理解他们身处的那个杂乱无序的世界，通过故事不断改变人对世界、对他人、对自我的认知。

《佛兰德镜子》中的故事大多是围绕着战争及宗教展开的，这与作者的学习经历和研究背景有着内在的关联。在书写战争时，作者并没有对正面战场的直接描绘，而是把它推到了故事的后台，仅以此作为创作的背景。在西班牙侵占佛兰德期间，佛兰德教士扬在国家陷入混乱、失序的情况下内心深处依然抹不掉对艺术的珍视与热爱，为了避免雨果大师的画作毁于圣像破坏者之手，他作为一个受殖民压迫的弱者，主动秘密约见西班牙军队队长堂·迪亚戈，委托其将画作由佛兰德带去西班牙避难。为了说服堂·迪亚戈接受委托，扬以圣物“无处安放的心”作为赠物，并向他讲述了画之内和画之外的故事，这个大故事中又套入了多个微型宗教故事，包括千梦圣母以自己的优雅、慈悲庇护世间所有人的梦的故事；佛兰德修士雷米来到禁令中的科隆替圣人做圣事，却不幸被奸人所害心碎而死的故事；在教皇对科隆下了禁令后，贝居安女孩挺身而出为科隆人祈祷、治疗、施舍、送葬的故事；乌尔苏拉与一万一千贞女凭借着超人的意志逆流而上乘船去罗马朝圣，在返程时被匈奴尽数杀害的故事，等等。最终，“讲故事的人彻底地改变了听故事的人。他们都不再是一开始的自己”。起初，堂·迪亚戈对扬持蔑视态度，扬也在内心深处诅咒着这个入侵者。但故事却使敌对双方产生了情感变化，故事结束后扬拿起堂·迪亚戈的手贴在自己的心口，后者不仅没有厌恶、抗拒反而真实地感受到了那颗心脏的暖热以及纷乱、绝望的搏动。并且，此后一向以征服者名号为荣的堂·迪亚戈重返海上，再也没踏上过佛兰德的土地。客观地看，讲故事的扬与倾听者堂·迪亚戈之间始终存在着不对等的权力关系，尽管前者是叙述的中心，但真正的话语权却掌握在后者手里。在双方地位如此悬殊的情况下，是什么力量促使堂·迪亚戈情感态度发生转变?

在《佛兰德镜子》中，被征服者扬与征服者堂·迪亚戈之间因故事产生了一种强有力的情感关联。神经学家尤里·哈森在研究故事叙述过程中大脑神经的变化时发现，在有效的故事讲述中，讲述者会使倾听者的大脑产生共鸣，这种共鸣可以将前者的记忆、想法传输到后者的大脑中，于是，二者的大脑产生了一种深度联系，这种联系可以使彼此之间改进和加速沟通。作品中扬将西班牙入侵佛兰德是野蛮与不义的价值观念嵌入故事的讲述中，并建造起对仁爱、宽容与慈悲，即“一超越利害亲疏之上的标准”之信仰。倾听者堂·迪亚戈在听故事的过程中与扬产生了共鸣并接收到扬的想法和感受，一方面为殖民者的残暴而痛心；另一方面也被故事中仁爱、牺牲、慈悲的力量所震撼。作者曾这样描述这种震撼力：“我们抱紧这个讲故事的人，就像同样拥抱千梦圣母，拥抱贝居安女孩，拥抱一万一千少女，拥抱忧郁画家，拥抱失去心的人，拥抱心碎的人。如果我们知道，拥抱他就是拥抱所有这些人，消灭他就相当于消灭所有这些人，是否就会在痛下杀手之前慎重考虑了?”实际上，“拥抱他就是拥抱所有这些人”中的“这些人”隐喻着千梦圣母、贝居安女孩等形象所具有的超越世俗的仁爱、善良与慈悲。那么我们就不难理解，堂·迪亚戈之所以改变对被侵略者扬固有的偏见和臆断，从人与人之间平等的视角来看待对方，正是因为接受了这些世间的纯美情感。这也从侧面反映出跨越国界、身份、地位的永恒的爱，可以使人与人之间实现心意相通、心神交融。

在《佛兰德镜子》中，故事所蕴含的改进和加速沟通的力量不仅表现在扬与堂·迪亚戈身上，还更加典型地表现在火车上两名乘客身上。故事连接并拉近了两个萍水相逢的人的心灵，二者之间迅速建立起一种不计较个人得失的友情，听故事的人甘愿为对方冒险甚至赴汤蹈火。透过这些扑朔迷离、引人入胜的情节，我们不免惊叹故事这一人类最古老的叙述本能“竟然有这样的力量，能够作为武器互相投掷”。

《佛兰德镜子》是一部充满叙事野心的小说，这本书创作的初衷是作者对法国研究生活的一段总结，她将那些难以纳入学术研究的想法和念头以讲故事的方式呈现出来，又可以不受学术评价框架的限制，胡葳西化的语言以及讲故事的模式一定程度上形成了自己的叙事特色。不过，“《佛兰德镜子》可能包含着十种以上可以发展为论文的研究主题”，在有限的篇幅内想要表达尽可能多的内容是创作者本人的诉求，可是，过于繁密的意义会造成叙事意图与表现效果之间的撕裂，作者有沉迷于自我叙述之嫌。同时，大量异质时空背景下的欧洲中世纪知识以及叙事时空的频繁转换给读者的阅读造成了较大的挑战。但总体来说瑕不掩瑜，《佛兰德镜子》在叙事上表现出小说最为原始的魅力，在内容上引发的思考在多个维度和层面上得到延伸和拓展，这些对于提升网络小说的深广度具有不容忽视的意义。

参考文献

dome：《佛兰德镜子》，四川文艺出版社 2019 年版。

何平、胡葳：《访谈：“汉语很自由，它允许写作者探索属于自己的母语”》，《花城》2019 年第 1 期。

赫灵华：《IP 背景下网络文学的价值探析》，载王玉英主编《网络文化研究》（第一辑），中国社会科学出版社 2020 年版，第 201 页。

李明晖、安扬：《网络“爽文”欲望驱动叙事溯源与剖析》，载王玉英主编《网络文化研究》（第一辑），中国社会科学出版社 2020 年版，第 185 页。

王六二：《宗教神秘主义的性质》，《世界宗教研究》1996 年第 1 期。

王晴佳：《后现代主义与中国史学的前景》，《东岳论丛》2004 年第 1 期。

Karl Popper, *The Open Society and Its Enemise*, London: 1957, Vol. Ⅱ. pp. 259 – 280，转引自王岳川《新历史主义的文化诗学》，《北京大学学报》（哲学社会科学版）1997 年第 3 期。

Storytelling of Academic Research: On the Building Dimension of *Flanders Mirror*

Liu Yu

Abstract: The experience of studying in France and Western literature research made Dome's novels show a distinctive personal temperament. The background of academic research runs through the creation of *Flanders Mirror*, not only as the construction of a narrative labyrinth that makes the text form an open structural feature. The characteristics are also embodied in the postmodernist historical consciousness conveyed by the imagery of "mirror" and "dream", and endowed "storytelling", the oldest narrative instinct of mankind, with the power to influence reality. Dome is good at turning the "fragments, ideas and thoughts" of interest in reading and research into literary thinking, so as to convey her deep understanding of time and space, history and reality, cruelty and benevolence.

Keywords: Dome; *Flanders Mirror*; Academic Research; Storytelling; Building Dimension

网络社会

网络空间中“CP粉”的参与行为及其心理动机探析

喻俊梅　郎劲松*

摘　要：移动互联网时代，媒介技术的不断发展，为亚文化群体的聚集和表达提供了广阔的空间，同时也进一步推动了亚文化的传播。作为近年来新兴的一种亚文化现象，嗑CP正逐渐从边缘走向主流，形成群体的参与式狂欢。本研究以新媒介赋权为背景，将“CP粉”作为研究对象，来探讨这一亚文化群体在网络空间中的参与行为。研究发现，在嗑CP的过程中，粉丝既是文本的消费者，同时也是生产者和传播者。此外，还通过线上的参与式观察和对15位“CP粉”成员的深度访谈，进一步分析了“CP粉”参与行为背后所蕴含的心理动机。

关键词：青年亚文化　CP粉　参与行为　心理动机

近年来，从由《陈情令》而产生的“博君一肖”到《创造营2021》里的“好多宇”组合，再到《长歌行》里大火的“歌隼”“皓嫣”，网络空间中CP文化日益流行，开始从小众娱乐走向全民狂欢，成为当代大众文化中一种新的网络亚文化现象。

---

* 作者简介：喻俊梅，中国传媒大学新闻学院2020级硕士研究生。郎劲松，中国传媒大学新闻学院教授。

一 研究背景：关于“饭圈”文化与“CP粉”

CP是英文Coupling的缩写，本意是情侣、配对，该词原本主要用于二次元领域，指动画、漫画、游戏、小说等作品中存在恋爱（情侣）关系的角色配对，且多在耽美向的同人创作中出现。后来随着社会环境的不断变化和不同文化间的传播交流，“CP”这个概念逐渐打破了次元壁，并借助流行文化的载体开始在三次元世界中广泛使用，其内涵也不局限于设定恋爱关系，而是可以用来泛指一切人物角色配对的亲密关系或某种亲密联系。无论是动漫、小说人物，还是影视剧角色、明星真人，即使两者之间毫无关联，也依然能够成为人们组CP的对象。

随着“饭圈”文化的发展，根据情感模式和行为特征的不同，粉丝内部具体细分出不同的类型。例如，只喜欢某一个人的称为“唯粉”，喜欢整个团体的是“团粉”，相较于一般粉丝，“CP粉”则是指自行幻想某两个明星或是影视剧中的角色存在亲密情感，并将其配对成为情侣的粉丝。除此之外，还涌现出“女友粉”“妈妈粉”“事业粉”“颜值粉”“逆苏粉”等诸多类型。

据新浪微博发布的《2018年微博粉丝白皮书》统计，粉丝追星的线上媒体主要有微博、贴吧、豆瓣、知乎等新媒体平台①，这些平台的共性是都具有较高的关注度和娱乐性，且传播范围广、传播速度快、传播门槛低，为粉丝的线上参与建构了一个虚拟的网络空间。在这个虚拟空间中，粉丝可以通过应援、打榜、推荐、控评等多种方式参与互动，同时社交媒体平台的开放性和匿名性也为粉丝的自我表达提供了更多机会。可以说，当下流行的粉丝文化正是一种基于新媒介技术的参与式文化。

鉴于“CP粉”主要活跃于网络空间，且活动场所大多集中在

① 艾漫数据：《数据来自浪起花开，潮尽声存——来自浪起微博粉丝白皮书》，微博明星，新浪娱乐，http：//sina. aiman. cn/second – pc. html。

微博超话社区、豆瓣小组、哔哩哔哩（B 站）以及百度贴吧等平台，因此，本文采用参与式观察和深度访谈相结合的质化研究方法，通过沉浸式的观察、体验，在参与的环境下获得第一手资料，着重考察“CP 粉”的线上参与行为，并对其行为背后的心理动机进行深入探究。

受个人时间和精力的限制，笔者根据微博超级话题的 CP 排行榜，选择排名第三（截至 2020 年 5 月 3 日）的“皓嫣”CP（电视剧《长歌行》中的角色 CP，即皓都和乐嫣）为研究个案，这对 CP 是当时榜单前五名中唯一一对 BG（男女相爱）CP，其余四对均是 BL（男男相爱）CP，并且分别将微博平台上的“皓嫣”超话社区（粉丝数 24 万）和豆瓣小组“皓如嫣海”（成员 14711 人）作为观察场所，在 2021 年 3 月 31 日至 2021 年 5 月 3 日进行为期一个月的不间断观察和文本提取。此外，抽取 15 位“CP 粉”成员进行深度访谈。由于“CP 粉”的匿名性和现实隐匿性，与“CP 粉”进行线下交流难度较大，故本文主要借助线上访谈的形式，包括微博的文字访谈和微信的文字访谈、语音访谈。

二　新媒介技术赋权下“CP 粉”的参与行为

新媒介技术的赋权，提升了受众的创造性和参与性。美国传播学家亨利·詹金斯（Henry Jenkins）在 20 世纪 90 年代提出了“参与式文化”的概念，粉丝作为文本的盗猎者、文化现象中的游牧民，摆脱了被动受迫的抵抗身份，从单纯的消费者到开始兼职生产，以各种各样的方式与偶像进行着丰富的互动，参与文本的趣味解读、解构乃至创造，产生一系列主动的粉丝参与式行为。

在参与式观察和深度访谈的过程中，笔者发现，“CP 粉”作为新兴的亚文化群体，在嗑 CP 时所表现出的种种行为虽然存在一定的个体差异，但是，总体来看，“CP 粉”的参与行为主要可以归纳为对文本消费、生产和传播三大类型。

（一）文本消费：在虚拟社群中的凝视观看

“虚拟社群”的概念最早由美国学者霍华德·莱茵戈德（Howard Rheingold）提出，是指依靠网络技术连接在一起的社会集合体，即在互联网技术的支持下，一群拥有共同兴趣爱好或背景相同的人，得以打破时间的束缚和空间的限制，通过在虚拟空间中的交往互动而建立新的关系并凝聚成团体。美国社会学家曼纽尔·卡斯特尔（Manuel Castells）认为，虚拟社群不遵循实质社群的沟通和互动模式，有其特殊的互动法则。在这个突破时空界限的互动场域中，成员的身份可以是多变和流动的，能够同时参与多个不同的群体，与他人进行互动或者是默默“围观”。

> 我就只加了微博超话，平时也只是看看别人发的帖子，然后有时会评论一下，其他就没有了，我自己发不出来啥。（受访者 1）
>
> 微博本来不玩，也没 App，为了逛超话才开始玩的，偶尔还会看看豆瓣。现在每天必做的就是进超话签到以及捞帖子、评论点赞，我这种就是纯粹路人的行为模式。（受访者 2）
>
> 几乎不发帖，一般就是看别人的产出，和大家一起捡垃圾，看视频同人文各种嗑糖，有空或者有需要的时候会参与做数据捞帖，偶尔也会在超话里面和其他的姐妹互动，但是基本很少。（受访者 6）
>
> 就是逛超话和 B 站，最上头的时候一天能有八九个小时在看相关话题，但是一直在潜水，当有人说出类似的想法感受最多会点个赞，发帖对我来说已经算是极限了。（受访者 7）

根据笔者的线上观察和访谈，在微博超话和豆瓣小组这类虚拟社群中，“CP 粉”最为常见的一种参与行为便是对文本的消费，即粉丝个体主要扮演观看者和消费者的角色，对文本作品进行阅读和欣赏。大多数情况下，他们不执着于每天的超话签到和发帖，通常只是安静地浏览其他用户发布的帖子和产出的内容，偶尔也会默默点赞或者是在底下评论几句，但是很少主动表达自己的想法和观点，或是参与相关话题的讨论，也较少和其他“CP粉”成员交流互动。对于这些数量庞大的“潜水型”粉丝而言，单纯的文本消费和意义建构便能让他们的身心得到放松和消遣，同时也获得一种空间意义上的集体参与感。

（二）阐释解读：赋予个性化的编码和解码

法国哲学家米歇尔·德赛都（Michel de Certeau）在研究受众的媒介产品消费行为时提出，文化消费也是一种生产，粉丝在消费的过程中会结合自己的生活经验和想法，对原文本的意义进行篡改、解释。约翰·费斯克（John Fiske）认为，“粉丝是过度的读者，其对文本的投入是主动的、热烈的、狂热的、参与式的”，在他看来，粉丝在进行内容消费时并不是消极、被动的，而是具有主动性、独立性与创造性，对文本意义的解读也不会仅仅停留于表面，会进一步挖掘其中更符合自身心理期待的深层内涵，从而赋予文本作品以个性化的编码和解码。

> 一柄闪着寒光的剑，剑上模糊的血滴，缓缓倒下不再挣扎抽动的尸体。这就是李乐嫣和皓都初见时的全部画面构成了。不知道大家现实生活中有没有见过尸体，我曾经在马路上见过一只血肉模糊的被撞死的狗，回家后做了整晚的噩梦。十几岁就亲眼见到了真正的、属于人类的尸体，李乐嫣该是怎样的心情，又对皓都有怎样的印象呢？如果李乐嫣是一个攻略游戏里的待攻略对象，这个开局对皓都来说无疑是地域难度级别了。[①]

以上这条帖子是一位昵称为“酥脆猫耳朵”的“CP粉”对于皓嫣这两个角色之间感情脉络发展的分析，她基于自己以往生活中

① 节选自“皓如嫣海”豆瓣小组。

的实际经历和对情感的认知，深入细致地梳理了人物本身的成长曲线和内心变化，对乐嫣、皓都每一次见面时的眼神、动作、心理都进行了剖析，将破碎的剧情用强大的逻辑串联起来，加入个人的想象和意义解读。根据斯图亚特·霍尔（Stuart Hall）的编码与解码理论，由于文本的多义性和复杂性，粉丝对于官方文本的解码并非总是遵循其原始信息输出的内涵，实际上会依据个体的社会经验和特殊偏好，对文本意图重新进行释义和创造，有时甚至会进行质疑与反抗。

> 大家其实很大程度是靠自己的脑补在补足剧情，而有意跳出了剧本对角色的束缚。之前我看的其他 CP 很少有这种情况，角色大多有一条完整的成长线和行为动机，但由于皓嫣得到的着墨不多，实际上我们也参与了创作，这个参与感又反过来加强了我们对剧中人物倾注的情感。（受访者 10）
>
> 纸片人在被作者控制与自我意识觉醒状态之间反复切换，为主线服务的配角们妄图挣脱‘工具人’的枷锁，努力反抗，却又被迫重写既定的命运轨迹。[①]

正如詹金斯所说，粉丝是意义的积极创作者和意义的操控者，粉丝在对文本解读的过程中同时也在展开对文本话语权和意义控制权的争夺，他们不会完全照搬文本的原本意图，而是与原始文本不断进行角力，选择性地融入自己的生活经验和理解阐释，进而继续延伸和拓展文本，最终构建出新的意义。

（三）游牧盗猎：对多个文本的挪用与拼贴

随着信息技术的发展，互联网门户网络时代到来，社交媒体平台如雨后春笋应运而生，为粉丝的内容生产与讨论提供了广阔的空间，粉丝不再是传统研究中所主张的“白痴观众”；相反，他们能

① 摘自某“CP 粉”微博超话言论。

借助开放性的网络平台对原文本重新进行意义生产和二次加工，在这个过程中，粉丝不仅仅是文本内容的接受者、消费者，也是积极主动的生产者。

> 第一次有冲动开了个微博小号关注超话，像个猹一样在各个平台到处乱窜着嗑……然后因为超话姐妹和两个演员都很可爱，就产生了贡献力量的念头：画点同人，写点文章。主要是真正喜欢了，就有创作欲望，既然自己能动手就为姐妹们制点糖，如果会剪辑的话我也会想剪的。（受访者8）
>
> 我写的同人文很多灵感来自豆瓣人物分析和B站的剪辑，还有一位画手太太跟我联动，画了一张插图。（受访者10）

在《文本盗猎：电视粉丝与参与性文化》一书中，詹金斯借用了德赛都提出的“盗猎式”“游牧式”读者理论，将参与建构并传播文本意义的积极分子视为“文本盗猎者”，认为粉丝在文化工业中盗猎走对自己有用的符号材料，并根据自己的臆想重新进行文本的生产和再加工；此外，詹金斯还把粉丝比作灵活变换盗猎场地的“游牧民”，意指他们不会局限于单一的文本，而是串联起许多相关的媒介文本，在多个文本之间穿梭自如。

> 因为他们俩在剧里的同框和糖料实在是太少了，只好试着自己来产粮。就按照以前看过的一部小说剧情剪了几段视频，没想到大家还挺喜欢的。剪的时候为了找素材，我还特地去扒了宁哥的《天判》MV和露丝演过的《传闻中的陈芊芊》。（受访者9）

例如，在“皓嫣”微博超话的视频专区，一些创作者制作的视频就呈现了“盗猎”与“游牧”的迹象，他们考古了两位演员在过往影视剧中所饰演角色的片段素材，然后将这些片段与《长歌行》中的画面相组合，按照自己的想法进行二次剪辑，改编情节逻辑或是人物关系，拼贴出一段新的可供读解的文本。除了对原始文本的盗猎和挪用之外，“CP粉”还会进行原创的内容生产，包括制作专属头像、条漫、动图，以及创作同人曲、同人文等诸多形式，通过文本的再生产赋予其新的意义，粉丝在这种参与的过程中也享受到了给人物配对带来的极大快乐。

（四）圈地自萌：基于私密空间的交流互动

“圈地自萌”一词由CP“饭圈”中发展而来，指的是“CP粉”群体在小圈子内自娱自乐，沉迷于自己的兴趣爱好。在整个粉丝圈层中，由于不受“唯粉”“女友粉”等传统粉丝认可，也没有得到官方的承认，为了避免和正主粉丝之间的冲突，圈地自萌往往成为“CP粉”内部心照不宣的潜规则。

以“皓嫣”CP的豆瓣小组“皓如嫣海”为例，申请进组需要通过审核，且组内制定了详细的规则，包括“禁止不尊重两位演员的言论”“本组禁真人CP”“禁止拆家造谣”“禁止讨论本剧其他演员”“禁止不友善或辱骂言论”等种种要求。如果有成员的发帖违反了规定，便会面临被举报、警告、删帖乃至禁言的惩罚。而在微博超话社区这种相对开放的空间，“CP粉”的交流讨论同样受到限制和规范，超话的主持人会不定时地发布管理公告，声明“禁嗑真人CP（除花絮和剧播营业），禁对两位演员私人情感过分解读”“禁过度推荐，以剧CP为主”等，并针对组内成员的发帖格式和产出内容作出了相应的要求，凡是不符合格式规范或是不遵守超话管理细则的帖子都会被屏蔽。

> 我觉得除了皓嫣本身很好嗑这一点以外，我第一次嗑得这么上头的另一个原因就是超话里的氛围太好了。在这里没有粉籍斗争，没有争吵互撕，没有踩一捧一，简直不要太和谐！真的超级感谢和辛苦超话的管理员们了，可以为我们守护住这片专心致志嗑皓嫣的净土。（受访者15）

无论是在豆瓣小组还是微博超话，这些管理规则的约束，一方面，构建了特定的社群边界，自觉将“CP粉”和外界其他粉丝群体区隔开，能够有效地减少与外界的冲突，防止招黑和污名化“CP粉”群体的行为；另一方面，也为超话创造了和谐良好的嗑糖氛围，最大限度地为“CP粉”的交流互动提供了相对自由的空间，不易受到外界不当言论的干扰。

> 嗑CP的话，在自家的地盘上嗑就行了，不要打扰别人，也不要到其他的地方招惹是非。虽然两人比较有CP感，可以期待二搭，但是上升真人就大可不必了，在这个小圈子里快乐吃糖不好吗？（受访者11）
>
> 我能接受和喜欢写文的大大的车，但接受不了对演员本人的臆测，有的文其实都已经涉黄了，还去艾特真人，感觉挺不合适的。好好嗑剧的CP，自娱自乐就好，毕竟网络也是有边界的，玩梗要适度。（受访者14）

此外，对于部分专注于产出的“CP粉”来说，他们常常会以剧中角色为蓝本进行二次创作，根据自己的想象续写或者是改写原有的故事情节，还有的虽然沿用了原作的角色设定，但是，赋予了新的故事背景和人物关系，从而创作出完全架空的同人作品。对已有文本的继续书写或者是彻底颠覆，往往补充了原作中无法实现的情节，同时包含着创作者自身的意淫和假想，甚至有时还会涉及情色成分，因此将这类文本内容的传播限制在半封闭半公开的私密空间显得十分有必要。

在访谈过程中，一些受访者也表示，在“皓嫣”超话内的同人文区发布自己写作的同人文时，如果情节内容的描写尺度较大，他们一般都会以图片的形式发出，并将图片进行镜面和翻转处理，同时在微博正文中还会特地标注“有车不喜误入”“未成年人不要点开”等提醒话语，对于这类帖子的分享也仅限于超话内部，几乎不会公开发布在自己个人的微博主页。

总而言之，微博、豆瓣、贴吧等社交媒体平台的存在，为“CP粉”在网络上的交流互动提供了相对私密的空间。粉丝们因为对所嗑CP的共同喜好而聚集在一起，形成一个个相互独立的小圈子，群体内部成员依照准入规则，使用共通的圈层话语进行交流，构建出一个寄托了美好幻想的情感乌托邦。

三 对“CP粉”参与行为的心理动机探析

（一）寻求自我认同和身份归属

吉登斯在《现代性与自我认同》一书中谈到，自我一方面属于个体的身体；另一方面又受制于他者，是社会化的构成，自我认同则是“个人依据其个人经历所形成的、作为反思性理解的自我”。在当下这个现代性社会，人们享受着网络技术发展所带来的种种便利，每个个体都被赋予了无限的可能，但与此同时，现代意义上的风险频频发生，生活中充满了不确定性和对危机的恐惧，人们亦被普遍存在的焦虑情绪所裹挟，而嗑CP这样一种亚文化现象的适时出现，便成为当代青年人寻求自我认同和身份归属的新方式。

> 很大程度上我能嗑得这么深入是因为大家真的投入了很多，产出和仪式感以及显微镜嗑糖这些都很吸引人，至少我感觉自己不是一个人在嗑，而是跟着大家一起，是一种沉浸式的体验，这个氛围之下你才能嗑得更完整，也更有一种归属感。（受访者7）
>
> 嗑皓嫣CP可以说是我嗑CP以来体验感最好的一次，以前其实我都不怎么玩微博，现在每天都要去超话里逛逛，看看其他姐妹新发了什么帖子。对皓嫣上头的很大一部分原因，就是因为这里很暖，每个人都有参与感，不管在超话里说些什么都会有姐妹来捞你，这里永远是我的快乐老家。（受访者15）

“CP粉”始终以群体的形式存在，大家基于共同的兴趣而会聚在自家CP的微博超话社区和豆瓣小组，并把这些具有一定区隔性的社群比喻为"家"，粉丝同好之间互相以"家人""姐妹"相称呼，一同搬运官方最新发布的信息，从各种花絮中挖掘暗戳戳的"糖点"，一起参与反黑、团建、捞帖冲排名，通过这些在"虚拟家园"中的交流互动，寻求共享、共存的身份归属与认同。

> 最开始写文是有个姐妹想看一个设定但是没有，我说了一下自己的想法，她希望我能写出来，以前我也没写过，就想那就试一试吧，后来发现还是有人喜欢的，会有很多姐妹在底下评论或点赞，还有催更的，感觉自己的作品得到了大家的认可，还挺有成就感的，所以我就一直坚持更了。(受访者13)
>
> 我理解中的二创产出需要两个条件，第一是真的喜欢他们，想为他们做点事情；第二是有足够的创作空间。剧作没有交代清楚的地方就是我们脑补的空间。正好我最近刚结束了实习，又比较有时间，所以就想着码点文。而且好的产出其实是互相激励的，刷豆瓣的时候看到其他大大写的同人文也会让我有一种想要创作的欲望。不过说实话，在发之前我也没想到会得到这么多人的肯定，每次睡醒起来看看消息都非常开心，也激励了我继续创作。(受访者10)

按照粉丝在社群内的等级身份和活跃程度，大致可将其分为管理型、生产型和观看型这三类，其中生产型粉丝主要负责文本作品的创作，从角色表情包、专属头像、漫画，到改词配音、视频剪辑、同人文写作，以及其他相关衍生品的制作，等等。通过积极的内容产出和分享，粉丝不仅能够与他人进行互动交流，还能在互动中得到来自群体其他成员的关注和赞许，从而在虚拟社群中获得大量满足感并实现自我认同。

(二) 现实情感与恋爱心理投射

作为新兴的青年亚文化，"CP粉"之所以沉迷于嗑CP的快乐中无法自拔，实际上反映了当下年轻一代的群体心理。信息互联网时代，内卷化的竞争让人疲惫不堪，网络空间中的性别二元对立日趋激烈，越来越多的年轻人不再对现实爱情抱有期待，而更多地将对美好爱情的幻想和寄托投射到所嗑的CP上，以满足自己对理想关系的想象。

> 在我这里皓嫣就是白月光了，皓都的爱不求回报，这样的男朋友谁不爱呢？（受访者1）
>
> 我最动容的应该是，皓都对公主那种坚定不移的选择吧。作为一个现代人，我从来没有被那么坚定不移地选择过。无论是友情还是爱情，我都不是无可取代的。这一点我觉得是处处都有可替代品的现代人非常难以做到的，所以弥足珍贵，很打动我。（受访者2）
>
> 嗑的过程中肯定会有对现实爱情的一种幻想，然后把自己希望的那种情感代入他们里面，和他们共情。（受访者3）
>
> 我觉得很神奇的一点是，嗑CP会让我的生活有所改变。比如这次嗑皓嫣，我把停了几年的跑步恢复了，戒掉了喝了十几年的可乐，戒掉零食、宵夜，我也不是为了减肥，就是我作为一个中年人，嗑CP其实是浪费时间、耗精力的，所以会让自己做一些正向的事情，把它变成一件正能量的事，而不是单纯的伤神。（受访者5）

在嗑CP的过程中，虽然剧中的角色和故事是虚构的，但“CP粉”投注的情感却是无比真实的。粉丝赋予角色双方他们所想象的人设和亲密关系，并在已有信息的基础上自由地解读、建构，或者是将原有人物放入全新的故事设定中，按照自己的意愿进行文本的再创作，勾勒出美好的前景，这些参与行为其实也反映了一种对自我情感的表达和现实情绪的宣泄，同时也是互联网时代人们对于满足情感需求的渴望。

（三）互动仪式下的群体性狂欢

美国社会学家兰德尔·柯林斯（R. Collins）于2003年提出“互动仪式链”理论。他认为，互动仪式的发生主要包含四个要素，一是共同在场，两个或两个以上的人聚集在同一场所；二是群体界限，对局外人设定了屏障；三是相互关注焦点，参与者将注意力集中在共同的对象或活动上；四是共享的情感状态，人们分享共同的情绪和体验。网络信息技术和新媒体平台的蓬勃发展，突破了现实物理空间的限制，构建了一个虚拟的网络空间，重新定义了时空、参与和“在场”的意义。在这个共同的场域中，粉丝群体展开了一系列独特的仪式性行动，完成虚拟的身体在场，参与者也在互动中获取情感能量，形成群体性的娱乐狂欢。

> 婚礼那天主持人还弄了时刻表，真的全程参与，好像真的有很好的朋友结婚了一样。（受访者10）
>
> 皓嫣算是我为数不多嗑的沉浸式CP，我还是第一次见到有剧里的人物要结婚然后超话的人认真准备结婚，云筹备彩礼、嫁妆什么的，非常有参与感。（受访者11）

例如，为了庆祝剧中的乐嫣和皓都这两个角色的大婚，“皓嫣”超话的管理团队特地开设了婚礼专区，规定不能随意发帖，策划了完整的网络婚礼流程，在虚拟空间中组织了一场声势浩大的婚礼团建活动，群体内部成员也纷纷参与其中，前期的准备活动包括制作电子版的婚书、喜帖、邀请函，设计结婚场地模型，以及安排聘礼、嫁妆、喜糖等诸多形式，一些不擅产出的粉丝还通过举办抽奖活动来进行仪式接力。而在大婚剧情开播当日，所有成员都换上了统一的头像，模拟参加皓嫣大婚的各个流程，并在评论区发帖为两位新人送上祝福。通过这种极具仪式性的互动行为，个体的参与热情被大大激发，在虚拟空间展开的文本狂欢中一起分享类似的情绪和情感体验，获得群体的归属感和认同感。

四 结语

粉丝文化的研究始于20世纪90年代初期的西方，在学界“葛兰福转向”，即重视受众，将研究重点从文本转向受众的演变下兴起，积累了较为丰富的研究成果。国内学者关于粉丝文化的研究受西方理论影响颇深，围绕粉丝身份、粉丝行为、粉丝经济、粉丝社群等方面，进行了大量而成熟的探索。“CP粉”作为粉丝群体中的一个亚族群，目前相关的学术研究文献较少，且已有研究主要是对媒介环境中盛行的CP文化进行解读与反思，以及从“CP粉”的实践出发，分析其符号生产、边界协商和社群行为等方面。

新媒介技术的赋权为“CP粉”的内容生产与传播提供了空间，也为青年群体的自我表达提供了更多机会。本文将“CP粉”作为研究对象，探讨了这一亚文化群体在网络空间中的参与行为。研究发现，在嗑CP的过程中，粉丝既是文本的消费者，同时也是生产者和传播者，围绕虚拟社群中的各式产出凝视观看，按照个人的想法对文本进行解读和二次创作，并在特定的圈子内进行交流、分享和互动。此外，通过线上的参与式观察和对15位“CP粉”成员的深度访谈，进一步分析了“CP粉”参与行为所蕴含的心理动机，主要可以归纳为寻求自我认同和身份归属、现实情感与恋爱心理投射，以及互动仪式下的群体性狂欢。

最后，在如今这个“泛CP文化”时代，CP文化在网络空间中的流行，很大程度上迎合了社会的群体心理，满足了受众的情感和社交需求，但需要注意的是，其本质上仍然是一种小众的娱乐狂欢，在嗑CP的过程中，人们大多只是为了追求精神上的愉悦和满足，所进行的文本消费和生产往往缺乏深度和理性思考，呈现出通俗化、肤浅化、浮躁化等特点；此外，在大众媒介和商业资本的双重驱动下，“CP粉”群体虽然日益壮大，但同时也被消费主义所裹挟，成为文化工业赚取利润的工具，在商业资本打造的集体狂欢中逐渐迷失。因此，对于这一亚文化群体和现象，我们应当批判性地审视和看待，充分认识其积极意义和负面影响，并加以正确的引导和规范，使之与主流文化和谐共存、相融互补，从而推动网络文化的健康发展与繁荣。

参考文献

刘国强、蒋效妹：《反结构化的突围：网络粉丝社群建构中情感能量的动力机制分析——以肖战王一博粉丝群为例》，《国际新闻界》2020年第12期。

庞海音、万成云：《异化的“饭圈”：当前流行文化的理论反思》，《江西社会科学》2020年第8期。

杨雪睿、杨怡情：《叠聚与辐散：数字化浪潮中的社群演变及其影响因素研究》，《现代传播》（中国传媒大学学报）2020年第10期。

［美］曼纽尔·卡斯特：《网络社会的崛起》，夏铸九、王志宏等译，社会科学文献出版社2001年版。

［美］约翰·费斯克：《理解大众文化》，王晓钰、宋伟杰译，中央编译出版社2006年版。

［美］亨利·詹金斯：《文本盗猎者——电视粉丝与参与式文化》，郑熙青译，北京大学出版社2016年版。

［英］安东尼·吉登斯：《现代性与自我认同》，赵旭东译，生活·读书·新知三联书店1998年版。

谷学强：《互动仪式链视角下网络表情包的情感动员——以“帝吧出征FB”为例》，《新闻与传播评论》2018年第5期。

A Study on the Participation Behavior and Motivation of “CP Fans” in Cyberspace

Yu Junmei　Lang Jinsong

Abstract: In the Internet age, the continuous development of media technology provides a broad space for the gathering and expression of sub-cultural groups, and at the same time further promotes the dissemination of subcultures. As a newly subcultural phenomenon in recent years, CP is gradually moving from the margin to the mainstream, forming a group carnival. This research takes the new media empowerment as the background and takes "CP Fans" as the research object to explore the participation behavior of this subcultural group in cyberspace. The study found that in the process of consuming CP, fans are not only consumers of texts, but also producers and disseminators. In addition, through online participatory observations and in-depth interviews with 15 "CP Fans" members, the psychological motivation behind the participation of "CP Fans" was further analyzed.

Keywords: Youth Subculture; "CP Fans"; Participation Behavior; Psychological Motivation

社交媒体中隐私信息暴露风险与保护机制研究*

邱焕双　吴　剑　吴佳楠**

摘　要：社交媒体中的隐私问题是一个多学科交叉的复杂问题。如何针对隐私信息存在的风险，对隐私信息的形成、流通以及因为原先存在风险而已经暴露的隐私信息提供一种综合的保护机制，是本文研究的问题。本文首先对社交媒体中的信息进行分类，分为显式信息和隐式信息。然后提出非正常情况下隐私信息的流动模型，并根据该模型分析了隐私信息的形成、流通以及再次暴露的风险。社交媒体中的隐私问题，不仅仅涉及技术、法律、个人（意识、心理等），还包括宏观的氛围建设。本文结合中医思想构建了以三治为主的产业链闭环保护机制，该机制分为上治治心、中治治体、下治治漏。三治针对隐私治理的不同层面，动态协同，来实现社交媒体隐私信息的有效保护。最后结合该保护机制，提出了具体的对策和建议。

关键词：社交媒体　隐私暴露风险　信息流通模型　隐私保护机制

---

* 基金项目：吉林省社会科学基金项目（网络文化研究专项）“网络文化安全治理研究”（2020W01）的阶段性研究成果。

** 作者简介：邱焕双，男，博士，长春理工大学社会学系教授，硕士研究生导师，主要研究方向为社会治理与社会发展、网络社会学等。吴剑，男，长春大学网络安全学院硕士研究生。吴佳楠，男，博士，长春大学计算机科学与技术学院副教授，硕士研究生导师，主要研究方向为网络空间安全等。

引 言

《第47次中国互联网络发展状况统计报告》① 显示，截至2021年2月，我国网民规模达9.89亿，互联网普及率达70.4%，网民规模逐渐增大，且网民的人均每周上网时长达到26.2小时，人们在社交空间的活动越加频繁丰富，社交媒体已成为人们交流、处理和存储个人信息的重要平台。随着技术的进步和人们需求的多元化，具有社交属性的软件也日益增多，网民在网上的每一行为，都会留下相应的数据痕迹，相伴而生的是用户数据泄露事件的屡见不鲜，社交空间的个人隐私信息安全问题日益凸显。目前关于社交媒体隐私信息保护的研究主要从个体（心理、隐私感知）、法律（隐私权、遗忘权）和技术（安全漏洞等）等层面展开，探讨了隐私暴露的原因并提出相应的保护建议。但少有研究从个人隐私信息的产生、隐私信息的流通，以及数据的再次暴露风险的综合角度进行分析。基于此，本文在辨析隐私信息的基础上，提出隐私信息非正常情况下的流动模型，分析不同阶段的隐私暴露风险，并提出以“三治”为主的产业链闭环综合保护机制，以及具体的保护对策和建议。

一 社交媒体中隐私信息的理解

（一）社交媒体中隐私信息的流动过程

个人信息是以电子或者其他方式记录的能够单独或者与其他信息结合识别特定自然人身份或者反映特定自然人活动情况的各种信息。② 用户在使用社交媒体，沉迷信息语境时，其浏览路径、兴趣

① 中共中央网络安全和信息化委员会办公室、中华人民共和国国家互联网信息办公室：《第47次中国互联网络发展状况统计报告》，http：//www.cac.gov.cn/sjfw/hysj/A091601index_1.htm。

② 全国信息安全标准化技术委员会：《信息安全技术个人信息安全规范》（GB/T 35273－2017），https：//www.tc260.org.cn/front/postDetail.html? id＝20180124211617。

倾向也被记录下来，变成可进行分析挖掘的隐私数据，存在“隐私悖论”，即社交媒体用户感知的丰富使用体验和潜在隐私风险之间所形成的尖锐矛盾。社交媒体采用 P2P 模式（客户端服务器模式），并且常常和第三方应用拓展联系，所以，正常情况下的隐私信息流动过程如图 1 所示。

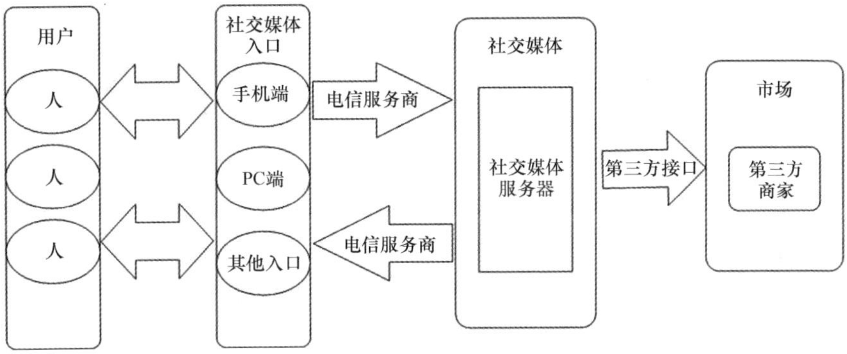

图 1　正常的隐私信息流动模型

正常情况下，社交媒体中信息的流动经过四个过程：人在上网时，在社交媒体的 App 端或 PC 端产生信息（注册信息、聊天信息等基本信息），经过电信服务商的基站、路由器等中间设备传到社交媒体公司服务器，然后服务器将信息传达到我们需要联系的个人。随着人们生活的多样化，媒体公司逐渐开放 API 接口，为用户提供第三方服务，来满足用户多样化的需求。社交媒体可通过记录的数据分析用户的内在心理、性格和行为习惯，优化服务和增强用户黏度，来实现长期盈利。

（二）社交媒体中隐私信息的类型

社交媒体中的隐私信息可分为两类：显式信息和隐式信息。显式信息是指通过手机、计算机等媒介直接采集的信息，比如姓名、手机号等；隐式信息是指通过大量显示信息等分析出来的用户特征，该类信息相比于显式信息，更能准确描述用户的内在特点和需求，如兴趣点、政治倾向等。

1. 显式信息

显式信息大体可分为五类：第一类是用户基本信息，包括姓名、身份证号、性别、出生年月。第二类是唯一标志用户客体信息，包括生物信息、手机号、邮箱。生物信息包括指纹、掌纹、脸部特征和虹膜等信息，可唯一标志生物人；手机号、邮箱等信息是人上网的接口，可以在网上唯一标志人个体。第三类是地理位置信息等连接虚拟网络与现实生活的信息。其中位置隐私直接与人在现实生活中的所在地联系起来。可以根据用户连续或重复出现的位置信息来分析判断用户的工作地点、家庭住址等隐私。第四类是内容分享信息，该类信息展示了人们的日常生活状况和所思所想，是重要的隐私信息，该信息与用户性格息息相关。第五类是圈子信息，通过手机联系人列表或者社交媒体的朋友圈，分析出该人现实生活中的社交圈子，用来构建大社会图谱信息，如图 2 所示。

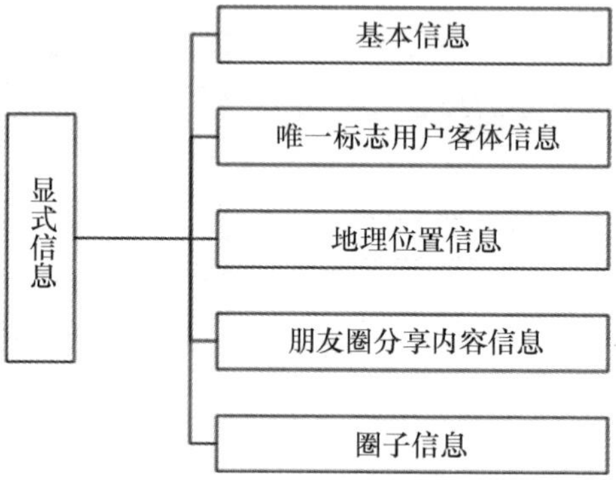

图 2　显式信息分类

2. 隐式信息

隐式信息是通过分析用户大量的显式信息得来的结论，是对用户规律性的总结，可以建立起用户内在画像，有利于深层次地探究用户行为及心理特征。隐式信息可划分为四类：第一类是关于用户身体的信息，包括生命健康。生命健康是基于个人成长发育阶段所形成的各种需求。比如老人更注重养生的产品，孕妇需要哺育孩童的知识，等等。第二类是心理习惯，包括审美特点、情感分析、兴趣爱好等信息。该信息的判断与内容推荐和商品推荐有直接关联。第三类是行为习惯及行为偏好。不同的人有不同的生活习惯，热爱跑步的人，具有周期性锻炼的习惯，等等。第四类是关于社会角色的信息，包括工作类型、宗教信仰、政治倾向、社交能力、社会地位和基于社会角色的购买能力等信息。如图 3 所示。每个用户生活在社会中，把其在社会中长期形成的社会角色和社会关系联系起来，更有利于整体上把握个人特征。该类信息相比于显示信息，更具有商业价值，也更能体现个人隐私。

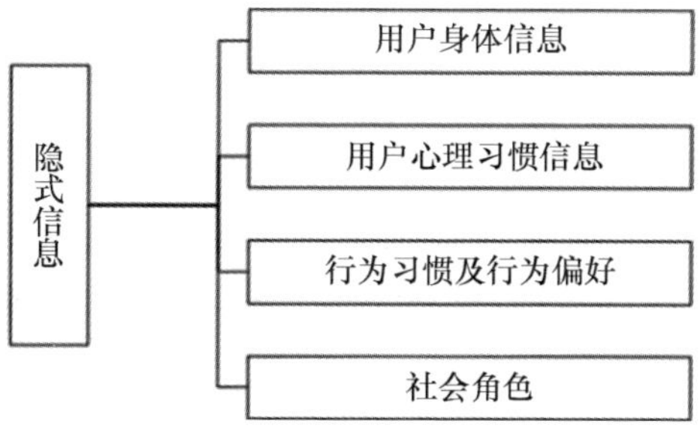

图 3　隐式信息分类

二　社交媒体中隐私信息的暴露风险

图 1 所示是正常情况下隐私信息的流通途径。当隐私信息被暴露后，除了正常情况下的信息流动，还包括经过各种暴露风险后隐私信息流入黑灰产业链产生非法市场化经济效益的过程。基于此，对图 1 所示模型进行补充和更新，得到图 4 所示的非正常的隐私信息流动模型。

由图 4 可知，隐私的暴露风险主要体现在三个部分：社交媒体隐私信息的产生及采集、隐私信息的流通，以及流出的隐私信息的再次暴露风险。

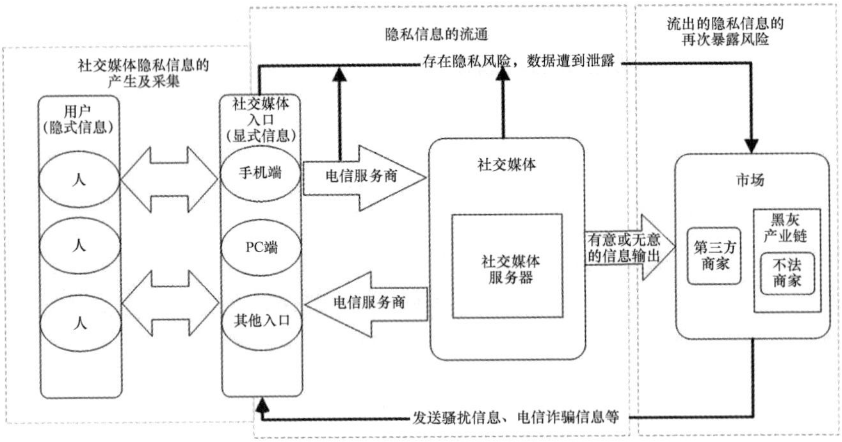

图4 非正常的隐私信息流动模型

（一）隐私信息形成中的暴露风险

社交媒体的终端是客户，是用户隐私信息的储存源头，包含大部分显式信息，该显示信息能实时地、精准地反映用户特征。移动应用相比于计算机更易于携带，并实时记录个人信息。移动应用存在的安全风险主要分为五类：第一，默示征询个人情况多，存在数据违规收集风险。如果运营商以隐蔽、模糊的方式默示信息手机规则，用户将无法知悉被收集信息的类型、数量以及个人信息的最终流向，失去对其个人信息的知情控制权，大大增加个人信息被违规收集的风险。第二，过度索取个人权限多，存在数据恶意滥用风险。App过度索权现象严重，用户缺少自主选择权，处于要么放弃使用，要么授权的被动地位。过度索取危险权限为违规收集用户个人信息提供了渠道，一旦这些个人信息被不法分子获取滥用，将严重危害用户权益。第三，明文存储个人信息多，存在数据非法获取风险。发生数据泄露事件时，若未对存储的数据采取加密等保护措施，用户个人信息将直接被识别利用，降低了不法分子的犯罪难度，极大地增加了用户数据被非法获取利用的风险。第四，私自共享用户数据多，存在数据恶意散播风险。在App使用过程中，跳转至第三方应用，在用户毫不知情的情况下使其个人信息被第三方获取，将导致用户无法掌握并控制个人信息的传播路径、使用范围及风险系数，极大地增加了用户数据被恶意散播的风险。第五，设置注销限制条件多，存在数据过度留存风险。App 运营者为提升市场竞争力而限制用户注销账户的行为，侵犯了用户的选择权、隐私权和平等交易权等权益。无法注销账户或者为完成注销流程需要用户额外提交个人信息的行为，均存在数据过度留存风险。①

（二）隐私信息流通中的暴露风险

该风险是指用户的隐私信息在社交媒体入口生成后，经由电信服务商流入社交媒体服务器的过程中存在一定的风险：第一，存储在运营商服务器中的信息安全等级保护不够，致使遭到黑客入侵。运营商有几亿客户，每天都流通大量的实时的个人隐私数据，存在极大的隐私暴露风险。第二，信息传递的过程中没有采用加密手段，容易被劫持。聊天记录等个人隐私信息在 App 端或者 PC 端生成后，在进行传递的过程中，为追求快速的服务效果，没有对信息加密或者加密算法的复杂度不高（容易破解）。该类信息被劫持后，进行破译解码，可以获得交流的信息，存在极大的隐私暴露风险。第三，隐私数据流入社交媒体服务器后，其保护机制级别不够，受到黑客或者病毒攻击。网站使用大量 ajax 技术，很容易产生 XSS 和 CSRF 攻击，使用户计算机中毒，网银账户失窃等。第四，社交媒体因为本身业务能力问题，导致信息被泄露贩卖。

（三）隐私信息的再次暴露风险

这里主要指流通中的风险。因为原先暴露风险的存在，致使隐私信息暴露，第三方商家或不法商家已经获得了大量的隐私信息。主要有三类行为：第一类是多个商家的隐私信息经汇总后得到更有

① 中国信通院：《移动应用（App）数据安全与个人信息保护白皮书（2019 年）正式发布》，https：//www. cebnet. com. cn/20191230/102628679. html。

商业价值的隐私信息，以谋取更多的商业利益。因为随着用户需求的多元化发展，用户的数据也表现出多元化的倾向，如，基于购物的数据、搜索的数据、运动的数据、朋友圈的数据、浏览视频的数据等。所以，当多个数据集汇总，能形成关于用户更全面的心理、行为和社会信息。对于个人来说，产生的危害更加严重。第二类是把得到的隐私信息通过市场中的黑灰产业链进行转手销售，这类行为增加了二次或多次的暴露风险。因为网络的流通性、易于复制性以及相关算法（深度学习、图谱等）的运用，二次或多次暴露风险产生的危害将难以估量，倘若关于国民的信息流入国外的服务器中，可能会危及国家安全。第三类是对存在的隐私数据进行分析，进行商业转化。如，垃圾推荐短信、骚扰电话、电信诈骗、恐吓等违法行为。但对于以营利为目的商家来说，三类行为可能同时发生，其对个人用户产生的风险将显著增强。

三　社交媒体中隐私信息保护机制的建构

中医的治疗思想中，根据病情的发展，存在“上医治未病，中医治欲病，下医治已病”的思想，根据病情实际发展情况的不同，常常需要上医、中医、下医的协同共治。针对上述非正常的隐私信息流动所暴露的风险，结合中医的思想，本文提出了以“三治”为主的产业链闭环综合保护机制。如图5所示。

本文提出的综合保护机制总体上分为上治治心、中治治体和下治治漏三个部分，通过“三治”的动态协同实现社交媒体中隐私信息的有效保护。

（一）上治治心

上治是对于人们意识层面、观念层面的治理。互联网存在大量的基于碎片信息的低能量语境，用户需要通过主动创造的方式追求高能量的信息语境，促进个人提升。因此，不同行业应形成以法律为共识的自律，对用户隐私数据进行合理采集和使用。监管队伍应

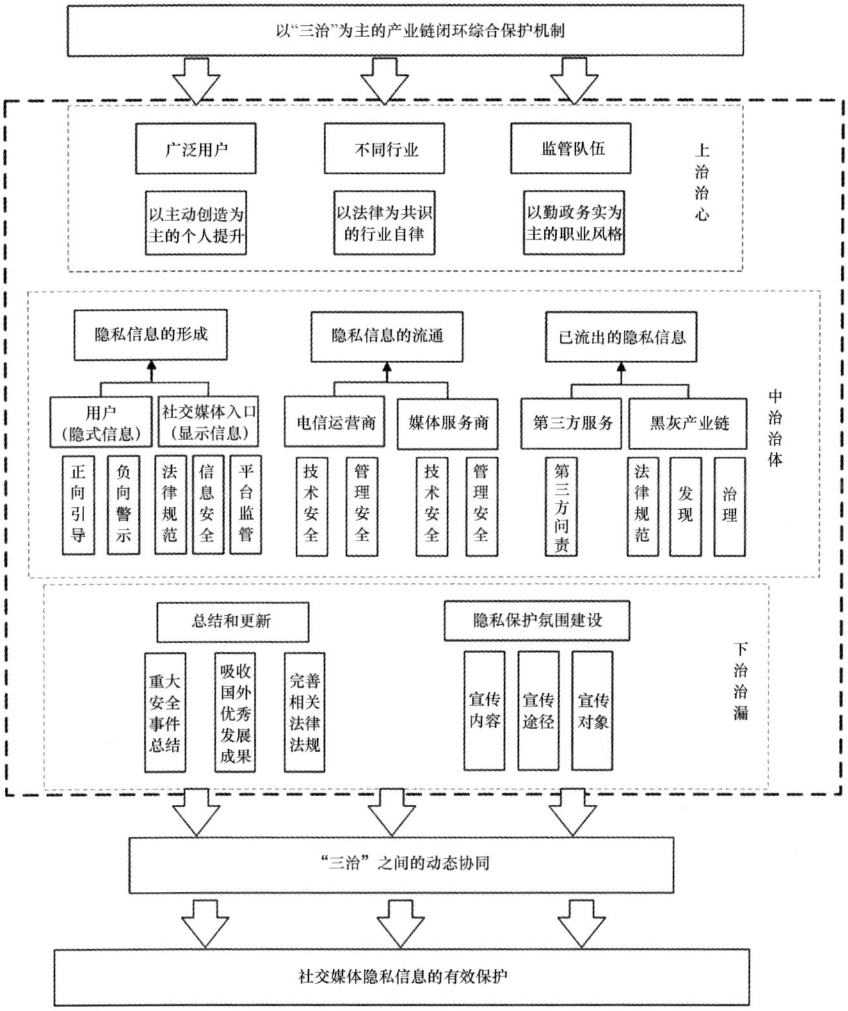

图5　以"三治"为主的产业链闭环综合保护机制

掌握多学科的知识，满足各种实践的需要，形成勤政务实的职业风格。同样，对于社交媒体的用户隐私保护，也需要三个主体具有良好的观念意识。

1. 广泛用户

广泛用户是网络社会的主体，应施以内部主动创造为主的个人提升。网络社会中存在多样化的社交媒体体验，当我们去阅读不同信息的时候，沉入不同的信息语境中，会产生不同的情绪变化，开心、快乐、悲伤、感动、苦恼等。倘若人们没有从一定的知识积累中形成内部的批判能力，更容易陷入低级能量的信息语境中，也更容易受到听觉、视觉等感官信息的影响，暴露自己的隐私，使得手机或PC记录更多的显式信息。人们因为沉入各种基于兴趣爱好的信息语境中，主观意识被削弱，逐渐依附于碎片信息。而人的思考是基于我们主体对意向信息的加工，因为我们掌握的是碎片信息，很难形成统一的、系统的思考行为。相比于古代，人们在互联网之下，可能逐渐发生心智退化。当前的很多研究，“头痛医头，脚痛医脚”，从外部的相关条件去推测整体的人的心理、行为的变化，却忽视了人的主观能动性。从人的行为的主观性上看，人的行为可分为主动创造和被动享受两种。因此，以社交媒体的资源为材料，主动创造，追求高能量的信息语境，过滤掉低俗信息或被动享受的低能量语境，从而掌握主动性，减少隐式信息暴露的机会，增强批判分析能力，让互联网成为自己成长的工具。

2. 不同行业

满足人们不同需求的不同行业应施以法律为共识的行业自律。具有社交属性的网络直播、网络购物、网络音乐、网络文学等，在满足人们多样化需求的同时，也会时常发生采集和利用用户隐私信息进行谋利的行为。另外，企业本身的网络安全也可能存在数据泄露的风险。《中华人民共和国数据安全法（草案）》明确了数据安全的保护义务，开展数据活动应当依照法律、行政法规的规定和国家标准的强制性要求，建立健全全流程数据安全管理制度，组织开展数据安全教育培训，采取相应的技术措施和其他必要措施，保障数据安全。重要数据的处理者应当设立数据安全负责人和管理机构，落实数据安全保护责任。在不同社交平台上，大量用户沉淀的隐私数据极其重要，不同的行业组织或企业应以法律为共识，规范隐私数据的采集和使用，共同构建良好的生态。

3. 监管队伍

针对网络社会中存在的不合理、不合规现象，监管队伍应秉持勤政务实的职业风格。勤政务实，意味着监管队伍需要掌握多学科的知识，包括心理、法律、技术以及不同行业的知识等。首先，需要掌握个人隐私相关的法律知识，能够识别出行为的非法与合法，并为维权意识薄弱的用户提供有针对性的法律咨询等服务。其次，应具有良好的技术能力，能够从技术的角度检测 App 等社交媒体入口的不合理采集以及隐私信息传输中的风险。再次，应对黑灰产业链中的非法交易、牟利进行严厉惩治。最后，应关注重大的隐私泄露安全事件，为以后法律的优化提供切实可行的建议。

（二）中治治体

中治是对于非正常情况下的隐私信息流动的治理，总体上分为隐私信息的形成、隐私信息的流通以及原本因为暴露风险的存在已流出的隐私信息三个部分。

1. 隐私信息的形成

用户的隐私信息主要是隐式信息和显式信息。隐式信息是用户本身具有的特征，具有行为等各种外在表现，当 App 端等社交媒体入口的信息被采集到时，会变成显式信息，显式信息反映着个人的行为、心理等特征。对于隐式信息的载体——用户，应加以正向引导和逆向警示。正向引导是指如何正确使用社交媒体，当遇到钓鱼链接、诈骗信息等时如何保障自己的财产安全等，如何鉴别钓鱼网站等。逆向警示是对用户普及近年来的隐私安全事件对用户产生的危害，以及用户隐私产生盈利转化的整个过程，增强用户的安全意识。对于采集用户显式信息的社交媒体，法律、行政法规对收集、使用数据的目的、范围是有规定的，应当在法律、行政法规规定的目的和范围内收集、使用数据，不得超过必要的限度。提供给用户下载 App 的应用商店，应提前对上架的 App 进行合法化检测，包括对权限索取、隐私数据采集等进行监管。而且，社交网站客户端和服务器端进行信息流通时，应采用信息加密技术，防止信息泄露后，不法商家获得明文信息。

2. 隐私信息的流通

隐私信息的流通主要是通过电信运营商和媒体服务商。针对电信运营商和媒体服务商存在的隐私暴露风险问题，可从技术和管理两个方面对本身系统和人员管理进行评估。技术方面是从安全物理环境、安全通信网络、安全区域边界、安全计算环境和安全管理中心五个方面展开；安全管理方面从安全管理制度、安全管理机构、安全管理人员、安全建设管理和安全运维管理五个方面展开。根据评估的等级结果，寻找本身的弱点进行优化。

3. 已流出的隐私信息

隐私信息的流出主要有两个途径：一个是流入具有丰富社交媒体功能的第三方商家；另一个是因为存在隐私风险而流入市场中的黑灰产业链。第三方商家为社交媒体中的用户提供丰富的服务功能，在吸引用户的同时也积累了大量的隐私数据。建议建立第三方问责制度，并构建完整的制度体系，包括登记备案制度、数据监管制度、公开曝光与举报制度、奖惩制度。并从培养用户自身信息管理的自觉性和隐私维权意识、培养科学对待大数据的社会氛围、规范数据服务行业的诚信体系三个方面培养实施第三方问责制度的社会环境。而针对黑灰产业链，首先应从法律上规定哪些行为是违法的，哪些行为是合规的。当发现违法行为，进行严厉打击；当发现不法公司和团伙时，应从打击非法商贩的信息链条、资金链条、流量链条、账号链条、推广链条和工具链条开始，阻断其正常的运营途径。健全群众举报制度，监管队伍针对群众举报的商家或企业进行核实，采取下一步治理措施。

（三）下治治漏

即便采取相关措施，随着新技术的更迭，原先的体系和法律也需要与时俱进。下治既包括对一段时间发展成果和实践的总结和更新，完善相关的法律和实践，还包括对隐私保护氛围的建设，使得广泛用户、不同行业、监管队伍相互促进，共同向前发展。

1. 总结和更新

总结和更新是递进式的发展和前进，是对前一段时间重大安全事件的总结，吸取教训，总结经验。还需要吸收国外优秀的发展成果，注重本土化的过程。成果总结和发展实践共同促进相关法律法规的优化，使得人们的实践行为有法可循、有法可依、违法必究。

2. 隐私保护氛围建设

隐私保护氛围的建设是一个长期的、持续的工作，需要网络社会的整体共同参与，共同建设，一旦达到质变的程度，将会促进科技向善、人心向善的正向循环。氛围的建设主要从两个方面展开：一是宣传，二是专门的网络安全队伍建设。宣传是为了让大家明确隐私的重要性，使得用户对自己的隐私倍加珍视，为不同行业的人敲醒警钟。宣传的内容包括重大安全事件新闻资讯、优秀的国外成果转化、新法律的普及等。宣传的形式依托多种多样的社交媒介等互联网平台。宣传的对象需要具体环境具体分析。

四　结语

针对社交媒体中的隐私保护问题，本文首先对社交媒体中的隐私信息进行分类，分为显式信息和隐式信息，显式信息是用户在社交媒体上的数据记录，反映用户本身的心理特征和行为习惯等信息。然后针对隐私信息的暴露风险，建立了非正常的隐私信息流动模型，其中包括隐私信息形成的暴露风险、隐私信息流通中的暴露风险和流出的隐私信息的再次暴露风险。针对这些风险，结合中医的相关思想构建了以“三治”为主的产业链闭环综合保护机制，该机制分为上治治心、中治治体、下治治漏三个环节，是关于现有成果和实践的总结更新和隐私信息保护氛围的建设。“三治”动态协同，针对隐私治理的不同层面，来实现社交媒体隐私信息的有效保护。最后结合综合保护机制，提出了具体的对策和建议。

随着网络社会的进一步发展和网络应用的丰富，人们逐渐被淹没在信息洪流中，逐渐被动地依附于网络，使得隐式信息加速向显式信息转化。下一步的研究重点是在网络社会中如何构建自己的主动性，构建对网络社会的整体感知，使得隐式信息转化的过程在自己的掌控之内，让互联网成为自己成长的工具。

参考文献

强月新、肖迪：《社交网络中的隐私悖论：隐私关注、自我表露意愿对社交推文发送的影响研究》，《国际新闻界》2019 年第 12 期。

孙卓、孙福强：《大数据用户隐私第三方问责制度建设》，《图书馆学研究》2018 年第 18 期。

Barnes S. B. A. , "Privacy Paradox: Social Networking in the United States", *First Monday*, Vol. 11, No. 9, 2006, pp. 1 – 14.

Risk of Privacy Information Exposure and Protection Mechanism in Social Media

Di Huanshuang　Wu Jian　Wu Jianan

Abstract: The issue of privacy in social media is a complex issue at the intersection of multiple disciplines. How to provide a comprehensive protection mechanism for the formation and circulation of privacy information and the privacy information that has been exposed because of the pre-existing risks is the problem studied in this paper. This paper first classifies the information in social media into explicit and implicit information, and then proposes a model for the flow of private information under abnormal circumstances, and analyzes the formation, circulation and risk of reexposure of private information according to the model. The issue of privacy in social media involves not only technology, law, and individuals (awareness, psychology, etc.), but also the construction of a macro atmosphere. In this paper, we build a closed-loop protection mechanism of the industry chain based on the three treatments, which is divided into upper treatment for the heart, middle treatment for the body and lower treatment for the leakage. The three governance for different levels of privacy governance, dynamic synergy, to achieve effective protection of social media privacy information. Finally, specific countermeasures and recommendations are proposed in conjunction with this protection mechanism.

Keywords: Social Media; Risk of Privacy Exposure; Information Flow Model; Privacy Protection Mechanism

网络亚文化及其流行语浅议
——以法语郊区文化与汉语低俗文化为例

沈含娇*

摘　要：本文以法语郊区文化和汉语低俗文化为例，研究网络对亚文化发展的影响。作为传统亚文化的法国郊区文化，从产生、表现形式、流行语特点等方面，都表现出和作为后亚文化的汉语低俗文化的差别。我们以推特网的法语郊区文化流行语和新浪微博上的低俗文化流行语作为语料进行对比分析，发现前者的主要特征表现为暴力色彩的比喻造词和音节颠倒造词；后者的主要特征表现为标签式的新名词、形象的新动词和单音节的新形容词。网络加速了这两种亚文化的流行语传播，但是法语郊区文化仍处于亚文化抵抗期，汉语低俗文化却直接进入了亚文化缓和期。

关键词：网络亚文化　后亚文化　法语郊区文化　汉语低俗文化　流行语

引　言

网络是今天文化交流的主要手段，也是文化传播的主要媒介。在网络成为主要媒介以前，世界各地已经出现了纷繁复杂的亚文化

* 作者简介：沈含娇，女，法国巴黎东方语言文化学院 PLIDAM 研究组，博士，师从汉学家白乐桑教授，现为法国教育部汉语资格教师，终身教职，研究方向为网络语言文化和互动书面交际。

现象，比如英国20世纪60年代的光头党文化、70年代的朋克文化以及日本20世纪80年代兴起的御宅亚文化等。而在汉语环境下，也出现了韩流文化、粉丝文化、网游文化、吐槽文化、佛系文化、戏精文化等。如今网络时代的虚拟性和开放性让亚文化的传播发生了改变，出现了新表征。

那么究竟什么是亚文化？网络对亚文化的发展产生了什么影响？我们试图选取先于网络时代产生的法语郊区文化和在网络时代产生的汉语低俗文化作为研究对象，通过推特和新浪微博的语料分析，用社会学亚文化理论作为研究方法来回答以下问题：先于网络产生的亚文化与在网络时代产生的亚文化有什么共性和差别？网络在一种亚文化的产生和发展中起到了什么作用？流行语作为亚文化的重要表现形式，这两种亚文化流行语又各自有什么特点？

我们将首先回顾亚文化概念的演变和发展，其次讨论法语郊区文化和汉语低俗文化各自的产生过程，之后分析两种亚文化的流行语特征，最后通过总结两种亚文化的共性和差别来看亚文化在网络时代的发展路径。

一　亚文化概念的演变和发展

亚文化这个概念始于20世纪40年代，但是美国芝加哥学派早期领军人物之一罗伯特·帕克（Robert E. Park）早在1916年就开始注意现代城市社会中各种亚文化群体的身份认同问题。1947年，美国芝加哥学派的米尔顿·戈登（Milton M. Gordon）在文章《亚文化的概念及其应用》中提出并明确定义了这一概念，认为亚文化是一个民族文化下的分支文化，是受社会阶层、社会族群、宗教文化或者住宅地域等社会因素影响而形成的次文化。我们认为亚文化概念的发展经历了三个阶段。

（一）亚文化：越轨轻罪文化

从20世纪40年代开始，以艾伯特·科恩（Albert K. Cohen）、欧文·斯伯吉尔（Irving Spergel）和所罗门·科布林（Solomon Kobrin）为代表的美国社会学家开始用亚文化这个概念作为社会学工具来研究轻罪现象。欧文·斯伯吉尔发表了《轻罪亚文化的探索性研究》，所罗门·科布林发表了《轻罪领域的价值冲突》。他们纷纷使用这一概念来解释青少年犯罪行为中的价值观，认为青少年的犯罪行为源于与主流社会的价值观冲突。科布林认为，青少年的群聚有利于犯罪行为的产生，也有利于他们创造一种有别于社会中产阶级的另类文化价值观。这种另类文化就是一种亚文化，基于他们的社会出身，让他们在文化上进行自我防卫，而他们的轻罪行为是为了表现这种亚文化价值观。

1955年，艾伯特·科恩在《越轨男孩：帮伙文化》一书中进一步完善了亚文化理论，他提出“问题解决”理论：每个人的行为都是在试图解决自己在社会中遭遇的各类麻烦问题。比如说，下层阶级出身的青少年在社会中无法立足，面对地位挫败的苦恼，这些青少年就试图建立属于自己的亚文化。科恩发现，在20世纪50年代的美国，以物质成功、个人实现为目标的中产阶级价值观和评判标准已经在社会的各个角落占据了主导地位，而这种价值观和评判标准最终将出身于下层阶级的青少年排斥到了主流社会的边缘地带。这些处在边缘社会的青少年与占据主导地位的社会主流价值观存在着内在的紧张和矛盾，那些无法适应中产阶级竞争规则的青少年，开始结成帮伙，以此作为文化归属群体。最终，在他们当中形成了一套与中产阶级主流价值观格格不入的价值体系，后者成为越轨亚文化群体产生的观念支柱。因此，他认为青少年亚文化，尤其是青少年犯罪文化，就是越轨青少年群体对主流社会的反叛性回应。

（二）亚文化：仪式抵抗文化

从20世纪70年代开始，社会学家开始关注除了轻罪之外的其他亚文化行为。

另一个重要的亚文化研究学派——英国伯明翰学派在伯明翰大

学当代文化研究中心相继出版了一系列研究工人阶级文化的著作，致力于研究工人阶级的亚文化。《仪式抵抗》是伯明翰大学当代文化研究中心成员集体撰写的一部著作，广泛地研究了20世纪60年代后期和70年代早期在英国工人阶级青年中流行的一系列被称为“反文化”的社会现象，这些青年身着奇装异服、剃光头、开飞车，认为这种亚文化其实质是对体现中产阶级价值观念的主流文化的一种象征形式的反抗。当时除了行为反抗，还出现了风格反抗，比如泰迪男孩、摩登族、摇滚青年等，这种抵抗是文化层面的、符号性的、仪式性的，亚文化概念在这一时期变成了仪式性的抵抗文化。

同属于芝加哥学派的美国社会学家霍华德·贝克尔（Howard Becker）在《局外人：越轨社会学研究》中也开始研究仪式抵抗，比如研究20世纪40年代的爵士乐。

作为仪式抵抗的亚文化研究理论认为，任何一种亚文化都要经历三个阶段：风格建立、仪式抵抗、缓和收编。伯明翰学派认为在建立起亚文化风格、用仪式行为抵抗主流文化之后，任何亚文化都会面临被主流文化收编的命运。迪克·赫伯迪格（Dick Hebdige）在《亚文化：风格的意义》中指出了两种收编形式：其一是商品化的形式，将亚文化符号（如服装、音乐等）转化为批量生产的商品，从而抹杀亚文化的颠覆力量，使它们丰富的内涵被简化和庸俗化，进而走向死亡；其二是重新界定的形式，即主流文化对越轨行为进行“贴标签”和重新界定，将它们夸张为更古怪的、纯粹的奇观或小丑，试图将亚文化的创造者塑造成“正常人”。

（三）亚文化：后亚文化时代

2001年在维也纳召开了“后亚文化研究研讨会：大众文化及其影响下新后亚文化的形成”，开启了后亚文化研究时代。后亚文化研究有两条挑战伯明翰学派的线索：一是挑战伯明翰当代文化研究中心的理论正统性，即试图抛弃伯明翰学派的整个理论框架，建立一个新的研究框架；二是进一步否定“亚文化”这一概念的有效性，力图形成一个新的概念，以更充分地捕捉当代新变化。

因此，在后亚文化研究中，我们可以发现有别于伯明翰学派和芝加哥学派的研究术语，比如新部族、场景、生活方式、亚文化资本等。新部族是指亚文化社群的形成不是依据阶级、性别、宗教等传统的结构性因素，而是依据各种各样的变动的转瞬即逝的消费方式；场景这个概念被引入后亚文化研究领域来表示那些即兴的暂时的文化空间，人们是否进入一个场景主要受个人偏好的驱动；生活方式主要从日常生活层面把商品看作文化资源来关注消费者的文化创造力；亚文化资本主要关注俱乐部文化，认为俱乐部文化是一种多维的社会空间，是一种亚文化的集合。

这种后亚文化框架是一个摒弃结构身份的后现代青年分析框架，指出各种“部落”组织具有流动性和模糊性，群体认同不再是沿着传统的结构决定因素而形成，品位、审美、情感、消费模式和实践反而使个人能够创造超越现代阶级边界的社会结构。在后亚文化框架下，即使是文化抵抗，也是温和的抵抗，是具有创造性的文化实践行为。

二　法语郊区文化和汉语低俗文化的产生

法国城郊的密集住宅区建于 20 世纪 60 年代，城郊的每一个市镇均有自己的特点和身份认同，本文所涉及的郊区文化是指在敏感密集住宅区产生的亚文化，这种亚文化主要是在 20 世纪 80 年代和 90 年代继 1974 年经济危机后发展起来的。

郊区文化和其他传统的亚文化一样，是基于社会结构和住宅地域形成的亚文化。法国郊区密集住宅区的青年往往出身底层，大多为移民后代。在 20 世纪八九十年代，郊区文化的表现形式是说唱音乐、文学作品、电影、连环画以及街头涂鸦。当然这些表现形式都要以语言作为载体，但是此时流行语并不是主要形式。据亨利·博耶（Henry Boyer）的研究，城郊流行语于 90 年代开始兴起。在网络时代之前，城郊流行语已经口耳相传；到了网络时代，语言作为郊区亚文化的主要表现形式，其特点又有别于 90 年代的流行语。

相比之下，汉语网络的低俗亚文化开始于贴吧文化。百度贴吧是全球互联网最大的中文社区，2003 年开始，贴吧一直是中国互联网流行文化的缔造者，热帖、热词、热门事件层出不穷，直接以语言形式创造亚文化。

因此，这两种亚文化的产生条件是不一样的，法国郊区文化先于网络时代产生，中国低俗亚文化在网络时代中产生。法国郊区文化的流行语在音乐、文学、电影、涂鸦的基础上产生，中国低俗亚文化的流行语在网络交流中产生。

三　法语郊区文化流行语和汉语低俗文化流行语

（一）法语郊区文化流行语

1. 暴力色彩的比喻造词

两种亚文化的产生方式不一样，导致了流行语的来源不一样。如前文所述，法国郊区青年大多为移民后代，因此流行语中外语来源占一定比例，但值得注意的是，外语来源并不占大部分，根据我们基于推特 100 个郊区文化流行语的研究，比喻造词达到了 39% 的比例，见表 1。

表 1　**法语郊区文化流行语**

造词法	比例%	例子（语料来源：推特）
比喻	39	base（原意是基地，流行语指密集住宅区）/pelouse（原意是草坪，流行语指印度大麻）/boîte de six（原意是麦当劳装六块炸鸡块的盒子，流行语指警察面包车）
非洲语	2	bab；babtou（白色）/larlarato（傻瓜）
黑话	3	calter（逃跑）/radasse（女的）/trimard（苦力）
美式英语	6	être on fire（精力充沛）/move（爱时髦的）/sister（姐妹）

续表

造词法	比例%	例子（语料来源：推特）
阿拉伯语	9	clebs（狗）/flouze（钱）/miskin（懦弱）
茨冈或吉卜赛语	5	pélo（男性生殖器）/caballo（外国人）/moulo（小屁孩）
音节前后颠倒	36	gueudin（疯了）/quécro（嚼）/chanmé（坏）

在这些比喻生造词中，比喻手段往往带有暴力色彩。在推特的语料中，我们可以看到，feu（火）被用来指“武器”，balle（子弹）表示“太棒了”，déchiqueter（撕碎）、éclater（爆炸）被用来表示“打”，一个认同郊区文化的青年绝不会说“我要打你”，而是说“我要炸了你”。

还有相当一部分比喻义带有明显侮辱和歧视女性的色彩：belette（鼬）、rate（雌鼠）、souris（老鼠）、taupe（鼹鼠）都被用来指女性，将女性动物化。再比如，tchernobyl（切尔诺贝利）用来指有青春痘的女性，airbag（汽车安全气囊）指胸部丰满的女性，fax（传真机）或者 carte bleue（银行卡）用来指平胸的女性。

此外，暴力语言不只针对女性，而且针对区别于郊区亚文化社群的所有人，比如对于土生土长的非移民后代的法国人，他们称之为 fromage blanc（白奶酪）或者 paté-rillettes（熟肉酱），对于一个融入法国上流社会的黑人，他们称之为 Bounty（一种内有白椰蓉的巧克力食品）。

这些词汇使得法国社会的其他成员觉得郊区亚文化极富攻击性，但是这些语言却成了郊区文化社群的精神避难所。

2. 音节颠倒造词

音节颠倒或者省略音节是法语口语新词的常用造词法，是一种旧词新用的造词法。在网络时代，音节颠倒法被应用得更具规则性，以便陌生的网络使用者在网络对话中能猜出新造词的含义。我们根据推特网上的语料，总结出三种音节颠倒法：一是简单音节颠倒法，如 Paris（巴黎）变 risp；二是音节颠倒之后加入新音节，如 sœur（姐妹）先音节颠倒变为 reus，再加入音节 da，最后变为 reusda；三是音节颠倒后省略元音或尾音，如 père（父亲）先音节颠倒变为 reupé，再将尾音去掉，最后变为 reup。

同时，我们发现，当 20 世纪 80 年代和 90 年代的郊区文化流行语变得被各个社会熟知甚至使用后，为了再次保持其亚文化特征，网络时代的流行语摒弃了很多之前的用法，例如，如今 meuf（女人）不再被郊区青年使用，在推特网的语料中，feum 或者 feumeu（女人）作为新的流行语被广泛使用。

在网络上，为了保证各个区域的郊区文化的独特性，每个区域的流行语也不一样，如有的郊区青年用 ma reumé 指“我的妈妈”，另一个地区的郊区青年用 ma reum。不同流行语的使用体现不同的身份认同。如今的亚文化表征不再是衣着和行为，而是言语和词汇。和汉语低俗文化流行语不同的是，法语郊区文化的流行语特征还体现在发音上，使用者故意用阿拉伯语音或者非洲语音来说法语词汇，以强调外国移民身份，这是一种与主流文化相抵抗的亚文化行为。

（二）汉语低俗文化流行语

如何对低俗文化流行语进行界定？它作为在后亚文化时代出现的亚文化，和法国郊区文化不同的是，并没有固定的社会结构，它的成员具有流动性和瞬间性，网友们随时可以选择进入或者退出文化场景，因此它没有固定社群。

按照亚文化理论，每种亚文化都有各自的表征和各自的语义场。正如在上文讨论的低俗文化的产生中我们可以看到，低俗文化的语义场围绕青年人的个人成功，这种个人成功包括婚恋、事业、金钱、生活趣味、自我价值实现、理想实现等，因此和“青年人的个人成功”这个语义场有关的流行语我们都界定为低俗文化流行语。

1. 标签式的名词流行语

低俗文化流行语的重要特征是以标签化方式对人进行分类，映射了亚文化的符号化特征。根据新浪微博上的语料，我们可以看到以下标签式的低俗文化流行语，见表 2。

表2 **汉语低俗文化标签式流行语**

流行语	流行语定义（引申义）	例子（语料来源：新浪微博）
女神	漂亮优秀的女性。可以是男性在追求女性时对女性赞美的称呼，也可以是女性对崇拜的女性的称呼，也可以是粉丝对女偶像的称呼	她之后每次跟我打招呼都叫我女神，合着我是因为强壮而收获了一个迷妹
男神	帅气优秀的男性。可以是女性在追求男性时对男性赞美的称呼，也可以是女粉丝对男偶像的称呼	不过他是多少人青春时期的男神啊！
高富帅	长得高，长得帅，又有钱的男性	现在有四种男人最受女人欢迎：高富帅、矮富帅、高富丑、矮富丑
白富美	长得白，长得美，又有钱的女性	穷小子如何逆袭追到白富美？
矮矬穷	长得矮，长得矬，又没钱的男性	我找矮矬穷，你们又要来骂我是个智障
傻白甜	天然呆、没有心机的女性，可以用作贬义，也可以用作褒义	想要把天蝎男拿捏得死死的，首先一定不是傻白甜的类型，是聪白甜，有思想的女人对于天蝎来说才是最有魅力的
草根	中低收入的平民百姓	草根到底要不要创业？
备胎	已经有男女朋友的人还继续和另一个人保持暧昧关系，这另一个人被称为备胎	我把你当家人、朋友、爱人，你把我当备胎养两年
潜力股	有发展前途的年轻男性，在女性择偶问题中常常被使用	果然胖子都是潜力股
绿茶婊	外表清纯脱俗，背后却善于心计的女性	现在的“绿茶”实在太厉害了，到底该怎么识别绿茶婊
人生赢家	通常某个人某方面让人羡慕就可被人称为人生赢家	事业上一帆风顺，家庭和睦美满，刘涛人生赢家
单身狗	没有恋爱对象的人，多用于自嘲	这就是在单身狗面前秀恩爱的后果，哈哈哈哈
土豪	豪爽地花钱的人，可能是真正的富豪，也可能不是	土豪我们做朋友吧
白莲花	外表看上去单纯，但言行不一，爱装无辜和扮清高的女性	一开始不就是奔着人家家产去的吗，装什么超凡脱俗任劳任怨白莲花

续表

流行语	流行语定义（引申义）	例子（语料来源：新浪微博）
霸道总裁	有钱有权力，性格霸道，可以保护女性的男性	呜呜呜，这不就是霸道总裁爱上我吗
玛丽苏	影视作品或小说中过度完美、无所不能或者所有男性都追求的女主角	继续看下去就发现她不再是从前的玛丽苏，而变成了真真切切的高冷大女主

这些标签式流行语可以分为四类：第一，旧词新用，如女神、备胎、潜力股、赢家、土豪、白莲花、霸道总裁，用比喻的方法引申出网络新含义。第二，在旧词的基础上加入新语素形成新词。如“神”这个词一般指男性，为了与“女神”对应，加入“男”语素，产生了新词“男神”；“绿茶”先用比喻义表示清新脱俗的人，再加入“婊”以表示歧视义；“单身狗”是在“单身”这个词的基础上加入语素“狗”，“狗”带贬义，以用于自嘲。第三，三个单音节形容词叠加构成名词，如高富帅、白富美、矮矬穷、傻白甜，这种构词方法简洁准确，很受大众欢迎。第四，外来词。如草根来自英语 grassroots，在英语中就指社会底层；玛丽苏来源于美国早期《星际迷航》电视剧粉丝圈的一篇小说《一个迷航粉的故事》的女主角 Mary-Sue，后来在英语中这个名字引申为无所不能、过于完美的虚构的女主角，甚至还出现了新词男版玛丽苏：Gary Stu 或者 Marty Sue。

2. 形象的动词流行语和单音节的形容词流行语

关于动词流行语，低俗亚文化中的新动词很有特点，比如“逆袭”“搬砖”“围观”“上位”“撩”，这些动词的共同特点是具有形象性和描写性。“逆袭”指面对困难反向袭击，本可能失败，最终却获得了成功的结果。“搬砖”让人形象地联想到工人搬砖，是指重复机械、赚钱不多的工作，在百度贴吧中，也有转帖的意思。“围观”顾名思义：围着观看，在网络上如有一篇帖子引起了大家的关注，有了很多点击和评论，我们就可说大家都来围观。“上位”的意思是社会地位从底层到上层，把位子移上去了。“撩”的意思是挑逗、戏弄、招惹，原本是抬手的动作。

后亚文化理论中有一重要概念“场景”，这些动词通过形象的描写达到了设置场景的作用，动词形象性是后亚文化语言的特点之一。

关于形容词流行语，低俗亚文化的单音节形容词有“渣”“牛”“污”“宅”“丧”等，“渣”指品格恶劣，“牛”指厉害，“污”指下流，“宅”指喜欢待在家，“丧”指没有活力。

为什么这些单音节网络新形容词有强大的生命力？在现代汉语中，双音节词约占89.4%，单音节词约占7.6%，余为三音节和四音节以上的词。单音节词在现代汉语中占少数，然而，基本的形容词大都是单音节，如“大”“小”“长”“短”“高”“矮”“胖”“瘦”“快”“慢”等，所以这些新造的单音节形容词是极符合汉语使用者的习惯的，准确简洁，易为人们接受。通过对这些词的运用，使用者也在表达自己的语言审美，通过使用这些词表达自己认同低俗文化，这是后亚文化理论中创造性的文化实践行为。

四 法语郊区文化与汉语低俗文化的共性与差别

法国郊区文化与汉语低俗文化既有共性又有差别，我们认为它们有以下共同点。首先，都是草根青年亚文化，法国郊区青年无法获得中产阶级后代的社会资源，无法适应中产阶级的竞争规则；而中国草根青年在婚恋、事业、理想实现方面都无法同精英们相比。其次，这两种亚文化同被精英文化排斥，以上流行语不可以在精英文化场景下使用。再次，两种亚文化流行语的新造词大部分都以比喻和旧词新用的方式产生，也都有少部分外来词。

这两种亚文化又有众多差别。第一，产生时间不同。法国郊区文化产生于20世纪80年代和90年代，早于网络出现；汉语低俗文化产生于21世纪，在网络环境下出现。影响亚文化的社会因素不同。法国郊区文化至今仍保持传统亚文化的特征，即住宅地域和出身阶层是影响该文化的重要因素，在线上使用郊区文化的网络青年在线下也住在城郊的密集住宅区；而中国的低俗文化有明显的后亚文化特征，它的社群成员并不固定，随时可聚，也随时可散，审美、情感和实践成为影响该亚文化社群成员的重要因素。

第二，亚文化的发展阶段不同。至今法国郊区文化仍然处于亚文化发展的第一阶段和第二阶段混合的状态，即轻罪的亚文化和仪式抵抗的亚文化，和主流文化格格不入，具有暴力倾向。汉语低俗文化直接进入第三阶段后亚文化，虽然也有对精英文化和主流文化的抵抗，但这种抵抗是温和的抵抗，“自嘲”是主要方式，众多低俗文化流行语变成大众文化流行语，这些现象都说明低俗文化已经处在亚文化缓和期。

第三，两种亚文化的表现方式不同。作为传统亚文化之一，法国郊区文化除流行语之外，音乐、涂鸦、衣着、电影、犯罪行为等才是它的主要表现形式；而作为后亚文化，汉语低俗文化的主要表现形式就是网络流行语。

第四，两种亚文化流行语的产生环境不同。法国郊区流行语产生于20世纪90年代，最初是口耳相传，并不是网络流行语；到了网络时代，新造词法更为规则，但是由于仍然处于与主流文化相抵抗的阶段，一部分被大众熟知的流行语被社群内部成员摒弃不用，新流行语数量增多；同时因为有线上和线下两种环境，郊区文化流行语的发音有别于主流文化法语的发音。汉语低俗文化在网络中产生，流行语都是网络流行语，之后被用于各种媒体，如报纸和电视、电影等，其发音和主流文化的发音并无区别。

五　结语

法语郊区文化体现了传统亚文化的特征，社群稳定，具有地域色彩，既有线上的文化构建又有线下的文化构建，除流行语之外，还有众多表现形式，轻罪仍然是其表现形式之一。网络对于这种亚文化的影响主要体现在流行语上，在网络时代，其流行语造词更有规律，但是暴力色彩仍未改变，按照亚文化“风格建立、仪式抵抗和缓和收编”的发展理论，法语郊区亚文化一直未进入缓和期。

汉语低俗文化体现了后亚文化的特征，是由审美、情感和文化实践构成的社群，产生于网络，未经历传统亚文化的轻罪时期和抵抗时期，直接进入缓和期，正逐渐被大众文化吸收。而低俗文化是否会根据伯明翰学派的收编理论最终消失呢？这种后亚文化是否比传统亚文化更容易被收编？这将是我们未来的研究方向。

参考文献

Gordon, Milton M., "The Concept of Sub-Culture and its Application", *Social Forces*, Vol. 26, 1947, pp. 40 – 42.

Spergel Irving, "An Exploratory Research in Delinquent Subcultures", *Social Service Review*, Vol. 35, 1961, p. 34.

Kobrin Solornon, "The Conflict of Values in Delinquency", *American Sociologica*, Vol. 16, 1951, pp. 653 – 661.

Cohen, Albert K., *Delinquent Boys-The Culture of the Gang*, Free Press, 1955, p. 198.

Hall Stuart, Jefferson Tony ed., *Resistance Through Rituals-Youth Subcultures in Post-War Britain*, Hutchinson, 1976, p. 287.

Becker Howard S., *The Outsiders-Studies in the Sociology of Deviance*, Free Press, 1997, p. 215.

Hebdige Dick, *Subculture: The Meaning of Style*, Routledge, 1979, p. 208.

Goudaillier Jean-Pierre, "Culture 〈Banlieues〉, Langue des 〈cités〉 et internet", *Hermès, La Revue*, Vol. 17, 2015, pp. 208 – 213.

Boyer Henri, *Plurilinguisme: "contact" ou " conflit " de langues?*, L' Harmattan, 2000, p. 254.

Network Subculture and Youth Language: A Comparative Study of the French Suburban Subculture and the Chinese Vulgar Subculture

Shen Hanjiao

Abstract: This paper takes French suburban subculture and Chinese vulgar subculture as examples to study the influence of network on the development of subculture. The French suburban culture, as a traditional subculture, differs from the Chinese vulgar youth culture as a post-subculture in terms of its generation, expression forms and catchword characteristics. We have compared and analyzed the youth language of the two subcultures based on the corpus of Twitter and Sina microblog. The main features of the French suburban language are the violent metaphor and the French back slang, while the labeled nouns, the figurative verbs and the monosyllabic adjectives have formed the characteristics of the Chinese vulgar language. The Internet accelerates the spread of the subculture language, but the French suburban culture is still in the period of resistance, while the Chinese vulgar subculture has directly entered the period of moderation.

Keywords: Network Subculture; Post-Subculture; French Suburban Subculture; Chinese Vulgar Subculture; Youth Language

小学生网络使用与认知的调查分析

——以北京师范大学天津生态城附属学校为例*

温晓雪　王红厂**

摘　要：网络为小学生开启新的文化空间，也有可能使其沉迷于网络。本文以北京师范大学天津生态城附属学校的学生为研究对象，通过调查问卷与访谈的形式，对其网络的使用与认知进行了调查与分析。我们发现，孩子触网年龄较早，自律性较低，缺少网络规范意识、网络安全意识，其立场性、价值性判断能力不高，很容易沉迷网络，受到网上不良信息的影响。对此，我们就家庭、学校、社会三方如何形成合力，引导孩子正确利用网络、合理使用网络提出一些建议。

关键词：小学生　网络使用　调查分析

当代的小学生，可以说自他们生命胚芽诞生伊始，就已经在网络上留下了最初的痕迹。从早教启蒙到学校开设的信息技术课程，再到各种网络在线培训，不知不觉中网络已成为孩子生活的“必需品”。互联网链接了整个世界，从硬件上实现了人类对海量的知识、

---

* 基金项目：国家社会科学基金项目“新中国语言政策与国家语言能力发展关系研究”（19BYY068），吉林省社会科学基金项目“新时代国家语言能力建设策略与方法研究”（2019B129）的阶段性研究成果。

** 作者简介：温晓雪，女，北京师范大学天津生态城附属学校，文学硕士，二级教师，研究方向为小学语文教育。王红厂，男，南开大学汉语言文化学院副教授，研究生导师，主要研究方向为现代汉语语法及俄汉对比。

思想与信息的共享，但网络信息又良莠不齐。孩子心智的发育还处于成长期，缺少立场性、价值性的判断能力，所以如何进行网络素养教育，避免网络沉迷甚至网络欺诈与伤害，成为家长、学校和社会面临的共同问题。

一　研究对象与方法

本文以北京师范大学天津生态城附属学校（下文简称北师附）小学五年级学生为研究对象，通过问卷调查和访谈的方式了解其上网行为，归纳和分析其网络接触行为的特点和存在的问题。

该年级共 170 人，其中男生 102 人，女生 68 人，全部参与了本次调查。为保证研究结果的科学性和合理性，我们采用了问卷调查和个别深度访谈相结合的研究方法。2020 年 3 月 3 日开始发放问卷，共发放问卷 170 份，两周内陆续回收，剔除无效问卷 5 份，实得有效问卷 165 份，有效率为 97.05%。在深度访谈过程中，随机访问了男女各 10 名学生，总计 20 人，最后我们利用 SPSS 25.0 对收集的数据进行了分析整理，样本基本分布情况见表 1。

表 1　**小学生样本分布基本情况**

	样本分布	样本数（人）	占比（%）
性别	男生	99	60
	女生	66	40
年级	五年级	165	100

二　调查结果与分析

考虑到小学生的语言接受能力与理解水平，为保证调查结果的客观性，学生填写问卷时，我们就题干和选项进行了简易解读。为适应孩子的心理特点，本次调查的题目数量较为适中，共涉及网络媒介使用、网络语言使用及对网络使用的态度和方法等三大模块，共计10个小问题。具体调查结果与分析如下。

（一）北师附五年级小学生网络媒介使用的基本情况

1. 普及情况及首次触网年龄

北师附五年级小学生总体触网率见表2，首次触网年龄见表3。

表2　**北师附五年级小学生总体触网率**

	上过网	没上过网
频次（人数）	146	19
占比（%）	88.6	11.4

表3　**北师附五年级小学生首次触网年龄**

	3岁	4岁	5岁	6岁	7岁	8岁	9岁	10岁	10岁以后	不清楚
人次	14	11	10	18	16	17	16	16	29	18
占比（%）	8.4	6.7	6.1	10.9	9.7	10.3	9.5	9.7	17.6	0.6

表2、表3的结果表明：被调查的小学生中使用网络的比例达到88.7%，可见网络已走进大部分学生的学习和生活之中，成为孩子们学习和生活必不可少的媒介。这一结果也在对学生的深度访谈中得到验证，大部分被访谈的学生都表示拥有自己的手机、微信号和微博账号等。且被调查的小学生触网年龄普遍较小，最小的从3岁就开始接触网络，在3—10岁之间孩子们都陆续开始接触网络，且比例相差不大。

2. 接触网络的场景及上网频率

北师附五年级小学生上网场景及频率见表4。

表4　**北师附五年级小学生上网场景分布**

	上课时	课间休息	路上	放学回家后	做作业时	睡觉前	假期
人数	20	17	14	44	25	29	49
占比（%）	12.1	10.3	8.5	26.7	15.1	17.6	29.7

从表 4 可以看出，学生们上网的主要场景是在家里，总比例达到 89.1%，包括放学回家后、睡前、写作业时和假期，其中假期上网的比例最高，达到 29.7%。在学校上网的比例是 22.4%，在上放学路上上网的比例是 8.5%。我们还对学生进行了深度访谈，结果显示，在家上网的学生主要进行娱乐、表达自我等活动。也有部分家长将上网作为学习奖励，让学生在父母的监督下自由上网。而在学校多半是为了查资料或者课上配合老师的教学。在上放学路上，大部分孩子会登录微信与朋友聊天或刷抖音、快手等 App 放松身心。

根据表 5 调查显示，五年级小学生一天一次接触网络的比例最高，达到 40.6%；半周左右接触一次网络的比例次之，达到 27.9%；一天多次、几个月一次接触网络的比例相差不大，分别是 7.8%、6.1%；一周左右一次的比例为 0.6%；还有 4.2% 的学生对自己上网的频率表示不清楚。从总体上看，被调查的学生上网的时间频次并不高。

3. 小学生上网的目的调查

表 5　**北师附五年级小学生上网时间频数**

	一天多次	一天1次	半周左右1次	一周左右1次	半月左右1次	一月左右1次	几个月1次	不清楚
频次	13	67	46	22	0	0	10	7
占比（%）	7.8	40.6	27.9	0.6	0	0	6.1	4.2

在对小学生上网目的的调查中得知，北师附五年级学生利用网络进行网课学习的比例最高，165 名被调查者中选择此项的学生达到 108 人，占总比例的 65.5%，如图 1 所示。可见，网络已经在一定程度上改变了孩子的学习方式，借助网络完成学业、搜索信息、拓宽知识面已经成为一种趋势。这一方面有利于学生快速地完成学业，提高自主学习能力；另一方面也致使部分学生过度依赖网络媒介，而缺乏对问题的思考。长此以往，学生的思维能力、思考习惯

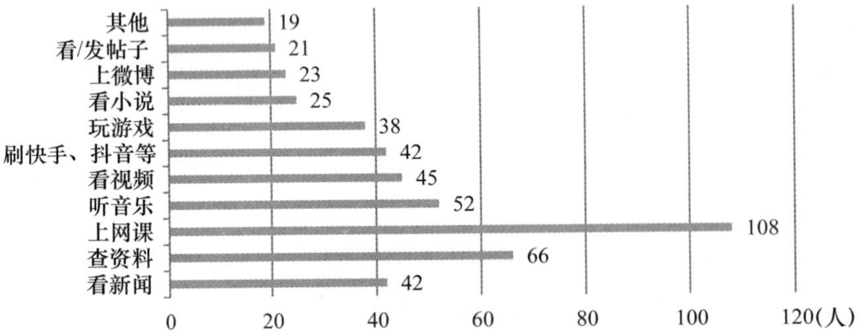

图1 小学生上网的目的

以及逻辑能力将会弱化，这也是网络为小学生带来的挑战之一。除此之外，我们在对学生的深度访谈中得知，这一调查结果还与新冠疫情的影响有关。受疫情影响，天津市北师附小学生居家学习的时间接近五个月，这对本次调查结果有较大的影响。此外，从对学生的访谈中得知，北师附的教师会在钉钉或其他 App 上为学生布置英语打卡、古诗诵读等任务，以保证学生口语交际能力得到有效训练。另外，有些学生也会报一些网络兴趣班，比如编程、会画、习作等。这也证实了上述调查中，学生一天一次接触网络的频次最高这一调查结果。除上网课外，小学生上网的主要活动分别是查资料（66 人）、听音乐（52 人）、看视频（45 人），以及刷抖音、快手等 App，分别占比 40%、31.5%、27.3% 和 23.4%。可见，北师附小学生上网的目的以学习为主，消遣娱乐为辅。

（二）北师附五年级小学生网络语言使用情况调查分析

1. 网络语言的使用心理

从上述研究中可知，88.7% 的北师附小学生常常使用网络。为了研究学生对网络语言的看法，我们设计了以下选项，如图 2 所示。

在使用网络语言的学生中，65 名学生勾选了“网络语言本身生动有趣，能很好地表达我的想法”这一选项，占总人数的

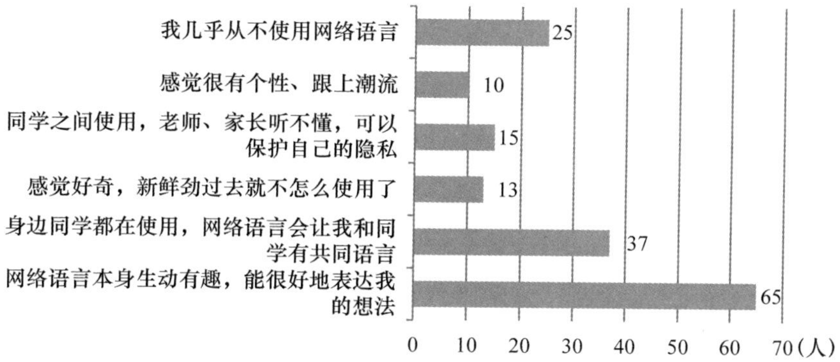

图 2　小学生网络用语使用心理调查

84.9%；37 名学生勾选了“身边同学都在使用，网络语言会让我和同学有共同语言”这一选项，占总人数的 22.45%；13 名学生认为，初期使用时只是觉得好奇，一段时间之后，新鲜感过去就不会使用了，占总人数的 7.88%；15 名小学生觉得，很多网络流行语，家长和老师不解其意，使用时有助于保护自己的隐私，占总人数的 9.1%；10 名学生认为，很多网络流行语很有个性，大家都在使用，如果自己不会就跟不上时代潮流了，占总人数的 6.1%；被调查者中还有 25 人几乎从不使用网络语言，占比 15.2%。这一年龄段的学生已经开始注重建立和维持人际关系，他们学习知识、使用技能时会以实现自我在人际中的价值为目的。因而，在引导学生使用网络用语时，可以利用学生试图加强和维持人际关系这一心理。

2. 网络流行语的使用情况

通过各大搜索引擎，笔者汇总了 2019—2021 年十大网络流行语，见表 6。其中 2019 年十大网络流行语选自 2018 年 12 月《咬文嚼字》编辑部的发布结果。2020 年十大网络流行语选自 2019 年 12 月《语言文字周报》的发布结果。2021 年十大网络流行语选自 2021 年 5 月知乎“2021 十大网络流行语排行榜”的更新结果。根据上述汇总，我们调查了学生对某些语言的使用情况，见表 7。

表6　　2019—2021年十大网络流行语

年份	十大网络流行语
2019	文明互鉴；区块链；硬核；融梗；××千万条，××第一条；柠檬精；996；我太难了；我不要你觉得，我要我觉得；霸凌主义
2020	逆行者；甩锅；后浪；打工人；爷青回；凡尔赛；你品，你细品；有内味了；内卷；社会性死亡
2021	干饭人；神兽；集美；爷青回；耗子尾汁；不讲武德；U1S1；有内味了；工具人；小丑竟是我自己

表7　　小学生网络流行用语使用情况

	柠檬精	我太难了	逆行者	社会性死亡	干饭人	神兽
频次（人数）	89	94	120	65	91	86
占比（%）	53.9	57	72.7	39.3	55.1	52.1

根据年龄特点来看，小学五年级的学生面对学校和社会的信息时，开始选择性接受并有自己的见解。我们从对学生的访谈和日常相处中了解到，北师附的小学生常常使用网络流行语，并对某些词汇比较偏爱。因此，我们分别选取了“柠檬精”“我太难了”“逆行者”“社会性死亡”“干饭人”“神兽”等学生常提到的词汇进行了调查。结果显示，北师附五年级学生对网络流行语的使用确实比较频繁。除“社会性死亡”一词外，其他词语的使用频率均超过50%。在与学生的访谈中，我们了解到，“社会性死亡”一词含义多为在公众面前出丑，已经丢脸到没脸见人，只想地上有条地缝能钻进去的程度。这一网络词语一般要用在特定的场合，没有相关经历的学生几乎不会使用，因而使用频率较低。网络流行语的含义具有一定的创新性，内涵丰富，形式简短精练，组合灵活。另外，该年龄段的学生好奇心重，缺乏一定的辨别能力，在浏览网络时很容易对这些词语产生兴趣。为了满足自身标新立异、彰显个性的心理，很多学生都会不自觉地使用网络流行语。

3. 网络语言对学生书面语的影响

为了调查网络语言对学生书面语的影响，我们设计了以下问题："神马""木有""沙雕""奥利给""妙啊""绝绝子""hhh""dbq""xswl"等，你平时在习作和聊天中是否经常使用？调查结果如图3所示。

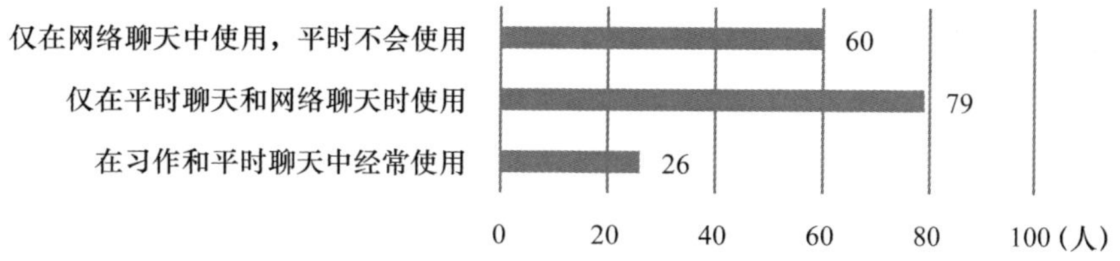

图3　网络流行语对小学生书面语的影响

调查表明，被调查者中，有26名学生会在习作和平时聊天时使用这些网络用语，占总人数的15.8%；有79名学生仅在平时聊天和网络聊天时使用，占总人数的47.9%；有60名学生仅在网络聊天中使用，平时不会使用，占总人数的36.4%。可见，北师附五年级学生将网络语言用于习作的情况并不常见，这得力于语文教师平时的引导和规范。关于网络语言是否可以用于书面语的表达这一问题，仁者见仁。复旦大学社会学系教授于海认为，"互联网时代，网络语自然成为一种沟通方式，不懂网络语反而会被同龄人认为落后、不酷"。但也有语文专家指出，作文与其他作业相比，更具规范性和标准性。学生应该有"规则观"，掌握规范的语言文字，最好不要随意使用网络语言，尤其是太出格的网络语。我们认为，有选择性地使用一些比较符合语言规范的网络用语，可以增加文章的趣味性。且很多网络新词内涵丰富，能够更好地表达出人物的复杂感受，提高语言表达的准确性，增强文章感染力。

4. 对网络语言的基本认知

我们还同时调查了学生是否知道"有些网络语言用于日常习作是不规范的表达"这一问题，调查结果见表8。

表 8　　　　网络流语言的基本认知调查

	知道，但并不理解	知道，只理解一部分	不知道
频次（人数）	54	86	25
占比（%）	32.7	52.1	15.1

结果显示，有 84.8% 的学生知道网络语言是不规范的表达，但并不理解为什么这些语言是不规范的，更不清楚规范用语的重要性。这就需要教师在教学中引导学生树立正确的语言观，提倡说普通话，写规范字。网络用语要少用、慎用，且用到恰当之处，杜绝使用网络粗俗语言，养成文明书写、规范用词的好习惯。

（三）北师附五年级小学生对互联网使用的态度和看法

1. 网络给小学生生活带来的影响

随着网络的普及，小学生的生活也深受网络的影响。根据调查显示，165 名被调查者中，有 81 名小学生表示会尝试网络上流行的新玩法，比如网购、直播等，占 49%；68 名小学生表示会学唱网上的流行歌曲，占 41.2%；有 37 名小学生会将网上流行的东西买回去，占 22.4%；46 名小学生会在日常生活中模仿游戏中的人物，占 27.9%；50 名小学生勾选了会模仿网上流行的娱乐活动这一项，占 30.3%；另外有 52 名小学生会模仿网上的说话方式，占 31.5%；有 44 名小学生会模仿网上流行的穿衣打扮，占 26.7%；最后，有 77 名小学生认为自己从不模仿网络行为，占 46.7%，如图 4 所示。可见网络媒体正在从各方面改变着小学生的生活，小学生的好奇心重，学习模仿能力很强。小学生的语言体系正在形成中，过多地接触不规范的网络语言很容易造成语言系统的混乱。而且小学生对事物好坏的辨别能力较弱，过多模仿一些不合适的网络行为很容易造成学生自我角色认知混乱。

调查显示，大多数小学生对于网络为自己的生活带来的变化抱有积极态度。165 名被调查者中，有 79 人认为网络能够帮助其查找资料，让学习变得更容易了，占 47.9%；有 51 名小学生认

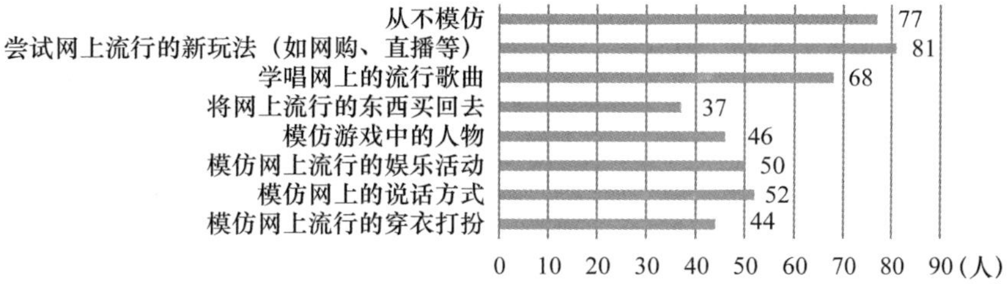

图 4　网络给小学生生活带来的影响

为因为网络，很多事情可以自己解决，更少依赖大人，占 30.0%；有 44 名小学生认为网络使自己与人交往变得更方便了，占 26.7%；41 名小学生认为网络为自己带来了全新的娱乐方式，占 24.8%；39 名小学生认为网络让自己节省了更多时间，效率更高了；28 名小学生认为网络帮助自己更容易融入社会，占 16.9%；当然也有一部分小学生认为网络为自己带来了消极的影响。如有 32 名小学生认为网络使他们更爱待在家里，运动减少了，占 19.4%；30 名小学生认为网络分走了不少学习时间，占 18.1%；26 人认为网络让自己更混乱了，信息太多，难以分辨真假，占 15.8%；25 人认为网络让自己变得更懒了，常常依赖网络，懒得自己想问题，占 15.1%，如图 5 所示。可见，小学生对于网络的评价有正面的也有负面的，比较客观，说明家长及学校的教育和引导对学生起到一定的作用，学生对于网络的两面性有一定的判断和认知。

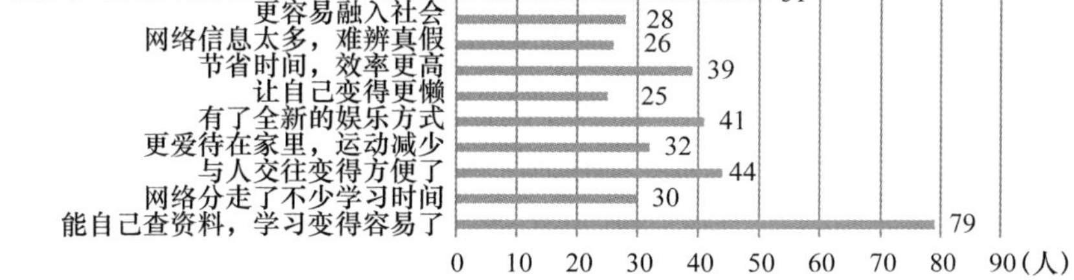

图 5　网络给小学生带来的变化

2. 对网络信息的信任度

如表9、表10所示，在对小学生对网络信息的信任度的调查中，仅有7.3%的学生认为网上的信息可靠，24.2%的学生认为不可靠，而68.5%的学生认为需要依情况而定。可见，北师附五年级小学生有比较强的网络安全意识，并不会盲目地相信网络上的信息。然而，当被问到如何判断信息的真实性时，68.5%的学生会依据别人的说法去判断，24.2%的学生会考察信息的来源，只有7.3%的学生会自己判断信息是否合理。由此可知，小学生还是比较容易被网上的个人言论所引导的。

表9　**小学生对网络信息的信任度**

	可靠	不可靠	依情况而定
频率（人次）	12	40	113
占比（%）	7.3	24.2	68.5

表10　**小学生如何判断信息的真实性**

	自己判断是否合理	看信息的来源	看别人怎么说
频率（人次）	12	40	113
占比（%）	7.3	24.2	68.5

3. 对网络游戏的评价

我们还对北师附五年级小学生对网络的评价情况进行了调查，如图6所示。根据图6的分析可知，被调查者中，有72名学生认为上网玩游戏能够让他们感觉开心、放松，是娱乐休闲的方式，占比43.7%。学生中，认为网络游戏里有较多的语言暴力等不良信息并认为自己在网络游戏里更活跃、更自在的人数相同，均为52人，各占总人数的31.5%。心里经常想着某个游戏和认为网络游戏里交到的朋友比现实中的朋友更可信的学生人数最少。从这两项数据可以看出，大部分小学生对待游戏比较理智，对网络游戏并不沉迷。在调查网络游戏给学生学习成绩带来的影响时，37 名学生认为网络游戏对自己的成绩没有影响；但是也有 24 名学生没有把握好时间，导致自己的学习成绩下降。这两项分别占 22.4% 和 14.5% 。虽然这两项数据的比例都不高，但也证明有小部分学生不能平衡游戏和学习的关系，因游戏造成学习成绩下滑。从五年级学生的身心发展规律来看，该阶段的学生还不具备较强的自我调控能力，接触游戏时仍需要家长的监督和指导，毕竟小学生的自律性比较弱，很难主动地从有趣的游戏中抽身而出。

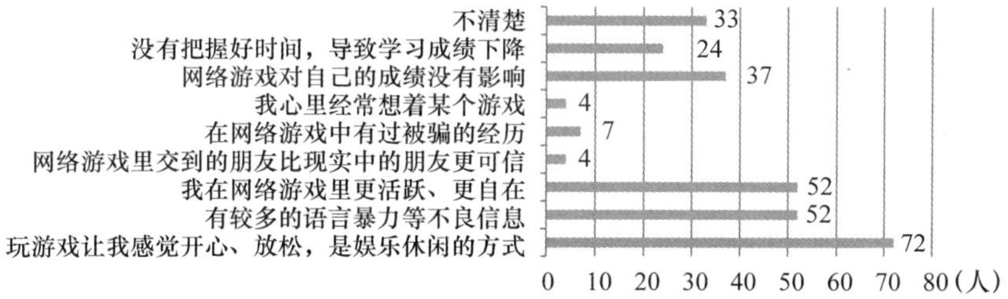

图 6　小学生对网络游戏的评价

三　结论与建议

从上述调查结果可以得知，北师附小学生首次触网年龄普遍较低，上网目的以学习为主，娱乐放松为辅。受年龄特点的影响，小学生好奇心重、探索欲强，开始注重建立和维持人际关系，因而很容易接受并使用网络流行语言。虽然大部分小学生对待网络游戏的态度比较理智，但也对网络游戏抱有好奇和期待，若不加以监管和约束，很容易沉迷网络。但小学生缺乏一定的辨别能力，缺少网络规范意识、网络安全意识，加之立场性、价值性判断不够，很容易受网络上的不良信息影响。由此可见，网络给小学生带来数字机遇的同时，未成年人的网络安全问题也日益突出，为未成年人建立更加安全、牢固的“防火墙”刻不容缓。对此，我们有以下几点看法。

（一）家庭

从前文的分析中可以得出，小学生上网的主要场景是在家中，因此家庭是小学生网络保护的核心，父母应该主动培养孩子正确使用网络的习惯和观念，帮助孩子正确认识网络的作用，合理利用网络。

首先，帮助小学生树立规则意识，培养合理使用网络的良好习惯。小学生的年龄小，很容易被网上的游戏或其他娱乐项目引诱，一旦失控就会沉迷网络。父母应该帮助学生建立用网规则，比如上网时长、可浏览的网络平台、平衡用网学习与娱乐的比例等。

其次，父母还可以根据学生的学习内容与自身的兴趣爱好，帮助学生制定网络使用量表，并利用奖惩制度帮助学生建立规则意识，科学上网。

最后，家长不仅要引导孩子正确认识网络的利弊，增强学生的抵抗意识，提高辨别网络上虚假信息、有害信息的能力；还要有意识培养孩子的思考精神、探索态度。比如对一些信息可以和孩子一起找到信息的来源，分析发布者的立场，也可通过交叉检索的方式，查看不同观点和分析，然后一起思考，进而逐步培养孩子的独立分析和思考的能力。

（二）学校

学校是学生接受教育的重要场所，在教育发展中具有不可替代的作用。我们根据对学生的深度访谈得知，北师附从小学三年级开始已开设信息技术课程并设有专门的信息技术教室，让孩子从小就接触网络和信息技术，提高他们的网络基本技能素养和网络学习素养。学校教师是教育和规范小学生上网行为的重要引导者。对此，我们认为，学校可以在以下方面做出努力。

第一，开展信息技术教育，提高以网络基本技能为核心的网络技能素养。开展信息技术教育，是全面提高学生整体素质、培养新世纪人才的需要，是社会主义建设和发展的需要。因而学校可以通过教育方法和教育手段的创新和突破来引导学生认识新信息技术，培养学生学习信息技术的兴趣，激发学生学习的主动性。同时要抓好基础教学，网络信息技术课以实践课为主，重在训练基本技能。

第二，德育和思政教育相结合，加大网络规范素养的教育。大、中、小学德育一体化教育格局逐步形成，从小学开始就要以生动活泼的思政课，引导学生扣好人生第一粒扣子，重视对小学生网络行为规范和网络言语规范的教育。学校是对学生进行思想、道德和文明教育的重要场所。学校可以在校内通过张贴宣传标语、设立展板等方式进行网络文明行为宣传，制定网络行为和语言文明规范，在学生头脑中形成网络规范意识。最后，学生成长在活动中，开展丰富多彩的网络技术或文化活动也是引导学生规范网络行为的有效措施。

第三，学生的网络学习素养与自我管理能力、自我约束能力培养并重。我们要改变对未成年人的网络保护思路，要从“堵”到“疏”，学校、家庭、社会都要负起责任。学校要引导学生加强以信息获取能力、信息管理能力、自主学习能力为核心的网络学习素养，同时，更要强化学生自我约束能力、自我管理能力的培养。形成小学生触网有度，用网有益，文明上网，规范上网的好习惯。

（三）社会

社会各界也需要为小学生营造良好的网络生态，共同维护安全、纯净的网络空间。网络文化安全问题归根结底是人的问题，网络文化安全治理的关键是相关主体治理能力的提升，通过各主体治理功能的发挥，实现网络安全的有效治理。因此，我们认为发挥网络相关主体的功能，内容分众、技术监管、法制监管、媒体助力是解决问题的关键。对此，我们有以下建议。

首先，网络产品和服务提供者应当净化未成年人上网环境，建立真正的“未成年人保护模式”。网络世界是虚拟世界，人际互动的信息符号化，具有隐蔽性的特点。目前网络上的信息良莠不齐，不文明的广告弹窗随处可见，部分网络娱乐平台和网游平台不设置年龄准入条件，这些现象都不利于对小学生的网络行为进行正向引导。对此，网络产品和服务提供者应严格遵守《未成年人保护法》中的相关条例和《未成年人网络保护条例》，严格把控从产品研发到推广的各个环节，为未成年人开辟真正绿色、安全的网络空间。

其次，在线教育网络产品和服务平台要净化学习空间，营造健康的在线学习环境。根据上文调查得知，北师附的小学生以学习为主要目的的上网频次较高、时长较长，学生接触在线教育网络产品和服务的概率更大。特别是教育平台，应严格遵守《未成年人保护法》的规定：以未成年人为服务对象的在线教育网络产品和服务，不得插入网络游戏链接，不得推广与教学无关的信息。同时，也需要相关职能部门加强监管。

再次，网络游戏、网络直播、网络社交等服务提供者应当建立未成年人准入和监管模式，加强行业自律和对网络市场的监管，设置相应的时间管理、权限管理、消费管理等功能①，以防止未成年人沉迷网络。尤其是网络游戏和网络直播平台，要实施实名认证，禁止未成年人消费、打赏，以完善管理，干预未成年人沉迷网络。

最后，发挥大众媒体弘扬社会主义核心价值观、弘扬中国优秀传统文化的作用，营造绿色网络文化，为青少年接触网络创造健康环境，培养学生的网络素养。新时代国家语言文字工作面临的主要问题具有现实和虚拟双重属性，虚拟社会的语言文字管理成为维护社会稳定，保持国家安全的焦点问题。任何一个网络服务平台都有责任监管本平台的网络语言，及时删除、屏蔽不文明语言文字，为弘扬社会主义核心价值观、引导大众使用规范文明的语言文字做出贡献。

---

① 《未成年人保护法修订：十大制度亮点推动未成年人网络保护进入新阶段》，中国网信网，http：//www.cac.gov.cn/2020－10/21/c_ 1604847750404918.htm。

总之，家庭、学校、社会都应该承担起各自的责任，不仅教小学生学会合理利用网络资源完善自身，创造价值，更要保证小学生在绿色健康的环境中自由地徜徉于网络的精彩世界。

参考文献

安华林、黄丽愿：《2013—2018 年网络流行语浅析——以“汉语盘点”评选的十大网络流行语为例》，载王玉英主编《网络文化研究》（第一辑），中国社会科学出版社 2020 年版，第 145—148 页。

王玉英：《网络文化安全及其治理：内涵、思路与策略》，载王玉英主编《网络文化研究》（第一辑），中国社会科学出版社 2020 年版，第 84 页。

关彦庆、宋献群：《偏离型网络语言行为与国家安全问题》，载王玉英主编《网络文化研究》（第一辑），中国社会科学出版社 2020 年版，第 126 页。

Investigation and Analysis of Elementary School Students' Use and Cognition of Internet: Take Tianjin Eco-city Affiliated School to Beijing Normal University as an Example

Wen Xiaoxue Wang Hongchang

Abstract: While the network opens a new cultural space for elementary school students, it may also make them addicted to the challenge of the network. This paper takes the students of Tianjin eco-city affiliated school to Beijing normal university as the research object, through the form of questionnaire and interview, investigates and analyzes their network use and cognition. We found that these children were exposed to the Internet at an earlier age. They have low self-discipline, lack of awareness of network norms and network security, and lack of judgment of position and value. If we do not restrict and guide, they are easy to indulge in the network and be affected by the bad information on the Internet. Accordingly, we points out the characteristics of their network use and the existing problems. How to form a joint force among family, school and society to guide children to make proper use of the Internet, this paper will put forward some suggestions.

Keywords: Primary School Students; Network Use; Investigation and Analysis

从西班牙动画电影《皱纹》看养老问题

邵　雪　姜　帆*

摘　要：《皱纹》是一部西班牙动画电影，以平实却又动人的慢节奏叙事手法讲述了主人公埃米里奥罹患阿尔茨海默病之后在养老院的生活，利用细节来反映老年人的个体和群体困境，展现了他们在衰老过程中的无助、迷茫、痛苦和抗争。本文试从影片的内容和其所反映的老年人养老问题等方面出发，分析《皱纹》所传递的发人深省的社会价值和意义。

关键词：《皱纹》　养老问题　动画电影

《皱纹》（*Arrugas*）① 是一部动画电影，由西班牙知名动画电影导演伊格纳西奥·费雷拉斯（Ignacio Ferreras）执导，改编自漫画家帕科·罗卡（Paco Roca）的同名漫画，于2011 年9 月19 日在圣塞瓦斯蒂安国际电影节首映。故事以养老院为背景，使用平静、细腻的手法来展现老年人生活中所面临的种种问题以及他们的内心世界。该片荣获2012 年第26 届有西班牙“奥斯卡”之称的戈雅奖的最佳改编剧本以及最佳电影动画两项大奖。

* 作者简介：邵雪，女，吉林师范大学外国语学院助教，主要研究方向为西班牙语教学、西班牙语文学。姜帆，男，博士，吉林师范大学外国语学院副教授，硕士生导师，研究方向为二语习得、老年人语言学。

① 伊格纳西奥·费雷拉斯：《皱纹》，http：//www. arrugaslapelicula. com/es/。

故事围绕着两位住在养老院的老人埃米里奥（Emilio）和米格尔（Miguel）之间的友谊展开。埃米里奥是一位从银行退休的老人，因罹患阿尔茨海默病所引发的问题给家人带来了不少麻烦，最终被送进了养老院。在养老院里生活的埃米里奥对于自己的凄凉处境和逐渐失智的症状感到恐惧。幸运的是，埃米里奥在养老院里结识了米格尔和其他同病相怜的老年朋友。在埃米里奥的阿尔茨海默病越来越严重的情况下，为了不让他被送进象征着无用和死亡的养老院最上层，老人们开始了对命运的反抗……

一 养老院里的悲凉与温情

影片开篇，曾是银行行长的埃米里奥与儿子爆发争吵。阿尔茨海默病使他的记忆力明显衰退，思维逐渐混乱，时常将儿子和儿媳当作来银行贷款的客户，连自理能力也出现了相当程度的下降。儿子在他面前大声抱怨因为照顾他而无法准时去剧场，的确，他的存在给年轻一代的人带去了不少负担。在这种情况下，儿子将穿戴体面、严谨认真的埃米里奥送进了养老院。

不难看出，埃米里奥对于即将开始的养老院生活感到非常抗拒和不安，连和儿子、儿媳告别时都眉头紧锁。对他而言，这里像是一个未知的牢笼。当家人驱车离开，护工领着他走进养老院的时候，镜头巧妙地切换到了埃米里奥小时候被送上学的片段。同样被亲人送到陌生的环境，他感受到同样的无助、恐惧和孤独，同样想要离开。人生像是一个循环，对于此时的埃米里奥来说，他要像当初上学时一样去学习如何适应养老院的生活。

埃米里奥来到属于自己的房间，见到了他的室友米格尔。米格尔是一个爱坑蒙拐骗的老头，他收取埃米里奥“管理费”，哄骗总想给孩子打电话接自己回家却找不到电话的索尔太太，甚至每天去幻想自己在去往伊斯坦布尔的东方列车上的罗莎里奥太太那里骗钱。他油嘴滑舌，喜欢挖苦人，嘲笑担心自己被抓去火星的卡尔米娜，他还认为多洛雷斯陪伴严重阿尔茨海默病的丈夫莫德斯托的做法是愚蠢的，是在浪费生命。

除了这两个故事主线人物外，电影还通过其他人物的塑造展现了西班牙老年人的生活群像与个体困境：安东尼娅有五个儿女，几十个孙辈，却只有一个孙子偶尔来看她。她每天都会把其他人不要的黄油、果酱和茶包之类的东西拿走，偷偷攒起来，在圣诞节的时候当作礼物送给孙子，但孙子并不领情。多洛雷斯是个身体健康、意识清醒的老人，却为了照顾因病导致生活无法自理的丈夫莫德斯托，和他一起住进了养老院。

故事情节的反转发生在圣诞探访日这天，埃米里奥的家人来看望他，但他已经认不出自己的孙子了。晚上护理人员分发药品时的失误使他意外发现自己和患有严重阿尔茨海默病的莫德斯托吃着几乎相同的药。埃米里奥慌乱地去找医生确认，医生吞吞吐吐、遮遮掩掩的回答使他更加确定了自己患病的事实。因为养老院里意识不清、无法自理的阿尔茨海默病患者会被送到楼上，于是他偷偷上楼，发现上面的病人孤独而又失智地活着，他不愿意自己的人生也这样结束。此处导演没有把影片的重点放在抨击把老人放在养老院却鲜少过问的子女身上，而是用一句话引出老人们的自救："衰老是自然现象，不是国家危机。我们不想打扰我们的家人，不然他们会没法工作的。但是请不要叫我们老人，因为我们并不是一无是处的皮囊，最好称我们为长辈。"于是埃米里奥开始了对命运的反抗：他跑到那个永远都没有人用，只是给子女和政府工作人员看的泳池里游了一次泳。米格尔和他一起，脱下厚重的外衣，自由畅快地漂浮在泳池里。

为了避免埃米里奥被送到楼上，米格尔开始帮助他欺骗医生，掩饰病情。但随着病情的逐渐恶化，埃米里奥的思维越来越混乱，闹着要逃出养老院。米格尔弄来了一台敞篷车，准备带着埃米里奥和安东尼娅在夜晚一起逃离。路上，米格尔扔掉了安东尼娅的行走助力器，说："我们自由了！我们不要做衰老的奴隶！"不幸的是，驾照被收回多年并且头脑已经不甚清醒的埃米里奥开车撞在了路边，三人都受了伤，逃跑计划宣告失败。被抢救过来的埃米里奥病情彻底暴露，被送到了楼上。米格尔落寞地回到房间，在床底发现了埃米里奥一直以为是米格尔偷走，实际是自己藏起来的钱包和手表，终于情绪崩溃大哭起来。

在又一次失去老友的冲击下，想念埃米里奥的米格尔作出了转变：他帮索尔太太给家人打了电话；给了罗莎里奥一支过滤嘴香烟，让她尽情享受自己的“伊斯坦布尔之行”；帮马丁弄来了一只新的宠物狗，让他享受小动物的陪伴；送给卡尔米娜一把水枪，让她射击想要抓走自己的外星人。米格尔看似是一个活得通透洒脱的人，其实内心也很孤单寂寞。他拼命留住室友的那些行为不仅是因为想要消除埃米里奥的恐惧，更是因为他不想再承受老友一个个离去的落寞。最后，米格尔还主动走进他发誓绝不踏入的楼上，照料意识已经不清醒的埃米里奥，陪伴他走过人生最后的时光。米格尔像当初多洛雷斯照顾莫德斯托一样，帮埃米里奥擦去嘴边的汤；当别人说“埃米里奥现在什么都不知道，当着他说什么都无所谓了”的时候，他纠正道：“虽然看上去是这样，但事实上只要他关心的事他都知道。”两人相视一笑，这也是整部电影中埃米里奥那满是愁容的脸上露出的唯一一次笑容。米格尔帮助了养老院的每一位老年人，同时他自己也收获了真正的快乐。影片虽然给我们展示了衰老残酷的一面，同病相怜的老人们互相照顾，让人唏嘘和感慨。但导演还是手下留情，给了我们一些温暖和安慰。

整部动画节奏较缓，伏笔铺垫完整，前后呼应，穿插了这些老人年轻时的许多画面：首先是埃米里奥在养老院房间唯一的装饰品——桌子上的照片的来历，上面是妻子玛黛和儿子胡安。镜头一晃回到数十年前，那时夫妻两人还很年轻，一家人快乐地在海边度假，二三十岁的埃米里奥拿着相机拍摄妻儿，突然一片浓雾袭来，不见妻儿，唯有满面皱纹的自己孤身站在浓雾中呼唤他们的名字。时间就如河流一般，将稚嫩的肌肤逐渐冲刷得凹凸不平，沟壑纵横，形成一道道的皱纹，这些皱纹模糊了他们原本的面目，随之而来的记忆模糊似乎与死亡一样是无法避免的。之后镜头转向莫德斯托年轻时追求多洛雷斯的场景，多洛雷斯说只要莫德斯托摘下一朵云就同意和他在一起。于是莫德斯托把多洛雷斯带上了钟楼，云层触手可及，两人就从此携手一生。即便如今在阿尔茨海默病持续恶化的状况下，提起这段回忆，莫德斯托的嘴角还会浮起微笑。这些片段都提醒着人们，无论这些老人现在有多么苍老，他们也曾年轻过，浪漫过。虽然青春不再，但是自尊、温情和自由的理想却永存。

《皱纹》这部电影不是那种让人通过几滴眼泪去补偿自己对老人愧疚的廉价催泪说教片，而是不断将观众引入一种对爱的期盼和赞美之中。影片没有故意煽情，却处处直击观众内心，让人不禁静下来回顾和思考自己的人生。片中反映出的老年人的孤独寂寞，生命尽头的迷惘，面对疾病甚至死亡时的友情、爱情、亲情，显得格外苦涩和动人。

二　人口老龄化背景下国内外的养老问题现状及对策

19 世纪后期欧洲出现人口老龄化现象，20 世纪 70 年代以后逐渐向亚洲和美洲地区扩散，目前已经成为全球现象。老龄和超老龄人口比重和老年抚养比不断攀升，发达国家面临老龄化导致的劳动力供给问题和养老保障的财政负担；发展中国家的人口增加维持了世界人口规模的增长，但也面临给年轻人提供教育和就业机会的压力。由于发展中国家的人口老龄化速度比发达国家快得多，没有太多时间调整适应人口老龄化的后果；而且，发展中国家的人口老龄化发生在比发达国家更低的社会经济水平之上，“未富先老”使其老龄化面临更多的问题。许多国家正在通过推迟退休年龄、提高劳动生产效率、增加劳动年龄时期对养老基金的贡献等办法，努力维护老年人的消费能力。

《皱纹》的故事发生在西班牙，作为世界最长寿的国家之一，西班牙的人口老龄化问题相当严峻。预计至 2050 年，全世界将有 105 个国家的老龄人口比超过 10%，其中列于首位的西班牙更是高达38%。在这样的背景下，“积极老龄化”理论应运而生。刘文等研究者在《国际视野中的积极老龄化研究》中提到：2002年，联合国大会通过的《老龄化马德里政治宣言》提出了19章的指导原则，强调了“社会各年龄段发展”的承诺，呼吁包括国家和国际社会在内的各级组织都要在三个重点方向上行动起来：老年人及其发展；促进老年人的健康和福祉；确保建立有力的支持性环境。（UN，2002）其中，重点方向旨在指导政策的制定和实施以成功实现老龄化社会的特定目标，并能通过社会发展、改善老年人生活质量、各种正式非正式的、系统的、可持续发展的、支撑整个生命历程的幸福指数来加以衡量。另外，还建议发展中国家将老龄问题纳入国家消除贫困战略，将性别观念纳入国家老龄政策方案。《老龄问题国际行动计划》提出确保所有人都能够有保障、有尊严地步入老年，并作为享有充分权利的公民参与其社会的目标，其政策支持内容包括以下方面。

第一，充分的社会参与。消除年龄歧视与性别歧视，促进两性平等，消除对老年人的怠慢、虐待和暴力行为，加强社区建设，建立社会支持网络，改善老年人参与社会的自身条件和社会条件，增加老年人口保持独立的机会，实现他们全面参与经济、社会、文化和政治生活的愿望。

第二，提高生命质量，重视老年人口追求生理和精神健康享受最高标准的权利。这需要除公共卫生部门（如与健康和护理相关的政策，支持性环境和健康生活方式的完善）以外的其他社会和经济部门的支持。在提供照顾和治疗，促进健康的生活方式和有利的环境方面拟定新的政策。

第三，重视老年人口的生产力。高龄群体的技能、经验和资源是成熟、充分融合及富有人性的社会发展过程中的一种重要资产，对社会经济发展的作用不可忽视。老年人应该享有从事他们希望并能够胜任的工作的权利，以及继续获得教育和培训的机会。

第四，采取协调的行动来改变老年男人和女人的工作机会和生活质量，并确保对老年人支助系统的可持续发展。全社会都要关心老年人，努力营造支持性环境，保障他们的合法权益，使他们活得有尊严、有价值、有意义。

第五，将老龄问题纳入社会和经济的发展议程，纳入消除贫穷战略和争取使所有发展中国家充分参与全球经济的战略。同时基于各国国情的不同，确认有所差异的国别政策。考虑老年妇女和男性的需求和经验的不同，在所有政策和方案中都注意体现出性别特点。

第六，各国政府应当为社会基础服务承担主要责任，并在老龄化问题中发挥领导作用。研究优先发展方向，有助于政策制定。加强代际团结，以及家庭、志愿者、组织、企业、工人、教育和宗教机构及媒体的合作支持。联合国和国际合作组织的作用十分重要。

在全球人口老龄化的大背景下，中国的老龄化发展也相当迅速。根据相关预测，“十四五”时期，我国老年人口将突破3亿人，将从轻度老龄化迈入中度老龄化。积极应对人口老龄化，事关经济社会发展全局，事关亿万百姓福祉。2021年十三届全国人大四次会议表决通过的“十四五”规划中提出：“实施积极应对人口老龄化国家战略。制定人口长期发展战略，优化生育政策，增强生育政策包容性，提高优生优育服务水平，发展普惠托育服务体系，降低生育、养育、教育成本，促进人口长期均衡发展，提高人口素质。积极开发老龄人力资源，发展银发经济。推动养老事业和养老产业协同发展，健全基本养老服务体系，发展普惠型养老服务和互助性养老，支持家庭承担养老功能，培育养老新业态，构建居家社区机构相协调、医养康养相结合的养老服务体系，健全养老服务综合监管制度。”

三　影片的现实意义：呼吁对老年人群体的关爱

根据国家统计局发布的数据，2019年年末中国60岁及以上的老年人口数达到2.54亿，占总人口的为18.1%；65岁及以上老年人口达到1.76亿人，占总人口的12.6%。报告测算，2020年中国

65 岁及以上的老年人约有 1.8 亿人，约占总人口的 13%；2025 年“十四五”规划完成时，65 岁及以上的老年人将超过 2.1 亿人，占总人口数约 15%；2035 年和 2050 年时，中国 65 岁及以上的老年人将达到 3.1 亿人和接近 3.8 亿人，占总人口比例则分别达到 22.3% 和 27.9%。如果以 60 岁及以上作为划定老年人口的标准，中国的老年人口数量将会更多，到 2050 年时将有接近 5 亿老年人。由此可见，老年群体应当引起我们的足够关注。

《皱纹》这部影片通过刻画养老院中大量平淡琐碎的日常生活场景，从个体视角展开叙事，从老年人的个体困境延展到养老这个普遍的社会问题。它避免了说教式的价值灌输，而是通过聚焦个体人物和事件，呼吁人们在人口老龄化社会背景下，更多地关注老年人问题，给予老年人更多的陪伴和理解。这样的表现手法使观众更容易产生心理共鸣，引发观众更多的思考，并赋予故事一定的社会意义。

这部影片让笔者想起一部讲述作者阿尔诺·盖格尔的父亲得了阿尔茨海默病之后生活的书——《流放的老国王》。书的封面上有一句感人至深的话：“因为父亲再也无法从桥那头走到我的世界来，因此我必须走到他那里去。这段不平常的日子，我们一直在一起。”我们经常说人老了之后会变成所谓的“老小孩”，然而照顾一个老人和照顾一个孩子的感觉是截然不同的。带孩子的过程是越来越轻松、越有成就感的，因为小孩每天都在获得新的知识、新的技能。而老年人则是一个失去的过程，不断地失去各方面的能力，任凭你怎样努力，他都只能渐渐消逝。米兰·昆德拉把这个过程叫作“溃败”，他说：“在我们称之为生命的无可回避的溃败面前，我们唯一能做的就是理解它。”每个人的家中都有老人，我们每个人若干年后也都会成为老人，因此我们需要了解老年人的世界。

阿尔茨海默病是一种原发性退行性疾病，是表现在记忆、思维、分析、判断、空间辨认以及情绪等方面的障碍。它的早期症状是：出现记忆力衰退，行为上经常丢三落四，言语上诉说一些重复的内容。有人会出现轻度的语言功能受损，词不达意。黄立鹤等学者对于老年语言学的研究提醒我们："语用能力变化是老年人认知功能老化在日常生活中的直接外在体现，相关分析可提升阿尔茨海默病早期诊断的敏感性。"还有一种就是判断能力差，注意力和理解能力也开始下降。就像影片开头埃米里奥对着饭发愁，一碗汤放在面前，但他不知道怎样去吃，也判断不准确到底吃多少是合适的。后来进了养老院，随着病情加重，他渐渐分不清刀和勺子，把勺子当成刀来切食物。很多老人得了阿尔茨海默病以后，喜欢藏东西，片中的埃米里奥就把表和钱包放在袜子里藏在了床下，还误会是米格尔偷了他的东西。更严重的甚至会出现精神障碍，比如出现性格的改变，情绪的失控，忧郁的症状，对各种各样的事情失去兴趣，等等。接下来到了病情的中后期，就会出现很多更加严重的状况，比如认不出自己亲近的人。圣诞探访日当家人来看望埃米里奥的时候，他已经认不出自己的孙子了。针对阿尔茨海默病的研究发现，该类患者经常出现认知与交际能力的丧失。在发病初期，患者会出现如词语提取困难和答语延迟等问题。由此可见，言语能力的变化为阿尔茨海默病的发病和诊断提供了预警。这些蛛丝马迹都是阿尔茨海默病正在侵蚀老人大脑的信号，作为子女的我们应该留心观察，及早进行相应的治疗和护理。

《流浪的老国王》中讲到阿尔茨海默病常见的护理误区，第一种护理误区是很多人认为糊涂是衰老的正常现象，不用太在意。事实并非如此，数据显示，80 岁以上的人中，只有 20% 的人会得阿尔茨海默病，说明不是所有的人老了都会糊涂。这不是一个正常现象，而是一种疾病，要尽早就医。第二种是很多人认为阿尔茨海默病不可逆。虽然从药物的角度讲，目前的确还没有研制出特效药物，但是针对性的护理是有效的。它能够减少老年人因代谢问题、营养不良问题以及脑积水等问题所诱发的阿尔茨海默病。所以如果能够做到良好的护理，经常和老年人交谈，带他们看不同的风景，让他们做一些力所能及的事，都会对缓解病情有很大帮助。《最好的告别》当中作者举过一个案例：一个老人院为了帮助老年人延长寿命，给每个老人发了一只小动物，让老人们负责喂养。一段时间之后，工作人员发现这些老人的健康状况得到了很大的改善，平均寿命也延长了很多。因为他们重新唤回了生活的希望，他们觉得自己有了责任、意义和价值。

很多子女在父母得了阿尔茨海默病以后，都很难接受。因为一直以来父母在孩子们心中都是一家之主，是权威般的存在。这样一个我们要依赖的人突然之间变成了一个丧失了所有能力的人，子女们会感到手足无措，会跟他吵架、较劲，甚至表现出不耐烦。有些孩子处理父母患阿尔茨海默病问题的方法就是把他们放到养老院里，只要老人吃喝有保障，也就不再多管了。但是把老人送进养老院，并不意味着子女就可以放手，因为不管养老院的设施有多么完备，始终都缺少家的温暖，这是很多老人抗拒进养老院的原因。影片中埃米里奥住的养老院是五星级，健身房、游泳池、活动大厅一应俱全，但是老人真正能使用的少之又少。这些娱乐设施基本只是摆设，就算电视机开着，老人们也是坐在沙发上打瞌睡。归根结底，这些设施是给来养老院的孩子看的，让他们安心，少一分愧疚。老人们最喜欢的事情就是孩子们去探望，让他们不至于体会到像片中的米格尔和埃米里奥所说的那样："家人们就像杏仁糖，不管怎样，一年里圣诞节这天总会来的。""没错，这两样东西都让胃不舒服。"如果老人院管理不得当，那么老人的生活着实悲惨。很多行动受限，护工们对他们的态度也普遍冷漠，缺少足够的尊重，缺少私人空间。老年人的内心很脆弱，当米格尔说安东尼娅的家人是因为她无用而把她送到养老院，并且早就忘记了她时，她的情绪十分激动，说道："我的家人是爱我的。我在这儿只是不想麻烦他们而已。我不想成为他们的负担。这就是生存之道，明白吗？年轻人该有他们自己的生活。"

当我们与老年人（特别是患有阿尔茨海默病的老年人）交流时，应适当减缓自己的语速，适当提高音量，尽量使用简单的句式，以此促进阿尔茨海默病患者的话语理解。有研究表明，研究者和老年人对老年人指向语的使用持积极态度。另外，在老人们情绪沮丧的时候，护理者使用老年人指向语，也可以使老人的情绪得到舒缓。其实我们不需要纠结于老人患病之后是不是离自己更远了，我们只需要好好去感受彼此陪伴的时刻，这就是我们离得最近的那一刻。我们要开始慢慢地学会跟老人和平相处，不再去努力地改变他们，不再去努力地跟他们讲道理、去训练他们，而是用更多的耐心去理解老年人的心理，不强迫老人非得做什么，按照他们的节奏，尊重老人的需求，注意对老人情绪的护理。

父母在年老以后，依然肩负着教育子女的责任。在我们小时候，父母教我们认字、教我们说话、教我们走路、教我们学做人。父母老了以后，用他们的衰老告诉我们什么叫作衰老，什么是人生必然的经历，这是一个生命的周期。《终结阿尔茨海默病》中讲到人老了以后记不住眼前的东西，但是能够记住很久远的事情。原理是在罹患阿尔茨海默病之后，大脑在能量逐渐变少的过程中，为了进行自我保护，维持生存所必需的功能，它会遵循一个缩减原则，就是保留早期最美好、最珍贵的记忆，同时牺牲其他行为能力，包括记忆力、理解力等，这样就不至于消耗过多的能量来形成非必要的记忆。父母用最后的身体力行让我们认识老年，让我们认识到生命的珍贵。

四　结语

这部电影给了我们关注老年人生活的契机，同时也使我们反思自己的人生态度。我们都会老去，我们就是他们。正如影片结尾写道："这个电影，献给所有今日的老人和明日的我们。"希望它能够触动人们心中最柔软的部分，带给大家一些思考和变化，帮助我们更加理解老年人的世界，多一份同理心，给予他们更多的关爱与支持，让他们晚年能够生活得更加幸福。

面对我国日益严峻的老龄化形势，作为外语人，如何运用所学专业帮助改善老年人的生活，推动积极老龄化，为我国"健康中国"的战略助益，值得未来更进一步探讨和研究。

参考文献

黄立鹤、杨晶晶：《老年人语用话语研究现状与趋势分析》，《解放军外国语学院学报》2020 年第 6 期。

姜帆：《国外老年人语言与认知研究及其启示》，《吉林师范大学学报》（人文社会科学版）2016 年第 5 期。

蒋正华：《中国人口老龄化现象及对策》，《求是》2005 年第 6 期。

刘文、焦佩：《国际视野中的积极老龄化研究》，《中山大学学报》（社会科学版）2015 年第 1 期。

徐帅、姜帆、皮佳欣：《交际调节理论视域下老年人指向语分析》，《国际公关》2020 年第 8 期。

姚锡武：《对积极应对人口老龄化的认识与思考》，《中国人口报》2021 年 2 月 3 日。

United Nations，World population ageing 1950—2050. United Nations Department of Economic and Social Affairs，Population Di-vision. ST/ESA/SER. A/207，New York，2002b.

Examining Problems in Elderly Care Based on the Spanish Animated Movie *Wrinkles*

Shao Xue　Jiang Fan

Abstract：*Wrinkles* is a Spanish animated movie that tells the life of the protagonist Emilio in a nursing home after suffering from Alzheimer's disease. With a plain but moving slow-paced narrative technique，the movie reveals the individual and collective predicament of the elderly with details and demonstrate their helplessness，confusion，pain and struggle in the aging process. This article attempts to analyze the thought-provoking social value of *Wrinkles* from the content of the movie and the elderly care problems that it reflects.

Keywords：*Wrinkles*；Elderly Care Problem；Animated Movie